U0857255

ZHONGGUO JINGJI FAZHAN YU ZHUANXINGZHONG DE SHOURU FENPEI YANJIU

本书受到了教育部人文社科规划项目“新世纪以来我国劳动力市场分割的动态演变”（10YJC790209）以及国家哲学社会科学基金项目“新世纪我国农民工消费研究”（13CJY091）的资助

# 中国经济发展与转型中的收入分配研究

曲兆鹏◎著

中国财经出版传媒集团

经济科学出版社
Economic Science Press

**图书在版编目（CIP）数据**

中国经济发展与转型中的收入分配研究/曲兆鹏著．
—北京：经济科学出版社，2017.3
ISBN 978-7-5141-7780-0

Ⅰ．①中…　Ⅱ．①曲…　Ⅲ．①收入分配-研究-
中国　Ⅳ．①F124.7

中国版本图书馆CIP数据核字（2017）第032411号

责任编辑：周国强　程辛宁
责任校对：徐领柱
责任印制：邱　天

**中国经济发展与转型中的收入分配研究**
曲兆鹏　著
经济科学出版社出版、发行　新华书店经销
社址：北京市海淀区阜成路甲28号　邮编：100142
金融编辑中心电话：010-88191350　发行部电话：010-88191522
网址：www.esp.com.cn
电子邮件：zhouguoqiang@esp.com.cn
天猫网店：经济科学出版社旗舰店
网址：http://jjkxcbs.tmall.com
北京季蜂印刷有限公司印装
710×1000　16开　14印张　230000字
2017年3月第1版　2017年3月第1次印刷
ISBN 978-7-5141-7780-0　定价：56.00元
**（图书出现印装问题，本社负责调换。电话：010-88191510）**
**（版权所有　侵权必究　举报电话：010-88191586**
**电子邮箱：dbts@esp.com.cn）**

# 目　　录

# 第1章

# 绪　论

自从1978年改革开放以来，中国经济保持高速增长近四十年，取得了举世瞩目的经济成就，年平均经济增长率达到了9%，经济总量从世界第十位跃居至全世界第二位，占世界经济份额由1978年的1.8%增长到2015年的13%，人均GDP从1978年的381元增长到了2014年的46731元，扣除价格因素，比1978年增长19倍，年增长率达到了8%。与此同时绝对贫困人口也大幅减少，这一发展速度和经济成就在现代国家的历史上也是少有的，堪称"中国的奇迹"。

但是在经济高速发展的同时，中国的收入分配状况也急剧恶化，不均等程度大幅攀升。在很短的时间里，从一个收入分配比较平等的国家迅速演变为收入差距较大的国家。基尼系数从1981年的0.29，上升到1988年的0.38，1995年进一步扩大到0.45，2002年达到0.47（李实、史泰丽和古斯塔夫森，2008）。这一不均等水平已经位列全世界收入差距较高的国家之中。收入差距过大不仅会对长期的经济增长产生负面影响，而且会危及整个社会的稳定和发展。因此居高不下的收入差距已经成为中国政府最为关注的经济和社会难题之一，也成为国内外学术界和社会大众关注的焦点和热点话题。

## 1.1 研究背景

中国经济最显著特点就是同时处于经济发展和经济转轨"双重转型"之中（李实和赵人伟，1999）。从经济、政治和社会体制角度来看，中国具有很多既不同于一般的发展中国家，也不同于原苏联和东欧转型国家的固有特点，而且出于经济和政治因素考虑，又执行了若干特有的社会政策，如城乡分割的户籍政策、严格的计划生育政策等。这使得中国居民收入分配状况以及造成这种结果的原因，既有与一般的发展中国家以及转轨国家的相同之处，又有很多自己的特点，形成了中国独特的转型时期的居民收入分配格局，所以中国也许是世界上收入分配问题最为复杂的国家之一（李实、史泰丽和古斯塔夫森，2008）。

因此，要想研究中国的收入分配问题，就首先不得不考虑整个中国改革和发展大背景。我们将通过人口老龄化、城乡差异、全球化和劳动力市场分割等几个方面来描述和概括中国经济在过去、现在和未来所面临的主要背景和环境。①

首先，伴随着经济与社会迅速而深刻的转型，尤其是计划生育政策的有效实施，我国经历了剧烈的人口转变过程。不仅人口的出生率大幅下降，而且人口年龄结构也发生了很大变化，老年人口比例不断增加。按照人口学界公认的标准来衡量，目前我国已经进入了老龄化社会②。由于计划生育政策仍然在有效实施，同时医疗水平的进步，也使人口预期寿命进一步提高。这些因素的共同作用使我国老龄人口增长速度非常快，年均增长率高达3.2%，几近总人口增长速度的5倍（全国老龄工作委员会，2006）。人口快速老龄化意味着“人口红利”时代的提前结束，劳动年龄人口的增长率开始下降，绝对适龄劳动力数量也将不断下降。这意味着一个前所未有的劳动力短缺时代的到来（蔡昉，2008）。这一重大转变不仅对中国经济增长的可持续性提出了挑战，而且也必然影响到整个收入分配的格局。在一个人口日益老龄化的社会中，收入分配问题涉及代际之间的公平，攸关整个社会的进步与发展。

---

① 这一概括不可避免的遗漏了对于理解中国经济同等重要的甚至更重要的因素，如政治集中和地方分权的国家治理结构（张军和周黎安，2008；周黎安，2008）以及基于关系网络形成的社会结构（陆铭等，2008）等。但上述从政治和社会视角对中国经济的讨论超出了本书的所能讨论的范畴。

② 根据一个最简单的标准，当一个社会中的60岁以上人口占总人口比重的10%或65岁人口占总人口比重达到7%时，就称该社会为老龄化社会，2005年我国人口的上述比例分别为13%和9%（根据国家统计局（2005）计算）。

其次，作为世界上最大的发展中国家，城乡差距问题在中国由来已久。由于长期以来，中国一直实行城市化偏向的发展政策，同时配以严格限制劳动流动的户籍制度，将城市和农村分隔为两个世界，造成了城乡之间的巨大差异。自从改革开放以来，城乡收入差异不仅没有缩小，反而日益加大，成为中国近些年来最为人所关注的社会现象之一。根据国家统计局的数据显示，在1978年，城乡收入比就已经高达2.5。由于中国首先从农村开始进行经济体制改革，实行家庭联产承包责任制使农民们恢复了经济自由。这极大地改善了农村的激励机制，使劳动生产率不断增加（Lin，1992）。结果城乡收入比显著地下降，从1978年的2.5下降到了1983年的1.82。然而在此之后，当改革扩大到了城市范围，城乡收入就再次上升，直到2006年达到了3.3。这一比例几乎是世界最高（李实和岳希明，2004）。中国的城乡差距不仅绝对数量巨大，相对于农村和城市内部差异而言，城乡收入在全国收入差距中的所占的比重也是最大的（李实和赵人伟，1999）。城乡之间在社会发展方面的差距甚至比收入差距更大，粗略的将城市居民所享受到的各种补贴全部换算成收入之后计算的城乡差距，即使考虑城乡之间的价格水平差异，也达到3.1左右（李实和罗楚亮，2007）。巨大的城乡差异严重阻碍了中国城市化和工业化进程的进一步发展，对整个中国的收入分配格局产生了深远的影响。

再次，中国在过去三十多年中的经济发展也是一个打开国门，融入世界的过程。全球化成为中国经济长期保持高速增长的发动机之一，是创造“中国奇迹”的主要来源。1985年，我国的进出口总额仅为469.85亿美元，实际利用的外商直接投资为16.58亿元，而到了2008年，我国的进出口总额超过25616亿美元，而外商直接投资超过900亿美元，进出口总额增加近55倍，实际利用的外商直接投资名义增长53倍，增长幅度巨大。尤其自从2001年，中国加入WTO以来，出口增加异常迅速，外汇储备和外商直接投资额连年稳居世界和发展中国家首位。对外开放不仅直接增加了大量就业机会，推动了经济高速增长，也带来了新的技术和商业、管理模式，促进了产业结构调整和升级，因此必然使个人收入的格局发生调整和变动。另外，由于中国各个地区在资源禀赋和地理条件的差异，以及对外开放优惠政策的不同，造成各地区融入全球化程度也存在显著的差异，由此构成了中国收入差距中重要的部分——地区差异的重要来源（陆铭等，2008）。

最后，虽然经过了三十多年的市场化改革，但中国的劳动力市场仍然处于分割状态。改革之前的中国并不存在着真正意义上的劳动力市场，经济始终维持着城乡分割的典型二元结构。改革之后，中国城市的劳动力市场伴随着非国有部门（主要是私有经济和外资企业）的发展和国有部门的深化改革不断成长。非国有部门基本上是在市场化的条件下成长起来的，它们对雇用劳动力的数量和工资水平都拥有很大程度的自主权。而国有部门（尤其是国有企业）的改革也使得其劳动力雇用机制越来越面向市场（蔡昉和林毅夫，2003）。与此同时，伴随着农村工业化进程和农村劳动力向城市迁移，中国农民开始加入到现代化进程当中，大量涌入城市或加入乡村工业。中国开始形成基本的劳动力市场。但从整体上，中国的劳动力市场仍然保持着分割的基本格局（赖德胜，1996a；蔡昉和林毅夫，2003；陆铭，2004；赵忠，2004）①。导致这种分割格局存在的主要原因是原有的劳动力市场体制及与其配套的一系列政策（如户籍、档案、社会保障等）（赖德胜，1996）和地方政府制定的带有歧视性的劳动力市场规定（如准入证、用工指南）（蔡昉、都阳和王美艳，2001）所产生的影响。这些政策和规定加大了劳动力流动的成本，形成了中国特有的制度性分割的劳动力市场（赖德胜，1996a）。进入21世纪的中国劳动力市场，随着市场化改革的不断深入，原有的导致劳动力市场分割的因素（如以户籍制度为代表原有劳动力市场体制）进一步被削弱，但仍然发挥着重要的作用。而其他更为根本的因素，如教育、养老和医疗等社会福利和公共服务的城乡差距所导致的人力资本水平差距，城乡之间和区域之间收入的巨大差距和社会保障差别，以及不同所有制和不同行业的企业之间、不同职业和性别之间的劳动力市场分割，开始进一步显现（赵忠，2004；赵耀辉，2005）。这些新老因素交织在一起，使中国的劳动力市场分割问题呈现出一种更为复杂的局面。劳动力市场分割会加大劳动力调整就业的成本，不利于企业提高效率，更不利于改善收入分配。

如上所述，由于受到双重转型再加上特殊的社会政策的影响，中国居民

---

① 很多学者对这一问题进行了研究。赖德胜（1996a）、蔡昉和林毅夫（2003）分析认为中国劳动力市场形成了一种在城乡之间和城市内部双元二元分割的特殊结构。陆铭（2004）认为，转轨时期的中国劳动力市场的分割性，主要是国有部门和非国有部门就业体制的二元分割。赵忠（2004）总结认为，中国劳动力市场仍然处于分割状态是经济学家们的共识。

收入分配的状态和影响因素既不同于一般发展中国家，也不同于原苏联和东欧转型国家，而是呈现出更加复杂的状况，形成了中国独有的社会发展和转型时期的居民收入分配格局。

## 1.2 国内外研究现状

鉴于中国收入分配问题如此重要，因此很多国内外学者已从不同角度对于中国收入分配问题进行了大量卓有成效的研究。在这方面最为系统和跟踪时间最长的要数先后由赵人伟和李实领导的中国社会科学院经济研究所和北京师范大学的“中国居民收入分配研究课题组”。他们组成了国际化的研究团队，使用可以跟国际研究接轨的标准来设计调查问卷，在国家统计局的协助下，对中国城乡住户的收入、消费和家庭财产等进行了全国范围的三次调查，获取了大量第一手的宝贵数据，其主要研究成果主要体现在赵人伟和格里芬（1994），赵人伟、李实和李思勤（1999），李实、史泰丽和古斯塔夫森（2008）等学术著作及数十篇发表在国际国内高水平学术杂志上的论文中①。在整个中国经济学界，这都是非常了不起的成就。在他们以及其他许多国际国内学者的共同努力之下，对于中国收入差距的研究已经比较全面。从收入差距的大小，到变动趋势，到影响因素分析等，都有详尽的分析，在很多方面，学者们已经达成了许多共识②。

尽管如此，鉴于中国收入分配问题的宏大和复杂，我们仍然可以发现有若干问题有待于进一步的探索和研究。在这些问题中，有的已经有学者进行了若干研究，但限于数据和研究方法，仍然有进一步讨论的空间，例如，城乡差异、对外开放与工资不平等问题。有些问题，如劳动力市场分割和老龄化对收入分配的影响，则几乎还是中国收入分配研究中的空白。因此，本书将结合中国经济发展与转型的大背景，着力从老龄化与收入分配、城乡消费不平等、全球化与工资不平等、劳动力市场分割与收入分配等几个方面来研

① 未包括用英文在海外出版的著作。

② 对于中国收入分配研究的现状，李实（2003）是一个非常全面系统的研究综述。而蔡昉（2006）更多的是从收入分配影响因素的角度对最新的文献进行了回顾和总结。

究中国收入分配与劳动力市场问题。

下面就这四个方面，分别进行详细的文献综述。

### 1.2.1 老龄化与收入分配

人口的老龄化，其根本含义是随着时间的推移，总人口的年龄结构中，老年人口的比重不断增加的趋势和过程。当人口结构发生变化时，必然会影响到诸如收入和消费等经济变量与年龄之间的关系。这些变量与个人的福利状况直接相关，因此会影响到整个社会的不平等。按照 Deaton 和 Paxson（1994，1995）的分析，在一定合理的假设条件下，人口中总体的不平等水平可以表现为出生组组内效应和出生组组间效应，而人口结构变化必然会影响出生组组内效应。所以，要想研究老龄化对不平等的影响，就必须对总体不平等进行分解，把总体的不平等分解为人口效应、出生组组内效应和出生组组间效应。在这方面已经有了很多的经验研究成果。Lam（1992）首先从人口理论出发，采用上述思想对巴西和美国的工资不平等进行了分解，并且发现老龄化对工资的不平等效应在美国和巴西之间存在明显差异。而 Deaton 和 Paxson（1994）从经典的消费理论入手，推导出了和 Lam（1992）非常类似的分解方法，明确将总体的不平等分解为出生组组内效应（或年龄效应）、出生组组间效应和时间效应。利用这种方法，他们对美国、英国和我国台湾地区的家庭消费数据分别进行了分析。而 Ohtake 和 Saito（1998）则利用 20 世纪 80 年代的日本家庭调查数据，扩展了 Deaton 和 Paxson（1994）的分解方法，对日本在 20 世纪 80 年代的消费不平等迅速增加的原因进行了分析，发现这一期间接近一半的日本不平等水平的增长可以归结为人口老龄化。Cai，Chen 和 Zhou（2007）是关于我国消费不平等的不多的文献之一。他们利用 1992 ~ 2003 年我国国家统计局的城市家庭调查数据，着重研究我国城市人口中消费与不平等的关系。他们采用的方法与 Ohtake 和 Saito（1998）一致。他们发现从 1992 ~ 2003 年，我国城市消费不平等的变化主要是出生组组内效应带来的，而人口老龄化对不平等的影响很小。这一结果与 Deaton 和 Paxson（1994）对 20 世纪七八十年代我国台湾地区的研究的结果大相径庭。从理论看，Deaton 和 Paxson（1994）的理论分析和估计结果显示在一个同时经历高速经济增长和人口老化的经济中，人口老龄化对不平等的影响是非常显著的。联系到我国近二十年来的高速经济增长和城乡存在显著差异的现实，有必要用我国家庭消费的微观数据来检验 Deaton 和 Paxson（1994）的理论。

### 1.2.2 城乡消费不平等

在大多数发展中国家，城乡发展的非平衡性是一个常见的现象。但大多数发达国家发展的历史证明，这一差异随着经济增长而往往趋于减小，最后达到城乡之间的和谐发展。而在中国的三十多年的改革与发展过程中，伴随着高速经济增长的同时，城乡差距不断拉大却成为一个显著的现象。

如此显著的城乡差异问题早已被学术界所关注，经济学家们在很多方面进行了大量的卓有成效的研究。例如，赵人伟、格里芬、朱玲和李实（1994），赵人伟、李实和卡尔·李思勤（1999）和李实、史泰丽和古斯塔夫森（2008）的收入不平等的研究。其中，Sicular，Yue，Gustafsson 和 Li（2007）使用与本书同样的数据，发现地区价格差异可以解释一部分的城乡差异，但调整价格差异之后的城乡差异仍然相当大，而且随着时间的推移也在增加。他们还发现城乡教育差异与城乡收入差距高度相关。而 Knight 和 Li（1996）则进一步调查了城市和农村的受教育程度的差异，他们发现在城乡之间教育机会存在显著的不平等。Knight 和 Song（1999）仔细研究了城乡之间差异的许多个纬度，包括收入、教育、健康和住房。最后，Tsui（1993）、Kanbur 和 Zhang（1999）发现城乡不平等是总体地区差异的重要因素。而李实和罗楚亮（2007）将城市居民所享受到的各种补贴全部换算成收入，然后又利用 Brandt 和 Holz（2004）的地区价格指数考虑了城乡之间的价格水平差异，这样计算的城乡收入差异仍然达到 3.1 左右。

然而，几乎没有关于中国农村和城市消费差异方面的研究。理论上，消费是对家庭长期福利更好的度量，因为它反映了一个家庭的长期收入能力，而收入很容易被暂时性冲击所影响，尤其对于永久收入很难度量的中国农村来说，情况更是这样。在上述研究中，大多数研究仍然是在平均水平上研究城乡差异。但如果我们考虑整个城乡收入的分布，那么城乡差异在不同水平上可能会有不同的差异。因此有必要利用最新的分位回归分解方法来研究城市和农村在整个消费分布上的差异，以及城乡消费差异从 1988 ~ 2002 年的动态演变。

### 1.2.3 全球化与工资不平等

一直以来，全球化作为一个有争议的话题在全世界各地都争论不休。支持者认为，全球化促进了商品、人力、资本和技术在全球范围内流动和扩散，从而提高了资源的利用效率，在促进了经济增长的同时也提高了人们的福利。然而，反对者认为全球化促使国家间和国家内部的贫富差距进一步拉大，成为扩大收入差距的重要因素。在中国这样类似的争论也有很多。然而在既有的研究中，主要都集中在全球化与地区收入差距方面，采取的研究方法也多是用总量数据对地区之间的收入差距进行衡量，再与全球化指标之间进行分析，大多数研究结果表明对外开放会使地区收入差距扩大。例如，Kanbur 和 Zhang（2005）发现对外贸易程度与地区间收入差异呈现正相关关系；Xing 和 Zhang（2005）发现衡量对外开放的另一个指标——外商直接投资也有类似的效应；而 Chen，Lu 和 Wan（2004）利用 Shapely 值分解方法得到的研究表明，对外贸易和外商直接投资流入对于地区间收入差距的贡献均显著为正。赵莹（2003）采用我国 1978～1998 年的时间序列数据，证实贸易开放度的提高和外商直接投资的大量进入均会扩大我国的收入差距。唯一的一个例外是 Ravallion 和 Chen（2004），他们利用比较权威的国家统计局的数据，证明贸易扩大与总体贫困减少之间的关系不显著。

但总体的不平等不仅是由地区之间的不平等带来的，也是由于地区内部的不平等所带来的。何璋和覃东海（2003）采用我国 1999～2001 年的省际截面数据证明：在以外贸依存度表示的开放程度和收入差距之间存在着 U 形关系，而以外商直接投资占 GDP 的比重所表示的开放程度与收入差距之间存在着明显的负向关系。范言慧（2003，2009）也发现：在 2000～2001 年，外商直接投资的密集度与各省的工资差距之间存在倒 U 形关系，即在吸收外资直接投资较少与较多的省份中，外商投资企业与国有企业之间的工资差距都比较小，而在吸收外资规模局中的省份，外商直接投资企业与国有企业之间的工资差距却较大。但随着时间的增加，这一关系逐渐弱化。到 2006 年，这一关系就不再明显。王少瑾（2007）采用 1991～2004 年省际的面板数据，发现进出口贸易与外商直接投资均导致了收入不平等程度的提高。但 Wei 和 Wu（2001）利用 1988 ~ 1993 年 100 多个城市数据研究表明，全球化会显著的减少而不是增加城乡差异。张茵和万广华（2006）使用省际面板数据，针对城市贫困的研究也表明，贸易开放与贫困人口的收入份额是正相关的，因此对外开放有利于收入分配的改善。

通过以上的总结我们可以发现，大多数关于全球化对中国不平等的研究都集中在地区收入差异方面，而对于对外开放的直接效应——工资不平等效应问题进行规范的经验研究并不多。正如我们前面在理论部分所介绍的，全球化影响收入分配的一个主要影响渠道就是引起不同技能工人之间的工资差异，进而影响收入分配。此外上述研究大多采用总量指标而没有采用地区的指标。正如 Wei 和 Wu（2001）说明的：大量的全球化与不平等关系的研究均采用跨国回归的方法，由于不能够充分控制国家间在经济、法律和制度等方面存在的难以准确度量的差异性，因此这些研究的结果很难让人信服。如果使用中国各省市的数据来研究，就可以在这方面最大限度地保证统一性，避免了跨国回归研究中的问题。因此，从理论上采用跨省回归的方法对地区内部的收入差异与全球化之间的关系进行研究，也是有意义的。

### 1.2.4 劳动力市场分割与收入分配

虽然中国市场化改革进行了三十多年，但大多数经济学家们还是认为，中国劳动力市场仍然处于分割的状态中（赵忠，2005）。从定性上判断，中国的劳动力市场分割问题与其他国家既有共同点，又有独特性。共同点是指在很多国家甚至发达国家中，存在的一般性劳动力市场分割问题，如行业分割、职业分割和性别歧视等在中国都有不同程度的体现。例如，大量的实证研究已经揭示了改革以来性别之间工资差距在不断加大，如 Meng（1998），Gustafsson 和 Li（2000），Liu 等（2000），Rozelle 等（2002），Liu（2004），王美艳（2005），葛玉好（2007a，2007b）等；职业分割方面，Meng 和 Zhang（2001）的研究表明，不同户籍的居民之间的职业分布和工资都表现出了显著差异；行业分割方面，陈钊、万广华和陆铭（2008）发现，行业不平等是城镇收入不平等中，仅次于地区差异的第二大因素。不同点是指中国的劳动力市场分割带有很强的制度性因素，具体表现在由于实行户籍制度所导致的城乡分割和地区分割，以及由于所有制不同而带来的所有制分割。城乡分割领域内的研究成果可谓汗牛充栋，比较优秀的有 Zhao（1999）和朱农（2005）等一系列关于城乡迁移的研究；Knight 和 Yueh（2004）则分别考察了城市居民和流动农民工在中国城市劳动力市场上的工作转换率；作为最重要的转轨国家，企业所有制造成的工资差别研究也有不少，如 Dong 和 Bowles（2002）详细分析了不同所有制企业的工资决定机制，Knight 和 Li（2005）则研究了不同所有制企业经营效益的好坏对职工工资分布的影响。

上述的研究揭示了中国劳动力市场分割的特殊性和复杂性，但大多数所采取的方法都是用外生的变量，先将劳动力市场上的工人进行分组，之后再进行工资方程回归，或者进行工资均值的分解。尽管上述分类是严格外生的，如户籍、性别或者经过选择性偏差调整后的行业、所有制和职业等标准，但我们不能不认识到：在一个区域、行业、所有制等分组内部的工人，也不能被认为是属于劳动力市场中的同一个部门（Dickens and Lang，1992）。即在属于主要部门的垄断行业内部可能有人属于劳动力市场中的次要部门；而在竞争性行业中也可能有人属于劳动力市场中的主要部门。所以如果我们仅仅从某个行业、职业或者所有制出发，就不能全面了解中国劳动力市场的分割问题，也不能对中国劳动力市场分割程度究竟多大这一问题做出准确地回答，自然更无法回答劳动力市场分割对收入分配有何影响。所以有必要采用综合上述所有信息，统一划分劳动力市场主要部门和次要部门的新方法来进一步对劳动力市场分割和收入分配问题进行研究。

综上所述，如果在过去二十年不断增大的收入差距中，人口结构老化、城乡消费分布差异、全球化和劳动力市场分割都是重要原因的话，那么理解这些因素对收入分配的作用以及这些机制的产生过程并对它们进行量化研究，无疑会增加我们对我国收入差距状况和成因的认识，并有可能对未来的收入差距做出一定的预测，并据此提出合理的有针对性的公共政策建议。

## 1.3 研究框架、概念和主要方法

如前所述，要想更好的理解中国的收入分配问题，就必须联系中国处于发展与转轨的双重转型进程中的大背景，以及政府的所执行的特殊的公共政策即城乡不平衡的发展战略，劳动力市场分割政策，地区差异性的对外开放政策和严格限制性的人口发展政策等来考察收入分配状态的演变以及这些因素对收入分配的影响。为了能够更深入的讨论问题，所以本书在写作方式上，将尽量保证每一章主题的独立性和完整性，而并不过分苛求整体框架（见图1－1）的系统性。这样做的一个成本就是可能会使本书的主题略显杂乱，但收益也是相当明显的。正如在本书开头所强调的，每章的主题其实都是影响整个中国收入分配和经济增长格局中最重要的因素之一，对这些因素进行详尽的考察，只会进一步增加我们对转型期中国收入分配格局的认识。这就像是在做一个拼图游戏，只有搞清楚每个细小问题的实际状况，最后才能将其完成为一幅精美的画卷[①]。

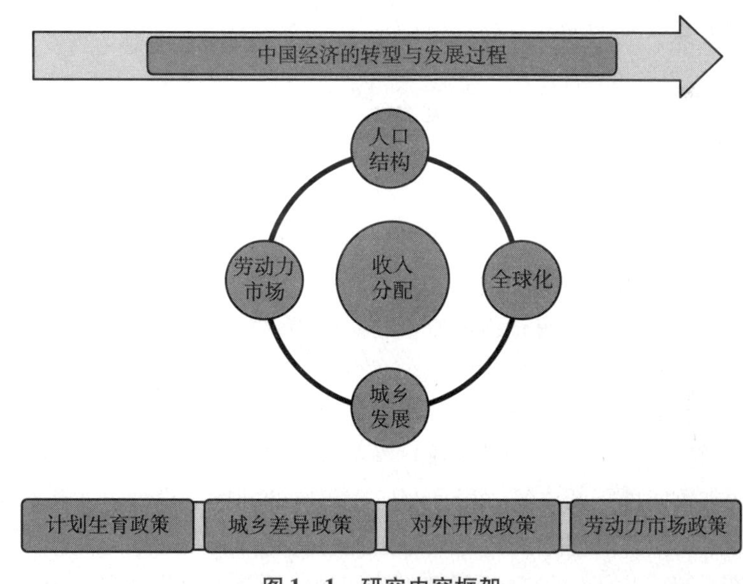


**图1－1　研究内容框架**

本书研究的核心主题是中国收入分配演变和劳动力市场转型问题。从纯数学概念上讲，研究收入分配实质是研究收入变量的分布，以及通过某些分

① 本书中除了第1章绪论和第8章结语之外的六章内容均可以单独成篇，而且具体在研究中由于采用的数据是基本相同的，因此在文献综述、数据介绍以及指标测量方面可能会略有重复。但为了保证每章的独立性，笔者没有进行修改。

布指标来衡量变量分布的差异化程度，进而探求其他重要的因素对该指标所衡量的分布所产生的影响。英文中主要是使用 inequality，有时也用 income distribution 来描述收入分配问题。因此在本书中的“收入差距”“不均等”“不平等”的实际含义都是对应英文中的 inequality，这些词的含义完全相同，我们将根据汉语的习惯在本书中交替使用。

此外，传统的收入分配研究所采用的指标主要是收入，这一指标的好处在于数据较易获得。但消费是衡量个人经济福利更为直接的指标，因此，本书中在多处尝试使用消费作为衡量不平等的主要指标，获得了不少与使用收入不完全相同的结果，这是本书中的部分主题的创新之一。

另外，衡量不平等程度的指标有很多，我们主要使用的指标是对数值方差和基尼系数。它们的计算公式分别如下：

$$v = \frac{1}{n}\sum_{i=1}^{n}(c_i - \bar{c})^2$$

$$I_{GINI} = \frac{2}{n^2\bar{c}}\sum_{i=1}^{n} i(c_i - \bar{c}) \tag{1-1}$$

其中，$c_i$ 和 $\bar{c}$ 分别表示消费或收入的对数值及对数值均值。作为一个好的不平等指标在数学上需要满足一定的标准，在这方面基尼系数比对数方差要好，而且基尼系数具有很强的直观含义。但对数方差也有优势，它的好处在于可以很方便地进行分解。

最后，具体在研究方法上，本书主要采用的是经验分析（Empirical Analysis）的方法，即采用规范的统计学和计量经济学的研究方法，对科学和翔实的调查数据进行系统的分析，对所要研究的问题给出确定的数量上的回答。虽然采用何种研究方法，通常与作者的研究背景和偏好高度相关，从科学的角度来说，也无法简单评判理论分析与经验分析孰优孰劣。但面对中国经济转型和发展中的收入分配这样一个异常复杂的主题，搞清楚事实本身的重要性是如何强调也不过分的，而这无疑是经验分析大显身手的好机会。近二十年来，应用计量经济学的一个重要发展就是越来越注重利用各种最新发展出来的方法，对所要研究的问题给出因果性（causality）的回答（Angrist and Pischake，2009）。这一研究趋势实际上已经蔓延出了经济学界，向整个社会科学扩展。本书也对此进行了有益的尝试：在具体的计量方法上，本书大量采用了国际国内学术界研究收入分配问题的前沿方法，例如，分位回归分解方法（Quantile Regression Decomposition）、动态面板数据矩估计方法（GMM for Dynamic Panel Data）、未知标准的内生转换回归方法（Endogenous Switching Model with Unknown Regime）、匹配和非线性分解（Matching and Nonlinear Decomposition）等等。通过这些方法的运用，克服了之前研究的诸多缺陷，得到了一些与通常的研究结果所不同的结论。

## 1.4 内容安排

本书的内容分为八章。第 1 章绪论。首先介绍本书中研究的背景和意义，进而阐述本书的研究主题并且对现有的文献进行了简要的梳理和总结，再对本书的基本研究框架、所使用的基本概念和研究方法进行介绍和解释，最后是简要的内容安排。

第 2 章老龄化与消费不平等。从生命周期理论框架出发，详细考察了我国农村消费及收入不平等与人口老龄化之间的关系。采用“中国家庭收入调查”（CHIP）1988 年、1995 年和 2002 年三年的截面微观数据，利用方差分解和回归分解方法，将我国农村总的消费和收入不平等分解为出生组间不平等、出生组组内不平等和人口结构变动带来的老龄化效应。结果发现：在我国农村消费不平等要低于收入不平等；在各个时期，组内不平等都占主导地位；而老龄化对不平等的效应很小。

第 3 章城乡消费不平等。利用 CHIP1988、CHIP1995 和 CHIP2002 年三年的截面微观数据，详细考察了 1988 ~ 2002 年中国城乡消费在整个分布上的差异。结果显示城乡居民的低收入组之间的消费差异更大，利用分位数回归分解方法，我们发现而且由于家庭的特征的回报所带来的差异要大于家庭的特征本身的差异，这一特征在整个分布上都成立。另外我们还发现，虽然在整个期间内，城乡消费差异都在不断扩大，但主要发生在 1988 ~ 1995 年，这主要是由于城市居民的消费增长得更快所带来的。我们的结果还表明城乡移民和农村教育水平的提高都会显著的促进城乡差异的减小。

第 4 章全球化与城市工资不平等。考察改革期内全球化对中国城镇工资收入差异的影响。通过 1995 ~ 2007 年各省份各行业平均工资的数据，计算了在此期间各年各省的城镇工资收入基尼系数。结果发现，在此期间全国工资收入差异显著扩大。但各个省份内部的工资不平等具有明显的差异性。之后利用《中国统计年鉴》数据，构造了一个从 1995 ~ 2007 年，包含各个省份内部基尼系数的面板数据集。再分别利用静态面板数据和动态面板数据模型，对全球化对各省内部工资收入不平等的影响进行了考察。结果显示，全球化对省份内部的城镇工资差异没有影响。

第 5 章劳动力市场分割与工资不平等。考察劳动力市场运行状况对城镇工资收入分配的影响。首先，利用 CHIP1995 年和 2002 年的两年的截面微观数据，运用转换回归模型（Switching Regression）将此期间的劳动力市场分成主要劳动力市场和次要劳动力市场，并在整个分布上计算两个市场中工人工资的差异，再利用分解方法，将整个工资差异分解为可解释的部分和不可解释的部分，结果显示中国城市劳动力市场的分割状况有所改善。其次，利用在发达地区就业的大学毕业生的数据，详细考察了城市劳动力市场上男女性别工资差异，结果发现男女性别工资差异达到了 10% 左右。分别使用了 OB 分解方法和匹配分解方法，我们发现这一工资差异有至少 77% ~98% 都无法用男女两性的特征上的差异来解释。这充分说明在同时考虑到男性与女性大学毕业生的特征以及特征的分布差异之后，女性大学生遭受到了更为严重的歧视。

第 6 章 21 世纪城乡移民劳动力市场的转变。着重分析 21 世纪以来城乡移民劳动力市场的动态演变。首先，阐述了新世纪以来农村劳动力流动市场变化的背景。其次，利用中国—印度尼西亚城乡移民调查数据详细分析了城乡移民劳动力群体特征、就业和工资方面的变化：发现移民群体表现为越来越年轻，16 ~25 岁群体比例大幅上升；移民群体的教育水平也显著提高；在城市居民就业率进一步提高的基础上，移民的就业仍然保持高就业率。而在就业行业上，移民在制造业、建筑业和一般服务业中就业的额比例都大幅增加，而城市居民在上述行业中就业的比例显著下降；移民和城市居民的工资都有了大幅增加，但移民的工资增加得更快，并且这种增加更多的来自中低收入群体。

第 7 章人力资本、城乡移民就业与收入分配。从人力资本的角度，详细分析了教育、培训、语言能力、户籍与企业家精神等对农村转移劳动力就业、创业和工资的影响。首先，我们发现参加在职培训可以显著的提高城乡移民的工资7%，使用修正选择偏差的平均处理效应模型估计之后，在职培训对城乡移民工资的影响进一步大幅提升。其次，语言能力作为一种特殊的人力资本对城乡移民的工资也具有重要影响。会说普通话会使工资提高2%，会说当地的方言对工资的影响不显著，并且这一影响在不同的地区具有不同的效果。最后，户籍歧视和企业家精神共同影响了城乡移民的创业行为：与城市居民相比，城乡移民更倾向于创业。这主要是由于城乡移民更难以被城市企业部门所雇佣而导致的。虽然城乡移民创业的可能性更大，但是成为企业家的概率却比城市居民低很多，而这主要是因为户籍歧视而导致的。

第8章结语。阐述了本书的主要研究结论，并提出了对未来研究的展望。

各章的研究主题、使用的计量方法和得到的主要结论都总结在表1-1中。

**表1-1　　本书结构和主要内容**

| 章节 | 题目 | 主要内容 | 方法 | 主要结果 |
|---|---|---|---|---|
| 第1章 | 绪论 | | | |
| 第2章 | 老龄化与消费不平等 | • 描述农村消费不平等状况<br>• 描述年龄与消费不平等之间的关系<br>分解老龄化对消费不平等的影响 | • Cohort 分析<br>• 方差分解<br>• 回归分解 | • 消费不平等低于收入不平等<br>• 组内不平等高于组间不平等<br>• 老龄化对不平等影响很小 |
| 第3章 | 城乡消费不平等 | • 描述城乡差距整个分布上的动态演变<br>• 分解城乡差异为特征效应和回报效应<br>• 分离教育和移民对城乡差距的影响 | • OLS<br>• Oaxaca 分解<br>• Quantile 分解 | • 低收入组差距大于高收入组<br>• 回报的差异大于特征的差异<br>• 教育和移民会减轻城乡差异 |
| 第4章 | 全球化与城市工资收入不平等 | • 描述各省的工资收入差异及其变化<br>• 对外开放对各省工资不平等的影响 | • Fixed Effect<br>• Random Effect<br>• Dynamic Panel | • 各省内部的工资差距上升<br>• 全球化对工资差异没有影响<br>• 政府效率和教育水平有影响 |

续表

| 章节 | 题目 | 主要内容 | 方法 | 主要结果 |
| --- | --- | --- | --- | --- |
| 第5章 | 劳动力市场分割与工资不平等 | • 划分劳动力市场部门<br>• 描述劳动力市场工资差距及其变化<br>• 分解工资差距<br>• 分析性别工资差异<br>• 控制男女大学生的各种特征 | • Switching 回归<br>• Oaxaca 分解<br>• Matching 分解 | • 劳动力市场分割性逐渐减弱<br>• 禀赋差异带来工资之间的差异<br>• 性别工资差异拉大<br>• 回报的差异可以解释工资差异的绝大部分 |
| 第6章 | 新世纪城乡移民劳动力市场的转变 | • 描述城乡移民劳动力市场动态演变<br>• 分析城乡移民群体特征的变化<br>• 分析城乡移民工资不平等的变化 | • Duncan 指数<br>• 分组回归<br>• Oaxaca 分解 | • 城乡移民得越来越年轻、教育水平越来越高<br>• 保持高就业率的同时，就业的行业发生变化<br>• 工资增加幅度超过了城市居民 |
| 第7章 | 人力资本、城乡移民就业与收入分配 | • 在职培训对城乡移民工资的影响<br>• 语言能力对城乡移民工资的影响<br>• 户籍和企业家精神对城乡移民创业和就业的影响 | • OLS<br>• 平均处理效应模型<br>• 非线性分解 | • 在职培训显著地提高了城乡移民工资<br>• 普通话对城乡移民的工资有显著提高，而当地方言则没有类似作用<br>• 户籍歧视使城乡移民更倾向于创业，但更难以成为企业家 |
| 第8章 | 结语 | | | |

# 第2章

# 老龄化与消费不平等

## 2.1 导　　论

改革开放近四十年来，伴随着经济与社会迅速而深刻的转型，尤其是计划生育政策的有效实施，我国正在经历剧烈的人口转变过程。人口的出生率不仅大幅下降，而且人口年龄结构也发生了很大变化，老年人口比例不断增加。按照人口学界公认的标准来衡量，目前我国已经进入了老龄化社会。由于计划生育政策仍然在有效实施，同时医疗水平的进步，也使人口预期寿命进一步提高。这些因素的共同作用使我国老龄人口增长速度非常快，年均增长率高达3.2%，几近总人口增长速度的5倍（全国老龄工作委员会，2006）。

我国社会保障体制尚不健全，居民生活水平还不算高，人口老龄化给我国经济发展和小康社会的建设提出了严峻的挑战。尤其是对占总人口多数的农村人口来说，他们既没有养老保障，又缺乏医疗保险，人口老龄化必然会影响农村家庭的收入和经济福利状况。

虽然我国经济从改革开放以来一直高速增长，但收入不平等和城乡差距也在不断扩大。根据中国社科院经济所“中国居民收入分配课题组”（Chinese Household Income Project，CHIP）于1988年和1995年两次住户调查的计算结果表明，我国农村个人收入的基尼系数分别为0.34和0.42（Khan and Riskin，1998）。而Benjamin，Brandt和Giles（2005）的研究也表明，从1987～2001年，农村个人收入的基尼系数从0.32上升到了0.37。收入差距过大，不仅会对长期经济增长产生影响，而且不利于保持社会稳定，有碍进一步深化改革。

显然，人口结构老龄化和收入差距过大，一起构成了影响未来我国经济增长的两大因素。但这两者之间是否存在着某种必然的联系呢？收入差距不断增大有多少是由于人口结构老化所带来的？这种影响在未来是会恶化还是会减轻？这些正是本章想要回答的问题。

如果在过去二十年不断增大的收入差距中，人口结构老化是重要原因之一的话，那么理解这一机制的产生过程以及对这一影响进行量化研究，无疑会增加我们对我国收入差距状况和成因的认识，并有可能对未来的收入差距做出一定的预测。从这个角度来说，本章研究对于政府制定和调整收入分配及人口政策也有着重要的实践意义。

鉴于我国收入差距问题的重要性和严重性，已经有很多国内外学者从不同角度进行了大量卓有成效的研究：从收入差距的大小，到变动趋势，到影响因素分析等等，都有详尽的分析。即使是对我国农村的收入差距研究，也已经获得了很多卓有成效，达成了相当程度的共识①。但遗憾的是，我国经济学文献中，关于人口结构变动与不平等之间关系的研究却寥寥无几，尤其是针对农村地区这方面的研究还几乎是一个空白。

而且在现存有关我国不平等研究中，绝大多数采用收入为衡量指标②。但正如 Slesnick（1991）、Culter 和 Katz（1992）指出，由于比较容易受到暂时性冲击的影响，收入的波动性往往较大，而且在统计上也容易存在测量误差问题。尤其对于我国的农村家庭而言，收入主要来自于家庭农业生产，受到天气等自然因素的影响较大。因此采用收入来衡量农村的不平等状况很可能会产生更大的偏差。与收入相比，消费要更加稳定；在理论上，永久收入假说（Friedman，1957）和生命周期假说（Moligdiani，1950）同时告诉我们永久收入和消费是能够更准确衡量人们福利的概念和指标。因此，很有必要从消费的角度来研究我国农村的不平等问题。

---

① 赵人伟和格里芬（1994）、赵人伟，李实和李思勤（1999）和李实、史泰丽和古斯塔夫森（2008）汇集了关于我国的个人收入分配的典型研究。李实（2003）是一个非常全面系统的研究综述。

② Jalan 和 Ravallion（1998）以及 Whalley 和 Yue（2006）都曾使用消费作为度量不平等的指标，Ravallion、Chen（2007）也曾经使用家庭消费指标作为平减地区生活费用差异的基础。但这些研究关注的焦点都在于贫困和贫困的度量问题，与本章研究的重点不平等略有不同。

从国际来看，消费也是研究发展中国家贫困和不平等问题的常用指标，例如，世界银行和联合国对贫困的定义也是基于消费，它们都把用靠每日不到1美元（按购买力平价）维生的人口定义为极端贫困人口（World Bank，2000）。

所以，本章将采用 CHIP1988，CHIP1995 和 CHIP2002 中的农村家庭数据，从消费的角度来衡量我国农村的不平等，并且进一步分析人口老龄化对不平等的影响。

本章下文的具体结构如下：第 2.2 节从理论上介绍人口老龄化与不平等之间的关系，并且简要地对现有文献进行回顾；第 2.3 节用 CHIP1988，CHIP1995 和 CHIP2002 数据，将总体的消费不平等分解为人群组效应、年龄效应和老龄化效应，并对结果进行详细的解释；第 2.4 节对上述结果做进一步详细的分析，探讨可观测变量在不平等中的作用。第 2.5 节分别研究食物消费等其他指标、采用不同的价格指数以及检查移民的作用。第 2.6 节是本章的结论。

## 2.2 人口老龄化与消费不平等

人口的老龄化，其根本含义是随着时间的推移，总人口的年龄结构中，老年人口的比重不断增加这样一种趋势和过程。当人口结构发生变化时，必然会影响到诸如收入和消费等经济变量与年龄之间的关系。这些变量与个人的福利状况直接相关，因此必然会影响到整个社会的不平等。按照 Deaton 和 Paxson（1994）的分析，如果消费满足永久收入假说（Friedman，1957），并且在经济中存在不确定性，那么家庭或者个人的消费路径就满足一个鞅（martingale）过程（Hall，1978）①，即

① 得到这一结论，还需要做若干关键的假设。例如，不存在信贷约束，在个人或家庭之间的利息率相同以及不存在预防性储蓄行为等，详细内容请参考 Deaton（1997）。我国农村，在亲戚和朋友之间相互正式借贷或者以隐形合约的形式相互帮助都是非常常见的，这些互助行为减轻了信贷约束的作用。另外，根据 Giles 和 Yoo（2007）的实证研究表明，在我国农村，只有10%储蓄能够归结为预防性储蓄。而且在有家庭成员外出打工的情况下，外出打工还将与预防性储蓄形成一种相互替代的关系。家庭之间的互助和外出打工的存在都减少了预防性储蓄动机在我国农村居民的消费决策中的重要性。而 Ohtake 和 Sato（1998）在上述模型的基础上进行了扩展，允许时间偏好率和利息率不等，但他们仍然坚持不存在流动性约束这个假设。

$$c_{i,t+1} = c_{i,t} + \varepsilon_{i,t+1} \tag{2-1}$$

其中，i 代表第 i 个人或家庭，t 和 t+1 分别代表第 t 期和第 t+1 期，而 $\varepsilon_{t+1,i}$代表是一个在 t 期预计不到的随机的冲击。我们对上式两边分别取方差，并一步假设本期的消费与下一期的随机冲击不相关，则我们就可以得到：

$$\mathrm{var}(c_{t+1}) = \mathrm{var}(c_t) + \sigma_{t+1} \tag{2-2}$$

这里的方差是对整个截面数据所取得方差，$\sigma_{t+1}$是消费冲击 $\varepsilon_{t+1,i}$的方差。在这种情况下，随着时间的推移，我们就可以得到

$$\mathrm{var}(c_T) = \mathrm{var}(c_0) + \sum_{t=1}^{T} \sigma_t \tag{2-3}$$

式（2-3）表明随着时间 t 的增加，消费的方差越来越大。这说明在某一出生组内（即出生在同一时代的人群内部），同年龄的某组人，随着该组人年龄的增加，该组人的组内不平等程度也不断增加。简单地说，假设其他因素不变，老年人组内的不平等程度必然要大于年轻人组内不平等，老年人之间的经济状况差异比年轻人更大。即在其他因素不变的情况下，人口老龄化必然会使整个社会的不平等增加。

但正如 Deaton 和 Paxson（1995）所分析的那样，当其他因素也发生变化时，某一出生组组内的不平等随年龄增加而增加，并不代表社会整体不平等一定增加，因为总体不平等还要取决于出生组组间的效应，而出生组组间的不平等可能增加、也可能减少。

综上所述，在一定合理的假设条件下，人口中总体的不平等水平可以表现为出生组组内效应和出生组组间效应，而人口结构变化必然会影响出生组组内效应。所以，要想研究老龄化对不平等的影响，就必须对总体不平等进行分解，把总体的不平等分解为人口效应、出生组组内效应和出生组组间效应。

在这方面已经有了很多的经验研究成果。Lam（1992）首先从人口理论出发，采用上述思想对巴西和美国的工资不平等进行了分解，并且发现老龄化对工资的不平等的效应在美国和巴西之间存在明显差异。而 Deaton 和 Paxson（1994）从经典的消费理论入手，推导出了和 Lam（1992）非常类似的分解方法，明确将总体的不平等分解为出生组组内效应（或年龄效应）、出生组组间效应和时间效应。利用这种方法，他们对美国、英国和我国台湾地区的家庭消费数据分别进行了分析。而 Ohtake 和 Saito（1998）则利用 20

世纪80年代的日本家庭调查数据，扩展了Deaton和Paxson（1994）的分解方法，对日本在20世纪80年代的消费不平等迅速增加的原因进行了分析，发现这一期间接近一半的日本不平等水平的增长可以归结为人口老龄化。Cai，Chen和Zhou（2007）是关于我国消费不平等的不多的文献之一。他们利用1992~2003年我国国家统计局的城市家庭调查数据，着重研究我国城市人口中消费与不平等的关系。他们采用的方法与Ohtake和Saito（1998）一致。他们发现从1992~2003年，我国城市消费不平等的变化主要是出生组组内效应带来的，而人口老龄化对不平等的影响很小。这一结果与Deaton和Paxson（1994）对20世纪80年代我国台湾地区的研究结果大相径庭。

从理论看，Deaton和Paxson（1994）的理论分析和估计结果显示在一个同时经历高速经济增长和人口老化的经济中，人口老龄化对不平等的影响是非常显著的。联系到我国近二十年来的高速经济增长和城乡存在显著差异的现实，有必要用我国农村消费的微观数据来检验Deaton和Paxson（1994）的理论。

从现实考虑，我国约有60%的人口居住在农村。与城市相比，农村老年人口数量较多，老龄化问题更为严重。同样重要的是，20世纪90年代以来，农村中的青壮年劳动力开始大规模涌入城市，这进一步加剧了农村人口的老龄化问题。同时，大多数农村居民享受不到与城市水平相当的养老和医疗保险。在这种状况下，研究我国农村消费的不平等与老龄化之间的关系，就显得更为重要和迫切。我们的研究与Cai，Chen和Zhou（2007）相辅相成，一起刻画出我国（包括城镇和农村人口）十多年来消费不平等的演变趋势及影响消费不平等变化的相关因素。

## 2.3 收入与消费不平等及其分解

### 2.3.1 数据

本研究所使用的数据是CHIP1988，CHIP1995和CHIP2002三年数据集中的农村部分数据。它详细调查了农村居民个人以及家庭情况，其中包括在上述三年中农村居民家庭的收入和消费信息。其中，家庭收入既包括单个家庭成员的收入也包括家庭成员从家庭集体生产经营中、家庭资产及转让以及接收到的转移支付的收入；而家庭生活消费既包括用于日常生活的食物、衣服、日用品、交通通信等方面的开支，也包括用于教育、医疗及文化娱乐等方面的花费。被调查户被要求按规定填写日记账，详细记录每天的收入和支出，并且每季度都要向国家统计局农调队汇总。除此以外，CHIP 数据中还包括了一些国家统计局问卷中没有包括或者残缺不全的项目，例如，实物收入、自有房屋租金估算值以及按市场价格计算的农户自产自用品等。因此 CHIP 数据被公认是研究我国收入分配问题最有代表性的微观数据之一[①]。

本章研究将同时采用收入和消费作为衡量不平等的指标来计算总人口中的不平等，并在计算不平等的过程之中对两个指标的差异进行简单的比较，之后，我们分别估计人群组效应和年龄效应对不平等指标的影响。这样做不仅可以使我们的计算结果与大多数用收入计算不平等的研究进行比较，而且还可以对我国农村是否存在流动性约束这一问题获得一定的认识。

计算不平等时应该以家庭为单位还是以个人为单位进行分析是一个有争议的问题。例如，Deaton 和 Paxson（1994）认为由于消费的统计都是以家庭为单位，任何把家庭消费转换成个人消费的努力都必须要做比较严格的假设，因此他们采用家户作为分析单位。但在使用收入计算不平等指标时，李实（2003）却认为在计算收入不平等指数时，如果不以个人为单位计算，很有可能出现指数估计的偏差。在本章研究中，因为我们是同时计算收入和消费的不平等指数，而且我们更关注使用消费来衡量不平等，而通常情况下消费的统计都是以家庭为单位的，而且在我国农村地区，家庭经营收入也是主要的收入来源之一，因此我们以家庭为单位进行分析。

本章研究的主要变量是农村居民的家庭生活消费支出和家庭纯收入。生活消费支出包括除耐用消费品和住房外的所有日常支出，包括用于食物、衣服、日用品、教育、医疗等方面的开支，同时也包括农户自己生产自己消费

---

① CHIP1988、CHIP1995 数据的详细情况可以参考赵人伟和格里芬（1994）以及赵人伟、李实和李思勤（1999）。CHIP2002 数据的详细情况可以参考李实、史泰丽和古斯塔夫森（2008）。

的产品①。而家庭纯收入包括家庭经营收入以及各种个人非农经营收入等②。对所有收入和消费指标，我们都使用家庭人均值，因为它可以在一定程度内帮助我们控制家庭规模的影响③。我国地区间价格水平差异很大，因而收入和消费额的实际购买力存在较大的地区差异，这通常会导致高估不平等水平。为了控制这种影响，我们采用了国家统计局计算的地区间消费者价格指数（CPI）对所有的消费和收入指标进行了调整，并且所有的指标都以1988年的人民币价格表示④。我们同时也采用Brandt和Holz（2006）价格指数进行了进一步的分析。

对于代表性家庭的年龄，我们按照Deaton和Paxson（1994），Ohtake和Saito（1998）的方法，采用户主的年龄作为代表性家庭的年龄。根据样本的状况，我们把户主年龄在26～70岁的家庭作为我们主要的分析对象，并且去掉了一些异常值。最终样本我们只保留了家庭收入和消费为正，以及户主年龄及其他关键变量不缺失的样本⑤。

在CHIP数据中，在不同的年份调查的省份是不同的。为了保证分析的一致性，我们只使用了在三次调查中都覆盖到的省份，共有19个省⑥。表2-1中列出了本章研究中所使用的样本的基本情况。具体解释如下，表中的“年龄”指家庭中户主的年龄。“人口”指家庭人口数。“教育年限”指

① 在本章以后的分析中，我们还将对食物消费单独分析，并考虑消费中包括耐用消费品和住房支出的情况。

② 这一指标直接来自于CHIP的调查问卷，因为CHIP数据的调查样本是从国家统计局的大样本中抽取出来的，所以可以认为我们使用的收入定义与统计局的定义是一致的，而与Khan和Riskin（1998），赵人伟、李实和李思勤（1999）中收入定义是稍有不同的，详细情况请参考赵人伟和格里芬（1994）以及赵人伟、李实和李思勤（1999），Khan和Riskin（1998）。

③ 我们没有使用家庭等值算子（equivalence scale）来调整收入与消费指标的原因在于在我国并没有统一公认的等值算子。国家统计局只在极少数的年份公布了该指标，并且计算方法和过程都不为人知。在一项对我国农村和城镇消费差距的研究中，Qu和Zhao（2008）采用了流行的OECD等值算子，并发现使不使用对主要结论没有实质性的影响。

④ 关于使用该价格指数进行价格调整对计算我国农村不平等的影响，参见Benjamin，Brandt和Giles（2005），李实、史泰丽和古斯塔夫森（2008）。

⑤ 由于限定年龄，我们共去掉了309个样本。因为我们所使用的衡量不平等的指标是对数方差，它要求所有的测量值都必须为正数。而且为了不受异常值的影响，我们还去掉了各种指标分布中位于1%以下和99%以上的极端值，共604个样本。

⑥ 分别是安徽、北京、重庆、甘肃、贵州、广东、河北、河南、湖北、湖南、江苏、江西、吉林、辽宁、陕西、山东、山西、四川、云南和浙江。

家庭中户主的受教育年限。"生活消费"指家庭中人均生活消费的对数值。"收入"指家庭纯收入的对数值。"无工作"、"工作"和"退休"分别指家庭中户主的三种工作状态；其中，"工作"代表户主在从事某项生产劳动，包括农业生产或非农就业；"退休"指户主有退休金；剩下的是"无工作"状态。"非农就业"指户主的工作不是农业生产。

**表 2-1　　样本的基本统计性描述**

| 年份 | 变量名 | 样本数 | 样本均值 | 标准差 | 最小值 | 最大值 |
| --- | --- | --- | --- | --- | --- | --- |
| 1988 年 | 年龄 | 4547 | 43.417 | 9.602 | 26 | 70 |
| | 人口 | 4547 | 4.902 | 1.54 | 1 | 12 |
| | 教育年限 | 4547 | 8.172 | 2.954 | 2 | 14 |
| | 生活消费 | 4547 | 7.429 | 0.48 | 4.682 | 9.219 |
| | 收入 | 4547 | 7.913 | 0.481 | 5.981 | 9.88 |
| | 无工作 | 4547 | 0.009 | 0.096 | 0 | 1 |
| | 工作 | 4547 | 0.987 | 0.112 | 0 | 1 |
| | 退休 | 4547 | 0.004 | 0.059 | 0 | 1 |
| | 非农就业 | 4547 | 0.171 | 0.376 | 0 | 1 |
| 1995 年 | 年龄 | 3873 | 44.115 | 9.217 | 26 | 70 |
| | 人口 | 3873 | 4.343 | 1.247 | 1 | 10 |
| | 教育年限 | 3873 | 6.478 | 2.782 | 0 | 16 |
| | 生活消费 | 3873 | 7.758 | 0.497 | 5.915 | 9.34 |
| | 收入 | 3873 | 8.218 | 0.545 | 6.507 | 10.195 |
| | 无工作 | 3873 | 0.034 | 0.181 | 0 | 1 |
| | 工作 | 3873 | 0.963 | 0.19 | 0 | 1 |
| | 退休 | 3873 | 0.003 | 0.058 | 0 | 1 |
| | 非农就业 | 3873 | 0.257 | 0.437 | 0 | 1 |
| 2002 年 | 年龄 | 3943 | 44.13 | 9.24 | 26 | 70 |
| | 人口 | 3943 | 3.952 | 1.113 | 1 | 8 |
| | 教育年限 | 3943 | 7.719 | 2.405 | 0 | 16 |
| | 生活消费 | 3943 | 7.757 | 0.517 | 5.809 | 9.414 |
| | 收入 | 3943 | 8.436 | 0.577 | 5.999 | 10.408 |
| | 无工作 | 3943 | 0.048 | 0.214 | 0 | 1 |
| | 工作 | 3943 | 0.948 | 0.222 | 0 | 1 |
| | 退休 | 3943 | 0.004 | 0.062 | 0 | 1 |
| | 非农就业 | 3943 | 0.404 | 0.294 | 0 | 1 |

从表2－1中我们可以发现，样本中户主的平均年龄三年中的确在增加，从1988年的43.42岁增加到了1995年的44.11岁，再增加到了2002年的44.13岁。而生活消费的标准差也从1988年的0.48增加到了1995年的0.50，再到2002年的0.52。从这些基本的数据中，我们可以粗略地看出：从1988～2002年，我国农村人口的确在老化，而消费和收入的不平等程度也的确在恶化。

### 2.3.2　收入与消费不平等

与Deaton和Paxson（1994），Ohtake和Saito（1998）以及Cai，Chen和Zhou（2007）一样，我们选择对数值方差（variance of log value）作为我们衡量不平等的指标，计算公式如下，

$$v = \frac{1}{n}\sum_{i=1}^{n}(c_i - \bar{c})^2 \qquad (2-4)$$

其中，$c_i$ 和 $\bar{c}$ 分别表示消费或收入的对数值及对数值均值，v表示对数值方差。选择这一指标的好处在于可以很容易对总体不平等进行分解（Shorocks，1984）①。我们首先来看在1988～2002年，我国农村的不平等程度的总体变化情况。

在表2－2中我们分别使用消费和收入计算了多个常用的衡量不平等的指标，如变异系数、平均对数离差、基尼系数、泰尔指数等②。无论是使用收入还是消费来衡量这段时间的不平等变化情况，它们的结果是基本一致的。例如，从收入的角度看，无论是使用基尼系数、对数标准差还是泰尔指数来衡量，从1988～2002年，我国农村的不平等状况经历了一个比较快速

① 但这一指标也存在问题，即不满足作为一个衡量不平等指标的“转移性标准”，从某种意义上可认为该指标对不平等不够“敏感”。

② 它们的计算公式分别如下：相对平均离差为 $I = \frac{1}{2\bar{c}n}\sum_{i=1}^{n}|c_i - \bar{c}|$；变异系数为 $I_{cv} = \sqrt{v/\bar{c}}$；对数标准差为 $I_{SDL} = \frac{1}{n}\sum_{i=1}^{n}(\log c_i - \log\bar{c}_G)^2$，其中；基尼系数为 $I_{GINI} = \frac{2}{n^2\bar{c}}\sum_{i=1}^{n} i(c_i - \bar{c})$；而泰尔指数为 $I_{THEIL} = \frac{1}{n}\sum_{i=1}^{n}\frac{c_i}{\bar{c}}\log\left(\frac{c_i}{\bar{c}}\right)$；其中，这里 $c_i$ 和 $\bar{c}$ 分别代表收入或消费和它们的平均值，而 $\bar{c}_G$ 为几何平均值。

上升的过程。其中，基尼系数从1988年的0.27上升到了1995年的0.31，再到2002年的0.32。而从消费的角度看，情况也几乎是这样：基尼系数从1988年的0.26上升到了1995年的0.27，再到2002年的0.29。主要的差别在于从消费的角度看，从1995~2002年，不平等的增幅相对较大；而收入的情况则正好相反。同时收入不平等增加的幅度比消费不平等大。我们所使用的主要不平等指标——消费的对数方差的变化趋势与基尼系数的变化趋势基本一致。例如，收入的对数标准差先从1988年的0.48上升到了1995年的0.54，再增加到2002年的0.58①。上述结果显示的我国农村的不平等趋势与Gustafsson和Li（2002）以及古斯塔夫森、李实和史泰丽（2008）所揭示的趋势基本上是一致的。

**表2-2　我国农村的不平等**

| 不平等指标 | 生活消费 | | | 收入 | | |
|---|---|---|---|---|---|---|
| | 1988年 | 1995年 | 2002年 | 1988年 | 1995年 | 2002年 |
| 相对平均离差 | 0.183 | 0.195 | 0.213 | 0.189 | 0.222 | 0.233 |
| 变异系数 | 0.494 | 0.528 | 0.581 | 0.526 | 0.629 | 0.647 |
| 对数标准差 | 0.48 | 0.497 | 0.517 | 0.481 | 0.545 | 0.577 |
| 基尼系数 | 0.258 | 0.274 | 0.294 | 0.267 | 0.309 | 0.323 |
| 泰尔指数 | 0.11 | 0.123 | 0.143 | 0.119 | 0.161 | 0.174 |

另外，我们发现，在各个年份消费的对数方差都低于收入的对数方差。这与Cai，Chen和Zhou（2007）对我国城镇家庭的研究的结果显著不同，他们发现城镇的消费不平等在大多数年份中高于收入不平等。而我们知道，根据永久收入假说，家庭的消费更多地取决于永久收入而不是暂时性收入，因为与收入相比，消费者可以通过借贷和储蓄在各期之间平滑消费，使消费保持一定的稳定性。因此，如果消费的平滑机制存在的话，通常消费的波动性要小于收入的波动性。所以，上述结果表明，在我国农村似乎存在着某种

① 本章的基尼系数的计算结果与国家统计局和李实、史泰丽和古斯塔夫森（2008）等人的结果都稍有差异。差异主要原因是由于本章的分析指标是家庭人均消费，分析单位对象是以户主为代表的家庭，而国家统计局和李实、史泰丽和古斯塔夫森（2008）所关注的指标主要是收入，分析单位是个人，而且本章所使用的数据范围与他们也有不同。

消费平滑的机制，可以用来抵御短期收入不确定的风险。

我们再看样本中年龄的分布与变化。从表 2 - 1 中，我们已经发现样本的平均年龄的确随着时间的增加而增加。图 2 - 1 是我们所使用的样本的年龄分布图，从中我们也可以发现，样本中年龄分布有向右移动的趋势，即人口结构老龄化的趋势。当然这一趋势的变动与平均年龄显示的状况是一致的，即从 1988 ~ 1995 年增加的幅度比较大，而 1995 ~ 2002 年增加的幅度较小。

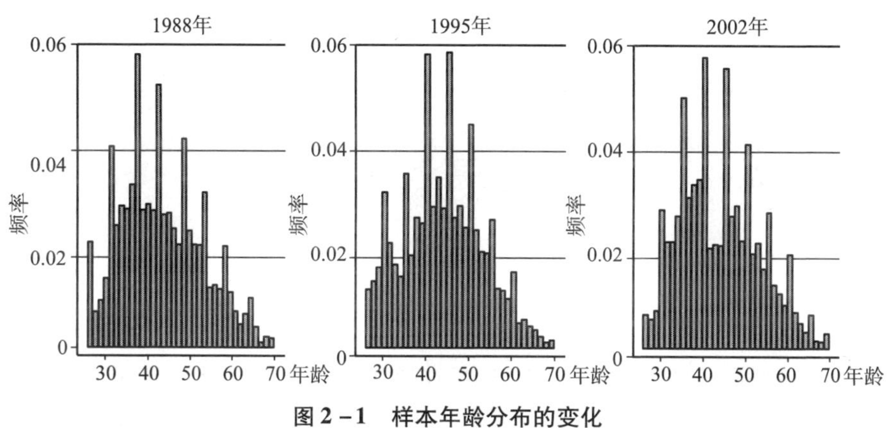


**图 2 - 1　样本年龄分布的变化**

综上所述，我们从所使用的数据中的确发现了不平等和老龄化随时间变化的趋势。在这两个趋势存在的基础上，我们将在生命周期模型的分析框架内，着重分析农村消费不平等与年龄之间的关系。

### 2.3.3　农村家庭户主的年龄与不平等

图 2 - 2 是 1988 年，1995 年和 2002 年的每个出生组的消费和收入方差对年龄得到的结果。从图中我们可以发现，无论是用消费还是收入来衡量，几乎在每个出生组内，不平等都存在一个随年龄增加而增加的趋势。而且，从整个不平等的分布上，也可以发现存在着一个随年龄增加而增加的趋势。这充分表明，在我国农村，的确存在比较明显的出生组内不平等，这与 Deaton 和 Paxson（1994）所揭示的美国、英国和我国台湾地区的趋势是相同的。

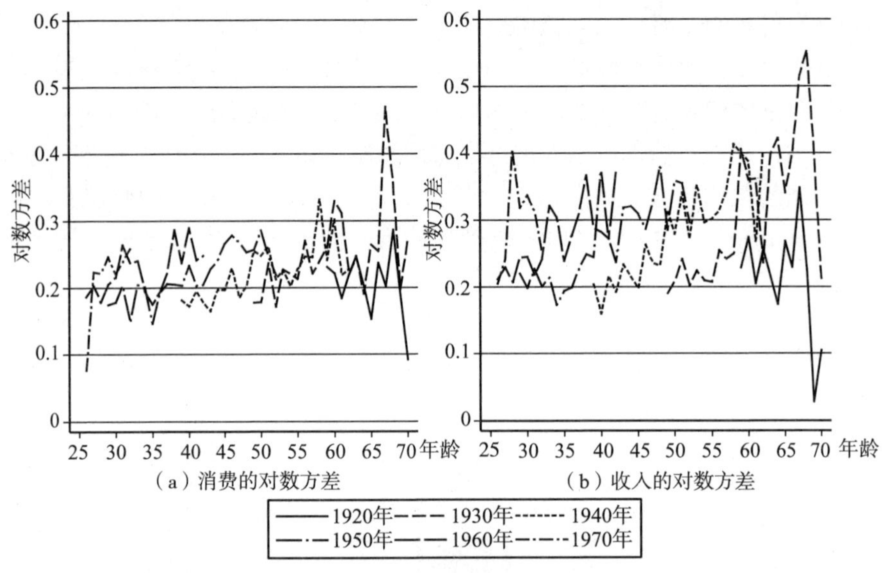


**图 2-2　出生组内的不平等**

正如 Deaton 和 Paxson（1995）所分析的那样，总体不平等不仅取决于出生组组内的不平等，还取决于出生组组间的不平等。而组间不平等的主要表现是新一代人的收入或者消费与上一代人所面临的收入或者消费之间是否存在差异。

从图 2-3 中我们可以明显的发现，在同一年龄时间上，无论是收入还是消费，年轻出生组的指标都要显著地高于年老出生组。这说明平均而言，年轻的家庭都要比年老的家庭收入更高，消费得也更多，因此福利状况更好。而在表示在不同调查年份的消费和收入的图上，我们也可以发现，除了从 1995～2002 年消费外，收入和消费都有不断增加的趋势。他们都代表了组间效应的存在，一定程度上反映了调查期内，我国经济增长给农村居民所带来的好处。

同时我们发现，无论是收入还是消费，在整个年龄范围内，大致有一个倒 U 形的趋势：年轻的时候消费得较少或者收入较低，而后随着年龄的增加而增加，到退休前的一段时间达到顶峰，这一峰值的大致位置在 45～50 岁左右。

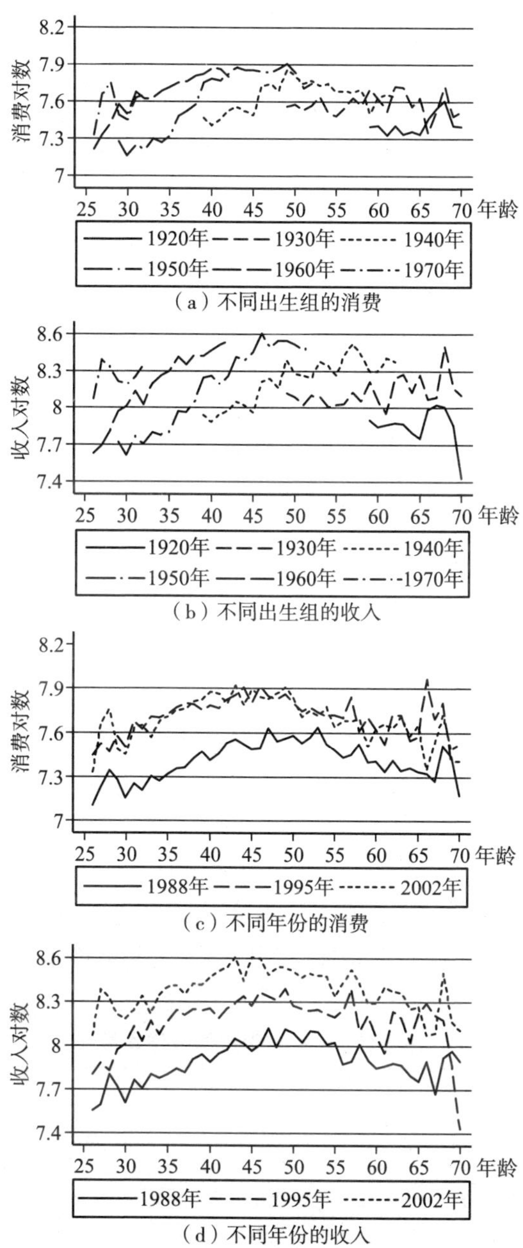


**图2-3 不同出生组及不同年份的消费和收入**

上述结果虽然在一定程度上揭示了不平等在整个年龄上的分布，但不能真正显示出人群的年龄增加与不平等的关系，这是因为上述分析把出生组组内不平等与出生组组间的不平等混杂在一起。出生组组间的不平等效应，意味着在不同年份出生的同年龄人，其收入和消费水平是存在显著差异的。由于我们所考察的时期是我国经济改革与转轨最为迅速和激荡的时期，可以预见这一效应不会很小。所以，为了考察真实的组间不平等和组内不平等的大小，我们必须对其进行分解。

### 2.3.4 年龄效应（age effect）与出生组效应（cohort effect）

根据 Ohtake 和 Saito（1998）所采用的方法，在本节中我们将把出生组效应和年龄效应进行分解。具体说来，就是估计如下方程；

$$\mathrm{Varlny}(j+k) = \sum_{m=j_0}^{J} \alpha_m \mathrm{cohort}_m + \sum_{n=k_0}^{K} \beta_n \mathrm{age}_n + e(j,k) \qquad (2-5)$$

其中，Varlny(j + k) 代表一个可以被分为 j 个出生组和 k 个年龄组的总体人群的收入或者消费的对数的方差。$\mathrm{cohort}_m$ 代表第 m 个出生组，$\mathrm{age}_n$ 代表第 n 个年龄组，而 $\alpha_m$ 和 $\beta_n$ 分别代表了要估计的系数，即出生组效应和年龄效应。

在实际估计中，我们首先要根据年龄和出生组构造多个虚拟变量。由于只有三年的数据，因此我们每 10 年定义一个出生组，而且在实际估计中，我们仅仅使用了出生在 1910 ~ 1970 年之间的样本，这样我们一共有 7 个出生组（关于各调查年份中出生组的样本情况，参见表 2 – 3），再加上从 26 ~ 70 岁的 45 个年龄组，就构成了我们估计的基本样本。

表 2 – 3　　各调查年份的出生组组内样本数

| 调查年份 | 出生年份 | | | | | | | |
|---|---|---|---|---|---|---|---|---|
| | 1910 | 1920 | 1930 | 1940 | 1950 | 1960 | 1970 | 合计 |
| 1988 | 12 | 356 | 982 | 1581 | 1442 | 174 | 0 | 4547 |
| 1995 | 0 | 37 | 412 | 1248 | 1411 | 765 | 0 | 3873 |
| 2002 | 0 | 0 | 118 | 673 | 1279 | 1493 | 380 | 3943 |
| 合计 | 12 | 393 | 1512 | 3502 | 4132 | 2432 | 380 | 12363 |

### 2.3.4.1 年龄效应

我们首先估计了年龄效应对不平等的影响（$\beta_n$），结果用图2－4来表示。注意其中所有的估计参数都是与26岁相比较的。

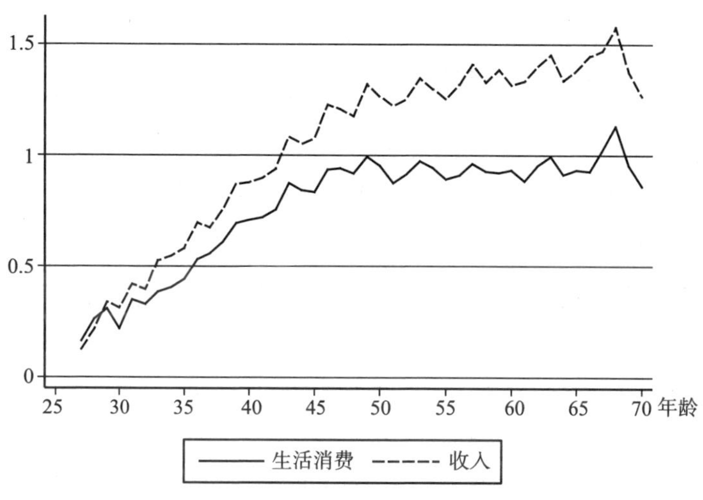


**图2－4 消费与收入的年龄效应**

图2－4表明，控制了出生组效应之后，不平等随年龄迅速增加，但在50岁之后，不平等变化相对平稳。这说明在同一个出生组内的确存在着消费的不平等随着年龄的增加而增加的趋势。而如果我们使用收入来衡量不平等的话，整体趋势与消费相似，但在50岁之后，不再是比较平稳，而是继续缓慢的增长。这说明控制组效应之后，50岁左右是消费和收入差异最大的年龄。

对于消费和收入之间的差别，按照Ohtake和Saito（1998）对日本研究的解释，因为消费不平等的年龄效应只包括了未预计到的永久冲击，而收入不平等的年龄效应既包括了预计到的冲击也包括了未预计到的冲击，所以图2－4表示我国农村家庭在50岁之后可能将面临更大的未预计到的冲击。

### 2.3.4.2 出生组效应

表2－4是出生组效应 $\alpha_m$。结果显示：首先，无论是收入还是消费，

估计系数值均为正数。但从20世纪40年代出生的人开始，统计上才显著，说明出生于20世纪前30年的人，他们的消费和收入都差距不大。之后随着时间的增加，出生组效应也越来越强。从20世纪40年代的0.38增加到70年代的0.92，这意味着经济增长所带来收入或者消费增加了近一倍。

表2-4　　出生组效应与总体不平等

| 出生组 | 1920~1929年 | 1930~1939年 | 1940~1949年 | 1950~1959年 | 1960~1969年 | 1970~1979年 |
|---|---|---|---|---|---|---|
| 生活消费 | 0.0721<br>[0.174] | 0.259<br>[0.173] | 0.379**<br>[0.174] | 0.573***<br>[0.174] | 0.827***<br>[0.175] | 0.923***<br>[0.177] |
| 收入 | -0.122<br>[0.187] | 0.162<br>[0.186] | 0.401**<br>[0.186] | 0.696***<br>[0.187] | 1.040***<br>[0.187] | 1.327***<br>[0.190] |

注：方括号中的值表示标准误，* $p<0.1$，** $p<0.05$，*** $p<0.01$。

其次，随着时间的推移，出生组效应的变化呈现一种不均匀的状态。先是比较小，之后开始增加，然后又再次减少。出生组之间变化最大的是处于中间的出生组，即于20世纪50年代和60年代出生两组人。无论与其上一代，即于40年代出生的人，还是自己的下一代，即出生于70年代人相比，他们所导致的总体不平等程度变化最大。对此，一个合理的解释是因为出生于40年代之前的人，在我们所考察的最早的年份——1988年时已经处于职业生涯的晚期，由于我们养老金体制改革的相对滞后，致使他们中的大多数人并没有享受到后来经济增长的成果。而与此相反，出生于50年代和60年代的人，这一段时间正好是他们的事业发展的黄金期（普遍处于30~50岁），所以享受到的经济增长的成果最多，而70年代出生的人，此时刚刚进入劳动力市场，经济增长的效应还没有充分显现到他们的收入或消费中。上述结果说明，尽管上述结果是控制了年龄效应后得出的，但是经济增长效应有可能是非线性的，在不同年龄组之间有不同影响。

最后，各种消费的系数都比收入的系数的绝对值低。这再次说明，出生组效应对消费不平等的影响普遍小于对收入不平等的影响。

### 2.3.5　不平等变化的分解

为了具体解释老龄化对不平等变化的影响，在本小节中，我们把不平等指标从 1988 ~ 2002 年的变化进行分解。本节中的方法仍然主要来自 Ohtake 和 Saito（1998）、Cai，Chen 和 Zhou（2007）。依据他们的方法可以把不平等指标的变化分解为“人口效应”“年龄效应”以及“出生组效应”。

这一分解的具体步骤如下，我们首先令 $s_{mt} = s_{21t}$，$s_{22t}$，…，$s_{75t}$ 为每个年龄组在总人口中的比重；而 $\sigma^2_{mt} = \sigma^2_{21t}$，$\sigma^2_{22t}$，…，$\sigma^2_{75t}$ 为控制了出生组之后，每个年龄组的收入或消费的对数方差；$X_{mt} = X_{21t}$，$X_{22t}$，…，$X_{75t}$ 则为每个年龄组收入或消费的对数的均值，t 代表调查的年份。这样根据方差公式定义和上面变量的含义，我们可以把对数方差变形，进而分解为以下三个部分：

$$Var(\ln y_t) = V(s_t, \sigma^2_t, X_t) = \sum_{m=21}^{75} s_{mt}\sigma^2_{mt} + \sum_{m=21}^{75} s_{mt}X^2_{mt} - [\sum_{m=21}^{75} s_{mt}X_{mt}]^2 \tag{2-6}$$

在上式中，等式右边的第一项是年龄组组内的不平等，而第二项和第三项共同构成了年龄组组间的不平等。

这样我们可以把 1988 ~ 1995 年再到 2002 年的收入或消费的对数方差发生的变化，分解成为三个参数（s，$\sigma^2$，X）的变化，它们分别代表着“人口效应”“年龄组内效应”和“年龄之间的效应”。

总的不平等水平的变化是 $V(s_{2002}, \sigma^2_{2002}, X_{2002}) - V(s_{1988}, \sigma^2_{1988}, X_{1988})$。“人口效应”即 s 所产生的效应是 $V(s_{2002}, \sigma^2_{1988}, X_{1988}) - V(s_{1988}, \sigma^2_{1988}, X_{1988})$，它衡量的是人口老龄化对不平等的贡献。“出生组间效应”即 $\sigma^2$ 所产生的效应为 $V(s_{1988}, \sigma^2_{2002}, X_{1988}) - V(s_{1988}, \sigma^2_{1988}, X_{1988})$，这一部分说明的是出生组组间的不平等效应。“出生组内效应”即 X 对不平等的影响为 $V(s_{1988}, \sigma^2_{1988}, X_{2002}) - V(s_{1988}, \sigma^2_{1988}, X_{1988})$。这个指标说明的是在一个年龄——不平等剖面上，不同年龄之间的不平等对整体不平等的影响。

具体的分解结果参见表 2 - 5。从表中我们可以看到如下一些明显的事实。首先，各个指标在 1988 ~ 2002 年的变化趋势是基本一致的。无论是用收入还是消费衡量不平等，不平等都增加了。其次，出生组内的不平等是总体不平等变化的主要原因。分别看 1988 ~ 1995 年和 1995 ~ 2002 年两个时期，也是组内不平等起主要作用。与组内效应相比，在两个时期组间效应都很小。这说明我国农村不平等在1988～2002年的变化，主要表现为在同一出生组内部老年人和年轻人之间差距的拉大，这与图2－2显示的同一个出生组内不平等随年龄增加而增加的趋势一致。

**表2－5　　收入与消费不平等的分解：1988～2002年**

| 统计项 | | 1988～1995年 | 1995～2002年 | 1988～2002年 |
|---|---|---|---|---|
| 生活消费对数方差 | 总变化 | 0.0209 | 0.0205 | 0.0414 |
| | 人口效应 | －0.0005 | 0.0006 | 0.0014 |
| | 组内效应 | 0.0195 | 0.021 | 0.036 |
| | 组间效应 | 0.0003 | 0.0005 | 0.0008 |
| 收入对数方差 | 总变化 | 0.0707 | 0.0414 | 0.1122 |
| | 人口效应 | 0.0015 | 0.0007 | 0.001 |
| | 组内效应 | 0.0689 | 0.0424 | 0.1051 |
| | 组间效应 | 0.0022 | 0.0017 | 0.0033 |

最后，所有指标在所有时期的人口效应分解结果都表示，人口老龄化因素对不平等的影响非常微小。而且，令人惊讶的是，人口老龄化对总体消费不平等的效应在1988～1995年居然是负值。在1995～2002年，虽然该项值的符号变正，但绝对值仍然很微小。使用收入来衡量不平等的人口效应要比使用消费的要更加明显，但与组内效应相比仍然很小。这些都意味着老龄化对不平等的作用很小。但从1988～2002年这一相对较长的时期看，老龄化的作用有所增强①。

## 2.4　可观测变量的作用

上面的分解过程表明在1988～2002年，我国农村家庭的消费不平等变

① 这与Cai，Chen和Zhou（2007）对我国城市的分析结果基本相同，但与Deaton和Paxson（1997）的理论分析结果相矛盾，Cai，Chen和Zhou（2007）认为这是因为研究的时期比较短，老龄化的作用还没有显现的原因。

化主要是出生组组内效应作用的结果。下面我们尝试用我国农村家庭的若干基本特征来进一步解释上述不平等效应的产生机制。因此，我们分别做如下回归：

$$消费 = 家庭结构 + \varepsilon \tag{2-7}$$

$$消费 = 教育 + \varepsilon \tag{2-8}$$

$$消费 = 家庭结构 + 教育 + \varepsilon \tag{2-9}$$

$$消费 = 家庭结构 + 教育 + 劳动力市场参与状况 + \varepsilon \tag{2-10}$$

具体说，家庭规模指家庭常住人口数，教育指户主受教育的年数，这两个变量为连续变量；劳动力市场参与状况包含不就业、就业、退休和非农就业等信息。

然后我们根据回归得到消费的预测值，减掉消费真实值后，得到残差。经过这样处理之后所得到的残差，可以认为是剔除掉了回归中的自变量因素后的消费。对这样的残差的对数方差进行分解的结果控制了上述自变量的影响。

经过计算我们发现，排除掉了家庭规模的因素之后，与没有经过回归处理的结果相比，消费的方差变小了。但对整体的分解结果几乎没有影响——占主导地位的仍然是组内效应，见表2-6对生活消费残差的分解。但控制教育因素后，方差反而变大了，这与Morduch和Sicular（2002）中结论是一致的，我国农村教育程度分布比较均匀，而均等教育有减小不平等的作用。我们剔除了教育的作用，所以不平等程度增加了。同时我们还看到剔除教育的因素后，人口效应增强了，虽然起主要作用的仍然是组内效应。进一步控制劳动力市场参与状况后，残差的对数方差有了小幅增加。

**表2-6　对生活消费残差的分解**

| 统计项 | | 1988~1995年 | 1995~2002年 | 1988~2002年 |
|---|---|---|---|---|
| 家庭规模 | 总变化 | 0.0129 | 0.0125 | 0.0253 |
| | 人口效应 | -0.0006 | 0.0002 | 0.0007 |
| | 组内效应 | 0.012 | 0.0096 | 0.0204 |
| | 组间效应 | 0 | 0.0035 | 0.0041 |

续表

| 统计项 | | 1988~1995年 | 1995~2002年 | 1988~2002年 |
|---|---|---|---|---|
| 教育 | 总变化 | 0.0299 | 0.0208 | 0.0507 |
| | 人口效应 | 0.0089 | 0.0055 | 0.0141 |
| | 组内效应 | 0.0186 | 0.0174 | 0.0317 |
| | 组间效应 | 0.0031 | -0.0054 | -0.0015 |
| 教育与家庭规模 | 总变化 | 0.0308 | 0.0234 | 0.0542 |
| | 人口效应 | -0.0013 | 0.0003 | 0.0012 |
| | 组内效应 | 0.0293 | 0.0211 | 0.0472 |
| | 组间效应 | -0.0004 | 0.0033 | 0.0037 |
| 教育、家庭规模和劳动力市场参与状况 | 总变化 | 0.0339 | 0.0257 | 0.0596 |
| | 人口效应 | 0.0009 | -0.0012 | 0.0011 |
| | 组内效应 | 0.0308 | 0.0245 | 0.0519 |
| | 组间效应 | 0.0033 | 0.0009 | 0.0047 |

## 2.5 稳健型检验

### 2.5.1 消费的其他衡量指标

我国还是发展中国家，尤其广大农村的发展程度还较低，减少直至消除极端贫困，使农户都能满足基本的生存需要仍然是一个艰巨的任务，因此有必要对食物消费进行单独分析。

从表2-7和图2-5可以看出，后出生的出生组食物消费的不平等程度比先出生的低，同时不平等程度也随年龄而减小。一个可能的解释是随着我国经济水平的不断发展，农村人口，尤其是年轻人口的收入增加了很多，大部分农户的收入已经能满足食物支出的需要，食物在消费中的比重不断降低，因而收入不平等与消费不平等之间的关联程度不断减小。在食物这种生活必需品的消费上面，农户之间的差异随经济发展水平而降低。

表 2-7　其他消费指标的出生组效应与总体不平等

| 项目 | 1920~1929年 | 1930~1939年 | 1940~1949年 | 1950~1959年 | 1960~1969年 | 1970~1979年 |
| --- | --- | --- | --- | --- | --- | --- |
| 食物消费 | -0.094<br>[0.169] | -0.093<br>[0.168] | -0.225<br>[0.169] | -0.352**<br>[0.169] | -0.434**<br>[0.170] | -0.546***<br>[0.172] |
| 生活消费Ⅱ | -0.033<br>[0.175] | 0.195<br>[0.174] | 0.403**<br>[0.175] | 0.680***<br>[0.175] | 1.020***<br>[0.175] | 1.260***<br>[0.178] |

注：方括号中的值表示标准误，*p<0.1，**p<0.05，***p<0.01。

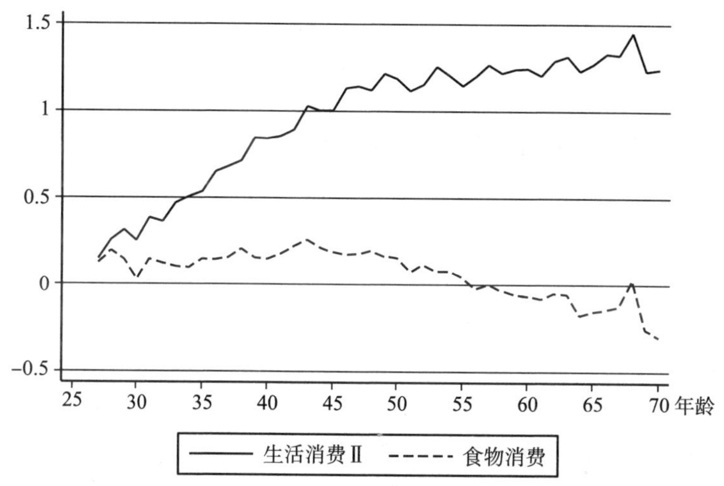


图 2-5　其他消费指标的年龄效应

我们研究的另外一个指标是计入耐用消费品和住房支出的消费（本研究中称生活消费 II）。在消费中包含耐用消费品和住房支出既可以对我们以前的结果进行稳健性检验，本身也具有单独的意义。我们发现生活消费 II 中出生组效应和年龄的总体趋势与不含耐用消费品和住房的生活消费的情况大体一样，但程度都有所增加，这说明我国农村耐用消费品和住房支出也存在很大程度的不平等。在制定相关政策时，既要考虑日常生活消费中的不平等，也应该考虑耐用消费品和住房支出的不平等现象。

表 2-8 是分解的结果，它们与前面的发现相似。出生组内的不平等是总体不平等变化的主要原因：既是食物消费不平等减少的主要因素，也是生活消费 II 不平等增加的主要原因。人口老龄化因素对不平等的影响很小。

表 2-8 其他消费指标不平等的分解：1988~2002 年

| 统计项 | | 1988~1995 年 | 1995~2002 年 | 1988~2002 年 |
|---|---|---|---|---|
| 食物消费的对数方差 | 总变化 | 0.0178 | -0.0603 | -0.0426 |
| | 人口效应 | -0.0006 | 0.0012 | 0.0007 |
| | 组内效应 | 0.018 | -0.0598 | -0.0424 |
| | 组间效应 | 0.0002 | -0.001 | -0.0008 |
| 生活消费Ⅱ的对数方差 | 总变化 | 0.0307 | 0.0278 | 0.0585 |
| | 人口效应 | -0.0008 | 0.0008 | 0.0007 |
| | 组内效应 | 0.0293 | 0.0291 | 0.051 |
| | 组间效应 | 0.0004 | 0.0018 | 0.0023 |

### 2.5.2 用 Brandt-Holz 价格指数调整地区间生活费用差异

众所周知，中国各地区之间经济发展程度差异较大，商品和劳动力市场分割比较严重，因此各地之间的物价水平和生活费用也存在系统的差异。即使仅仅考察农村地区的不平等状况，也有必要对家庭收入和消费进行基于生活费用的平减。尽管在前述的分析中，我们使用了国家统计局公布的价格指数对收入和消费进行了价格调整。但是，由于国家统计局的价格指数涵盖内容过少，可能不足以反映各地之间真实价格差异①。所以，在本小节中我们将使用 Brandt-Holz 价格指数来对各地的生活费用差异进行调整，继而获得具有真实购买力的家庭收入与消费。

把调整过生活费用的差异之后，我们仍然按照式（2-5）做回归，就得到了 Brandt-Holz 价格指数下年龄效应（见图 2-6）和出生组效应（见表 2-9）。首先，我们从图 2-6 中可以发现，调整过生活费用差异之后，无论是消费还是收入的年龄效应都大幅减少，但年龄效应的基本趋势没有本质上的变化。50 岁左右仍然是年龄效应的“转折点”。其次，对于出生组效应，无论是收入还是消费，我们也发现数值进一步降低，而且关键是，估计参数的显著性也大幅降低。这说明，上文中比较明显的出生组效应有相当一

① 关于国家统计局所公布的价格指数的缺陷以及 Brandt-Holz 价格指数的详细情况，请参考 Brandt 和 Holz（2006）。

部分是由于地区之间的生活费用差异带来的①。事实上这不奇怪，因为我国地区差距的扩大也是改革开放后才显著扩大的。最后，当再次进行不平等变化进行分解时（见表2－10），我们可以发现组内效应的存在仍然是不平等变化的主要原因。

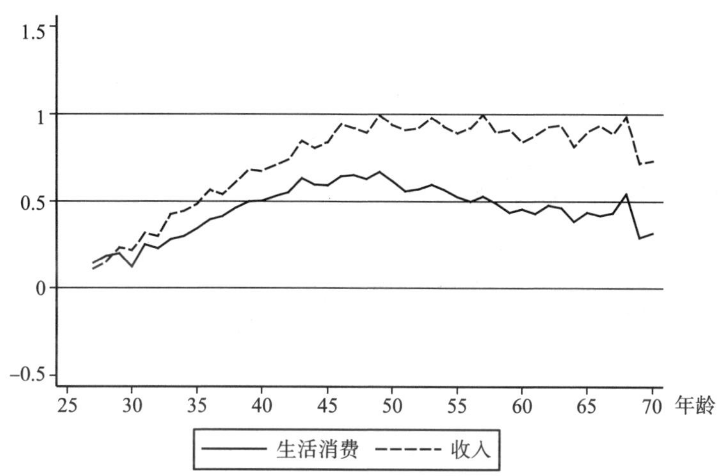


**图2－6 Brandt－Holz价格指数下的年龄效应**

**表2－9 使用Brandt和Holz（2004）价格指数后的出生组效应**

| 项目 | 1920～1929年 | 1930～1939年 | 1940～1949年 | 1950～1959年 | 1960～1969年 | 1970～1979年 |
|---|---|---|---|---|---|---|
| 生活消费 | 0.00515<br>[0.165] | 0.0437<br>[0.164] | 0.0243<br>[0.165] | 0.0948<br>[0.165] | 0.226<br>[0.166] | 0.281*<br>[0.168] |
| 收入 | －0.185<br>[0.178] | －0.056<br>[0.177] | 0.0466<br>[0.178] | 0.221<br>[0.178] | 0.445**<br>[0.179] | 0.697***<br>[0.181] |

注：方括号中的值表示标准误，$*p<0.1$，$**p<0.05$，$***p<0.01$。

**表2－10 使用Brandt和Holz（2004）价格指数后的分解结果**

| 统计项 | | 1988～1995年 | 1995～2002年 | 1988～2002年 |
|---|---|---|---|---|
| 生活消费对数方差 | 总变化 | 0.0072 | 0.0318 | 0.039 |
| | 人口效应 | －0.0005 | 0.0009 | 0.0012 |

① 这提示我们，在CHIP样本中各地的人口结构分布有一定的差别。

续表

| 统计项 | | 1988～1995 年 | 1995～2002 年 | 1988～2002 年 |
|---|---|---|---|---|
| 生活消费对数方差 | 组内效应 | 0.0066 | 0.0322 | 0.0337 |
| | 组间效应 | 0.0002 | 0.0011 | 0.0015 |
| 收入对数方差 | 总变化 | 0.0534 | 0.0563 | 0.1097 |
| | 人口效应 | 0.0011 | 0.0023 | 0.0008 |
| | 组内效应 | 0.0537 | 0.0567 | 0.102 |
| | 组间效应 | 0.0021 | 0.0021 | 0.0033 |

## 2.5.3 控制移民因素后的残差分解结果

另一个可能影响我们结果的因素是移民。按照 CHIP 的统计方法，只要没有分家的家庭成员的收入都会被统计到家庭收入中。但只要移民不长期在家里居住（没有分家)，那么统计的家庭消费中必然不包括移民的消费。这样显然会造成含有移民家庭消费的低估问题。另外，移民家庭与非移民家庭的年龄结构可能存在一定差异，这也同样有可能会影响我们的分析结果。所以我们必须知道移民家庭与非移民家庭之间，在年龄特征和收入、消费上是否存在显著性的差别。

首先，我们定义在 1995 年和 2002 年外出工作超过一个月的常住人口既为潜在移民①。然后，我们将所有的代表性家庭分为有移民家庭和无移民家庭，并且分别统计基本的家庭信息（见表 2－11)。

**表 2－11　　移民家庭与非移民家庭的基本情况**

| 项目 | 1995 年 | | | | 2002 年 | | | |
|---|---|---|---|---|---|---|---|---|
| | 非移民 | | 移民 | | 非移民 | | 移民 | |
| | 均值 | 标准差 | 均值 | 标准差 | 均值 | 标准差 | 均值 | 标准差 |
| 年龄 | 44.63 | 9.098 | 38.894 | 8.416 | 44.77 | 9.273 | 40.43 | 8.075 |
| 教育 | 6.476 | 2.766 | 6.878 | 2.563 | 7.728 | 2.412 | 7.688 | 2.347 |

① 对于移民的标准，即外出多长时间和工作地点与家之间的距离似乎没有统一的标准。在本研究中，采用了一个比较宽泛的概念，即外出工作一个月以上，并且工作地点与家不在同一个县的人口均为潜在移民。由于在 1988 年的样本中，缺乏甄别移民的信息，因此在下面的分析中，都不包括 1988 年的样本。

续表

| 项目 | 1995 年 | | | | 2002 年 | | | |
|---|---|---|---|---|---|---|---|---|
| | 非移民 | | 移民 | | 非移民 | | 移民 | |
| | 均值 | 标准差 | 均值 | 标准差 | 均值 | 标准差 | 均值 | 标准差 |
| 人口 | 4. 343 | 1. 254 | 4. 281 | 1. 146 | 3. 947 | 1. 129 | 3. 963 | 0. 997 |
| 老人 | 0. 059 | 0. 235 | 0. 013 | 0. 111 | 0. 073 | 0. 26 | 0. 023 | 0. 15 |
| 生活消费 | 6. 33 | 0. 477 | 6. 239 | 0. 46 | 6. 446 | 0. 505 | 6. 312 | 0. 466 |
| 收入 | 6. 797 | 0. 537 | 6. 675 | 0. 519 | 7. 124 | 0. 58 | 6. 997 | 0. 548 |
| 食物消费 | 6. 016 | 0. 484 | 5. 921 | 0. 482 | 5. 844 | 0. 443 | 5. 695 | 0. 414 |
| 样本 | 3228 | | 320 | | 3314 | | 563 | |

这里“老人”指样本中年龄大于等于 60 岁户主的比例；“生活消费”“收入”“食物消费”“年龄”“教育”“人口”的定义如前述。从表 2 – 11 中我们可以发现，移民家庭与非移民家庭存在若干系统性的差异。首先移民家庭的户主年龄比非移民家庭的户主年龄要低，在 1995 年低近 6 岁，而 2002 年低 4 岁；而且我们还发现，移民家庭的户主年龄大于等于 60 岁的比例要低于非移民家庭。这说明，移民家庭的确比非移民家庭要更年轻一些。其次，移民家庭的生活消费、收入和食物消费都一致的略低于非移民家庭，但差异并不大。这也许在一定程度上可以说明，低估消费的情况并不严重。

为了进一步清楚移民在总体不平等中的作用，我们再次按照第四部分的回归分解方法来分解去掉移民因素后的对数方差。即先做如下回归：

$$消费 = 家庭结构 + 教育 + 移民虚拟变量 + \varepsilon \qquad (2-11)$$

然后利用拟合值减去实际值从而得到残差，进而对残差进一步分解，得到表 2 – 12。从结果中我们发现，去掉了移民之后，消费和收入的方差都减小了；虽然人口老龄化效应有所增加，但起主导作用的仍然是组间效应。

**表 2 – 12　　去掉了移民家庭户后的残差分解（1995 ~ 2002 年）**

| 项目 | 生活消费对数方差 | 收入对数方差 |
|---|---|---|
| 总变化 | 0. 0195 | 0. 0379 |
| 人口效应 | 0. 0045 | 0. 0071 |
| 组内效应 | 0. 0137 | 0. 0326 |
| 组间效应 | 0. 0018 | – 0. 0023 |

## 2.6 结 论

历经了近三十多年的经济体制改革之后，我国农村的收入差距显著扩大。与此同时，由于计划生育政策的有效实施以及农村年轻人口向城市的不断迁移，我国农村的老龄化问题也越来越严重。本研究使用了具有代表性的1988~2002年的CHIP数据，从生命周期理论的角度，对农村消费和收入不平等进行了研究，并就它们与人口老龄化之间的关系进行了系统考察。通过回归分解以及方差分解方法，我们将这期间我国农村的不平等及其变化分解为出生组组内不平等、出生组组间不平等以及人口效应。

首先，与Cai，Chen和Zhou（2007）对我国城市的研究结果显著不同，我们发现我国农村消费不平等的程度显著低于收入不平等。这说明在我国农村的确存在一定的风险平滑机制可以减弱对收入的外在冲击。这也表明进一步建立健全农村地区的保险机制有助于帮助农户克服年度收入波动带来的负面影响。

其次，从1988~2002年，我国农村的不平等的变化主要是由于年龄组内的不平等带来的。这表示由经验或者年龄带来的收入和消费差异是导致不平等的主要来源。50岁是一个比较关键的年龄，在此之间这一效应是非常明显的，50岁之后，年龄效应开始趋于平缓。另外，由高速的经济增长所引起的组间差异对总体的不平等影响不大，尤其是对于出生在20世纪40年代之前的人，这在一定程度上反映了经济增长的成果在年龄组间分配状况。

最后，通过对不平等的方差分解和回归分析结果显示，由于老龄化带来的不平等效应很小，教育和家庭规模是影响我国农村家庭之间消费不平等的主要因素。教育的确起到了减小不平等的作用，而家庭规模的差异进一步拉大了家庭之间的差异。

上述结果表明，虽然从1988~2002年我国农村同时经历了高速经济增长和人口不断老龄化的过程，但是这些因素目前对农村收入和消费不平等的影响都还不大，相反，教育、劳动经验和家庭规模等特征的差异才是影响现阶段我国农村不平等更为根本的原因。

但我们同时注意到不平等随年龄迅速增加，虽然目前老龄化直接的不平等效应还小，但人口老化与不平等随年龄增加的相互作用仍不容忽视。我们应该未雨绸缪，现在就开始积极寻找应对措施。

# 第3章

# 城乡消费不平等

## 3.1 导　　论

日益加大的城乡收入差异是中国近些年来最为人所关注的社会现象之一。在1978年，城乡收入比是2.5。从20世纪70年代末，中国首先从农村开始进行经济体制改革，放弃了人民公社体系，实行家庭联产承包责任制使农民们恢复了经济自由。这一改革极大地改善了农村的激励机制，使劳动生产率不断增加（Lin，1992）。结果城乡收入比显著下降，从1978年的2.5下降到了1983年的1.82。然而，在此之后，中国将改革扩大到了城市，而在实行家庭联产承包责任制后的农村，改革却止步不前。城乡收入比再次上升，2006年达到了3.3（见图3－1）。

如此显著的城乡差异问题自然被学术界所关注，经济学家们已经在很多方面进行了大量的研究，得到了很多扎实的结论。例如，Zhao，Griffin，Li和Zhu（1994）、Zhao，Li和Riskin（1999）、Li，Sicular和Gustafsson（2008）关注收入不平等。他们发现城乡收入差距是中国总体收入差距的主要来源，并且随着时间的推移，这一因素占中国总体收入差距的比重越来越大，到2002年，中国总体收入差距的近一半来自于城乡之间的收入差距。

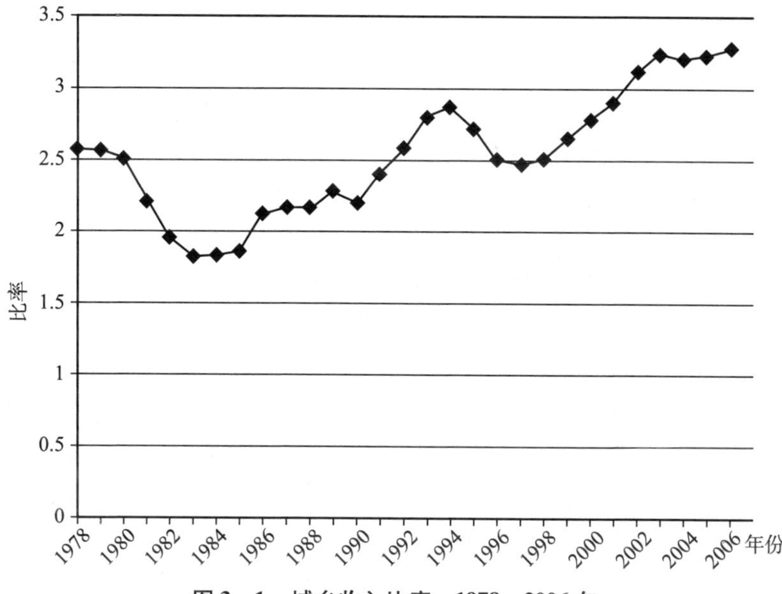


**图 3－1　城乡收入比率：1978～2006 年**

资料来源：历年中国统计年鉴。

Knight 和 Li（1996）考察了城市和农村的受教育程度的差异，他们发现在城乡之间教育机会存在显著的不平等。Knight 和 Song（1999）仔细研究了城乡之间差异的许多个纬度，包括收入、教育、健康和住房。Tsui（1993）以及 Kanbur 和 Zhang（1999）发现城乡不平等是总体地区差异的重要因素。Sicular，Yue，Gustafsson 和 Li（2007）研究了 1995～2002 年的城乡差距。他们发现地区价格差异能够解释很大一部的城乡差异，但是经过地区价格差异调整之后的城乡差异仍然很大，并且随着时间的推移也在增加。而李实和罗楚亮（2007）将城市居民所享受到的各种补贴全部换算成收入，然后又利用 Brandt 和 Holz（2006）的地区价格指数考虑了城乡之间的价格水平差异，这样计算的城乡收入之比仍然达到了 3. 1 倍左右。

中国政府也已经意识到城乡差异问题。事实上这一差异的很大一部分应归结于中国政府自从 20 世纪 50 年代开始实行的偏向城市的发展战略。与以往的政府不同，本届政府正在试图缩小这一差距。在 2005 年，中央政府取消了农业税，并且启动了一个庞大的项目——“新农村运动”。这个项目有点类似 20 世纪 70 年代韩国所实行的新农村运动，目的是为了使中国的农村进一步现代化。

然而，几乎没有关于中国农村和城市消费不平等差异方面的研究。理论上，消费是对家庭长期福利更好的度量，因为它更好地反映了一个家庭的长期收入能力，而收入很容易被暂时性冲击所影响，尤其对于永久收入很难度量的中国农村来说，情况更是这样①。

本章中，我们将使用CHIP1988，CHIP1995和CHIP2002三年数据中的消费数据来研究中国城市家庭与农村家庭的消费不平等。这为研究中国的城乡差异提供了一个新的视角。这是本章研究的第一个贡献。

本章研究的第二个贡献是除了在平均水平上研究城乡差异之外，我们采用了由Machoda和Mata（2005）最新发展的分位回归分解的方法来研究城市和农村在整个消费分布上的差异②。此外，我们还考察了城乡消费差异从1988年到2002年的动态演变。

作为本章最后一个贡献，我们还探究了2002年城乡移民对城乡差异的影响。本章安排如下：第3.2节描述了数据和变量，以及基本的统计性描述。第3.3节首先使用Blinder - Oaxaca分解方法对城乡消费不平等进行分解。第3.4节概述了分位回归分解技术，并且得到了分位回归分解的结果。第3.5节进行了稳健性检验。第3.6节是结论。

## 3.2 数据与统计性描述

本章所使用的数据来自于CHIP1988，CHIP1995和CHIP2002的三轮中国居民收入分配调查。它包含丰富的居民个人以及家庭信息，包括在上述三年中农村和城市居民家庭的详细收入和消费信息③。其中，家庭收入既包括单个家庭成员的收入也包括家庭成员从家庭集体生产经营中、家庭资产及转让以及接收到的转移支付的收入；而家庭生活消费既包括用于日常生活的食

---

① Meng（2003）发现中国的城市居民存在着消费平滑和预防性储蓄行为。

② Nguyen等（2007）使用了这一方法来研究越南的城乡差异。

③ 像大多数在中国的调查一样，CHIP根据户口登记而不是居住地来区分城市和农村样本。在2002年的调查样本中，除了农村和城市样本之外，增加了一个对居住在城市中的农村移民的补充调查。在后面，我们将利用这部分样本来考察移民对城乡消费差距的影响。

物、衣服、日用品、交通通信等方面的开支，也包括用于教育、医疗及文化娱乐等方面的花费。被调查户被要求按规定填写日记账，详细记录每天的收入和支出，并且每季度都要向国家统计局农调队汇总。除此以外，CHIP 数据中还包括了一些国家统计局问卷中没有包括或者残缺不全的项目，如实物收入、自有房屋租金估算值以及按市场价格计算的农户自产自用品等。因此 CHIP 数据被公认是研究我国收入分配问题最有代表性的微观数据之一①。

值得一提的是，CHIP 数据并没有覆盖中国所有的省份，而且在三轮调查中也没有覆盖相同的省份。为了避免由此所带来可能的组成变化对结果造成的影响，我们样本限制在三次调查都覆盖到并且农村和城市样本都调查的省份。一共有 10 个省市，它们分别是北京、山西、辽宁、江苏、安徽、河南、湖北、广东、云南和甘肃。我们认为上述选择基本能够代表中国的不同区域。进一步为了去掉异常值得影响，我们还去掉了农村和城市消费差异分布中 1% 的分位以下和 99% 以上的值。这样我们得到了最终样本：1988 年有 2197 个农村家庭和 7930 个城市家庭；1995 年有 2208 个农村家庭和 2594 个城市家庭；2002 年有 3304 个农村家庭和 3368 个城市家庭。

本章中我们使用的主要变量是年人均消费。为了得到这一变量，首先我们要计算家庭的消费。它包括代表性家庭在调查年内在食物、非耐用消费品、教育、医疗等方面的开支，农村家庭自产自销的农产品也包括在内，还包括了所有家庭收到的实物收入②。

之后我们按照把该指标按家庭人口数人均化，然后使用国家统计局所公布的居民消费价格指数将所有指标调整到 1988 年水平，就得到了我们想要的真实的人均消费指标③。为了进行稳健性检验，我们还尝试计算了家庭所拥有的耐用消费品和住房的年消费价值，将其包括到家庭消费中，这构成了本章中的扩展消费（augmented consumption）指标。

表 3 - 1 ~ 表 3 - 3 是本章所使用的其他主要变量的统计性描述。在三个表中，我们同时汇报了未加权和加权后的结果。加权后可以保证样本中每个

---

① CHIP1988 和 CHIP1995 详细情况可以参考赵人伟和格里芬（1994）以及赵人伟、李实和李思勤（1999）。2002 年数据的详细情况可以参考古斯塔夫森、李实和史泰丽（2008）。

② 与大多数家户调查一样，CHIP 只有在家庭水平而不是个人层面的消费信息。

③ 在第 3.5 节我们也使用了 Brandt 和 Holz（2006）计算的地区价格指数做稳健性检验。

省的城乡比例及占全国人口比例与实际的比例相符①。从这些表中我们可以发现：城市家庭的人均消费要高于农村家庭，而且家庭规模更小，更有可能出现女性作为户主的情况。城市家庭的户主往往年龄更老，教育水平更高，而且更有可能成为党员。

**表 3－1　主要变量的描述性统计（1988 年）**

| 变量 | 农村 | | | | 城市 | | | |
|---|---|---|---|---|---|---|---|---|
| | 未加权 | | 加权 | | 未加权 | | 加权 | |
| | 均值 | 标准差 | 均值 | 标准差 | 均值 | 标准差 | 均值 | 标准差 |
| 对数消费 | 5.886 | 0.455 | 5.938 | 0.454 | 6.388 | 0.372 | 6.374 | 0.378 |
| 对数扩展消费 | 5.996 | 0.455 | 6.05 | 0.453 | 6.417 | 0.374 | 6.402 | 0.379 |
| 对数食物消费 | 5.792 | 0.468 | 5.837 | 0.466 | 5.97 | 0.377 | 5.946 | 0.374 |
| 对数收入 | 6.428 | 0.476 | 6.521 | 0.5 | 7.242 | 0.352 | 7.223 | 0.355 |
| 户主年龄 | 43.128 | 10.728 | 43.175 | 10.646 | 43.322 | 10.815 | 43.661 | 10.842 |
| 家庭人口 | 5.076 | 1.688 | 4.838 | 1.621 | 3.556 | 1.004 | 3.577 | 1.008 |
| 儿童比例 | 0.275 | 0.2 | 0.271 | 0.198 | 0.223 | 0.177 | 0.224 | 0.179 |
| 性别 | 0.943 | 0.233 | 0.937 | 0.243 | 0.923 | 0.267 | 0.926 | 0.261 |
| 教育年限 | 6.691 | 3.647 | 6.864 | 3.425 | 8.194 | 3.562 | 8.159 | 3.607 |
| 少数民族 | 0.065 | 0.247 | 0.073 | 0.261 | 0.039 | 0.194 | 0.052 | 0.222 |
| 党员 | 0.15 | 0.357 | 0.178 | 0.382 | 0.39 | 0.488 | 0.405 | 0.491 |
| 失业或不工作 | 0.015 | 0.123 | 0.019 | 0.138 | 0.004 | 0.061 | 0.005 | 0.069 |
| 就业 | 0.979 | 0.143 | 0.975 | 0.155 | 0.924 | 0.265 | 0.918 | 0.275 |
| 退休 | 0.005 | 0.074 | 0.005 | 0.073 | 0.073 | 0.259 | 0.078 | 0.267 |
| 北京 | 0.036 | 0.186 | 0.254 | 0.436 | 0.054 | 0.225 | 0.068 | 0.253 |
| 山西 | 0.082 | 0.275 | 0.106 | 0.308 | 0.101 | 0.301 | 0.134 | 0.34 |
| 辽宁 | 0.104 | 0.306 | 0.129 | 0.335 | 0.106 | 0.307 | 0.052 | 0.222 |
| 江苏 | 0.145 | 0.352 | 0.077 | 0.267 | 0.142 | 0.349 | 0.087 | 0.281 |
| 安徽 | 0.149 | 0.356 | 0.09 | 0.286 | 0.094 | 0.292 | 0.091 | 0.288 |

① 当做分解的时候，我们也使用实际每个省的城乡人口比例来重新加权了样本。

续表

| 变量 | 农村 | | | | 城市 | | | |
|---|---|---|---|---|---|---|---|---|
| | 未加权 | | 加权 | | 未加权 | | 加权 | |
| | 均值 | 标准差 | 均值 | 标准差 | 均值 | 标准差 | 均值 | 标准差 |
| 河南 | 0. 159 | 0. 366 | 0. 062 | 0. 241 | 0. 113 | 0. 317 | 0. 088 | 0. 283 |
| 湖北 | 0. 117 | 0. 322 | 0. 081 | 0. 273 | 0. 117 | 0. 322 | 0. 08 | 0. 271 |
| 广东 | 0. 073 | 0. 26 | 0. 044 | 0. 205 | 0. 1 | 0. 3 | 0. 057 | 0. 232 |
| 云南 | 0. 074 | 0. 261 | 0. 064 | 0. 246 | 0. 11 | 0. 313 | 0. 199 | 0. 399 |
| 甘肃 | 0. 061 | 0. 239 | 0. 093 | 0. 291 | 0. 064 | 0. 244 | 0. 145 | 0. 352 |
| 样本数 | 2197 | | | | 7930 | | | |

**表3－2　　　　主要变量的描述性统计（1995年）**

| 变量 | 农村 | | | | 城市 | | | |
|---|---|---|---|---|---|---|---|---|
| | 未加权 | | 加权 | | 未加权 | | 加权 | |
| | 均值 | 标准差 | 均值 | 标准差 | 均值 | 标准差 | 均值 | 标准差 |
| 对数消费 | 6. 386 | 0. 493 | 6. 463 | 0. 522 | 7. 479 | 0. 44 | 7. 431 | 0. 417 |
| 对数扩展消费 | 6. 424 | 0. 5 | 6. 517 | 0. 537 | 7. 765 | 0. 483 | 7. 716 | 0. 465 |
| 对数食物消费 | 6. 068 | 0. 497 | 6. 083 | 0. 493 | 6. 823 | 0. 414 | 6. 781 | 0. 39 |
| 对数收入 | 6. 864 | 0. 553 | 6. 949 | 0. 57 | 7. 731 | 0. 453 | 7. 682 | 0. 433 |
| 户主年龄 | 44. 582 | 10. 384 | 45. 225 | 10. 498 | 46. 276 | 11. 333 | 45. 961 | 11. 307 |
| 家庭人口 | 4. 406 | 1. 291 | 4. 273 | 1. 233 | 3. 17 | 0. 82 | 3. 156 | 0. 8 |
| 儿童比例 | 0. 238 | 0. 21 | 0. 219 | 0. 206 | 0. 168 | 0. 169 | 0. 174 | 0. 17 |
| 性别 | 0. 948 | 0. 222 | 0. 877 | 0. 328 | 0. 687 | 0. 464 | 0. 679 | 0. 467 |
| 教育年限 | 6. 458 | 2. 918 | 6. 868 | 3. 054 | 10. 597 | 3. 313 | 10. 626 | 3. 264 |
| 少数民族 | 0. 041 | 0. 199 | 0. 047 | 0. 211 | 0. 043 | 0. 202 | 0. 062 | 0. 241 |
| 党员 | 0. 136 | 0. 343 | 0. 203 | 0. 402 | 0. 369 | 0. 483 | 0. 381 | 0. 486 |
| 失业或不工作 | 0. 058 | 0. 234 | 0. 068 | 0. 252 | 0. 011 | 0. 103 | 0. 008 | 0. 091 |
| 就业 | 0. 936 | 0. 245 | 0. 924 | 0. 264 | 0. 801 | 0. 399 | 0. 811 | 0. 391 |
| 退休 | 0. 006 | 0. 077 | 0. 008 | 0. 087 | 0. 188 | 0. 391 | 0. 18 | 0. 385 |
| 北京 | 0. 037 | 0. 189 | 0. 288 | 0. 453 | 0. 084 | 0. 277 | 0. 106 | 0. 307 |
| 山西 | 0. 087 | 0. 282 | 0. 119 | 0. 324 | 0. 128 | 0. 335 | 0. 154 | 0. 361 |

续表

| 变量 | 农村 | | | | 城市 | | | |
|---|---|---|---|---|---|---|---|---|
| | 未加权 | | 加权 | | 未加权 | | 加权 | |
| | 均值 | 标准差 | 均值 | 标准差 | 均值 | 标准差 | 均值 | 标准差 |
| 辽宁 | 0.071 | 0.257 | 0.094 | 0.292 | 0.093 | 0.29 | 0.054 | 0.227 |
| 江苏 | 0.179 | 0.383 | 0.102 | 0.303 | 0.124 | 0.33 | 0.071 | 0.257 |
| 安徽 | 0.103 | 0.304 | 0.062 | 0.241 | 0.079 | 0.27 | 0.076 | 0.265 |
| 河南 | 0.229 | 0.42 | 0.087 | 0.282 | 0.106 | 0.308 | 0.086 | 0.281 |
| 湖北 | 0.077 | 0.267 | 0.057 | 0.232 | 0.13 | 0.337 | 0.08 | 0.271 |
| 广东 | 0.147 | 0.354 | 0.103 | 0.305 | 0.084 | 0.277 | 0.034 | 0.182 |
| 云南 | 0.029 | 0.168 | 0.025 | 0.155 | 0.108 | 0.31 | 0.216 | 0.411 |
| 甘肃 | 0.04 | 0.197 | 0.063 | 0.243 | 0.064 | 0.244 | 0.124 | 0.33 |
| 样本数 | 2208 | | | | 2594 | | | |

**表 3－3　　主要变量的描述性统计（2002 年）**

| 变量 | 农村 | | | | 城市 | | | |
|---|---|---|---|---|---|---|---|---|
| | 未加权 | | 加权 | | 未加权 | | 加权 | |
| | 均值 | 标准差 | 均值 | 标准差 | 均值 | 标准差 | 均值 | 标准差 |
| 对数消费 | 6.343 | 0.519 | 6.339 | 0.529 | 7.624 | 0.468 | 7.583 | 0.463 |
| 对数扩展消费 | 6.604 | 0.53 | 6.635 | 0.549 | 7.971 | 0.473 | 7.921 | 0.47 |
| 对数食物消费 | 5.786 | 0.47 | 5.745 | 0.477 | 6.867 | 0.441 | 6.813 | 0.434 |
| 对数收入 | 7.173 | 0.571 | 7.183 | 0.581 | 8.214 | 0.488 | 8.17 | 0.478 |
| 户主年龄 | 45.957 | 10.2 | 46.573 | 10.30 | 48.271 | 11.476 | 48.058 | 11.531 |
| 家庭人口 | 4.137 | 1.222 | 3.969 | 1.181 | 3.026 | 0.794 | 2.996 | 0.766 |
| 儿童比例 | 0.19 | 0.186 | 0.175 | 0.182 | 0.132 | 0.161 | 0.135 | 0.163 |
| 性别 | 0.955 | 0.207 | 0.897 | 0.303 | 0.686 | 0.464 | 0.688 | 0.463 |
| 教育年限 | 7.506 | 2.44 | 7.708 | 2.565 | 10.854 | 3.303 | 10.925 | 3.372 |
| 少数民族 | 0.094 | 0.292 | 0.1 | 0.3 | 0.954 | 0.21 | 0.937 | 0.243 |
| 党员 | 0.167 | 0.373 | 0.209 | 0.407 | 0.401 | 0.49 | 0.414 | 0.493 |
| 失业或不工作 | 0.095 | 0.293 | 0.122 | 0.327 | 0.034 | 0.183 | 0.034 | 0.181 |
| 就业 | 0.897 | 0.303 | 0.869 | 0.337 | 0.699 | 0.459 | 0.704 | 0.456 |

续表

| 变量 | 农村 | | | | 城市 | | | |
|---|---|---|---|---|---|---|---|---|
| | 未加权 | | 加权 | | 未加权 | | 加权 | |
| | 均值 | 标准差 | 均值 | 标准差 | 均值 | 标准差 | 均值 | 标准差 |
| 退休 | 0.008 | 0.087 | 0.009 | 0.094 | 0.266 | 0.442 | 0.262 | 0.44 |
| 北京 | 0.039 | 0.194 | 0.268 | 0.443 | 0.072 | 0.259 | 0.089 | 0.285 |
| 山西 | 0.107 | 0.309 | 0.127 | 0.333 | 0.097 | 0.296 | 0.129 | 0.335 |
| 辽宁 | 0.109 | 0.312 | 0.137 | 0.344 | 0.118 | 0.322 | 0.075 | 0.263 |
| 江苏 | 0.114 | 0.318 | 0.067 | 0.25 | 0.125 | 0.331 | 0.061 | 0.239 |
| 安徽 | 0.114 | 0.318 | 0.064 | 0.244 | 0.09 | 0.286 | 0.087 | 0.282 |
| 河南 | 0.14 | 0.347 | 0.051 | 0.219 | 0.12 | 0.324 | 0.08 | 0.272 |
| 湖北 | 0.137 | 0.344 | 0.091 | 0.287 | 0.117 | 0.321 | 0.085 | 0.279 |
| 广东 | 0.123 | 0.328 | 0.069 | 0.253 | 0.079 | 0.27 | 0.035 | 0.183 |
| 云南 | 0.057 | 0.232 | 0.044 | 0.205 | 0.117 | 0.321 | 0.209 | 0.407 |
| 甘肃 | 0.06 | 0.238 | 0.083 | 0.276 | 0.066 | 0.248 | 0.151 | 0.358 |
| 样本数 | 3304 | | | | 4468 | | | |

图3-2表示的是不同年份中农村和城市的消费和收入的核密度分布(kernel density)。我们发现：第一，从1988~2002年，收入和消费的不平等都大幅增加；第二，不平等增加主要发生在1988~1995年；第三，城乡消费差距也显著增加，同样也主要发生在1988~1995年。

图3-3表示的是城乡消费差距、食物消费差距和收入差距的在不同分位上的分布，证实了我们在图3-2中的发现：城乡差距1988~2002年急剧扩大，但在消费差距和收入差距之间存在一定的差异。从消费的角度来看，主要的扩大发生在1988~1995年；而从收入的角度来看却正相反，差距扩大主要发生在1995~2002年。在三年中，无论消费、食物消费和收入的差距曲线都向右下方倾斜，而且收入比消费倾斜得更大，而食物在2002年几乎是水平的。这些都表明：无论消费还是收入，对于低收入组家庭而言，城乡差距更大；而收入与消费比，收入的差距更大；食物消费差距在不同分位组间的差异不明显。

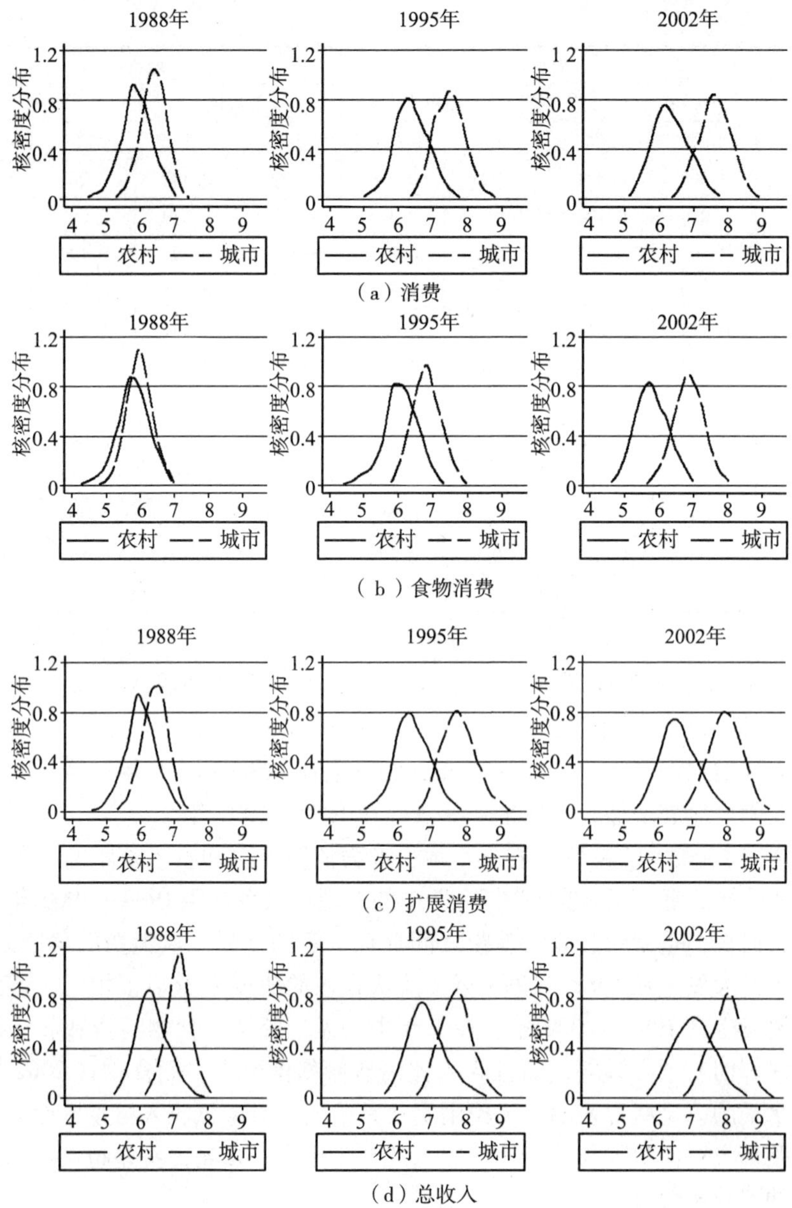


**图 3－2　城乡消费、食物消费、收入的分布**

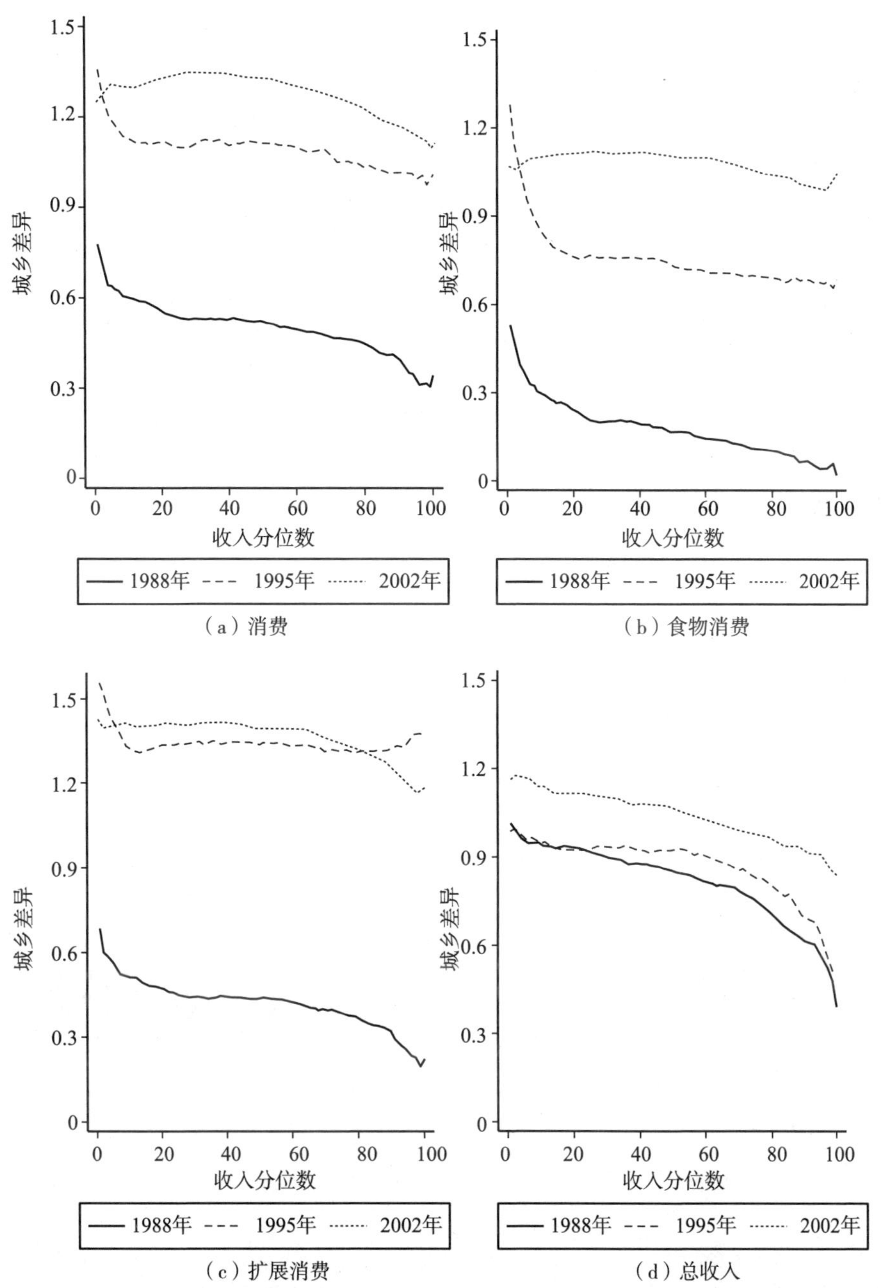


图3-3　城乡差距在不同分位的分布

由于地区差异对中国的总体收入差异也非常重要，所以我们仅仅控制了省份的虚拟变量对城乡消费不平等进行回归，结果见表 3 -4，其中城市变量的系数所表示的就是控制了地区差距之后的城乡消费差距。从中我们可以发现以下事实：第一，所有的城市变量的系数无论在经济上还是统计上都是显著的。第二，这些系数随着分位而降低，这与我们在图 3 -3 中的发现相一致。第三，城乡差距随时间增加而增加。第四，省内的不平等非常显著。除了广东之外，所有的省份的家庭人均消费都比北京要更差。第五，省份虚拟变量可以解释消费变化的相当大的部分。尤其对于 1995 年和 2002 年来说，调整的 R 方系数（adjusted R-squared）在 0.6 左右①。

当然，表 3 -4 中的城乡差异也可以归结于城市与农村在禀赋上的差异，或者相同禀赋的不同回报之间的差异。为了更好地理解城乡差异及其原因，下面我们将分解这两种效应。

**表 3 -4　　城乡消费不平等的分位数估计**

| 项目 | | 因变量：消费的对数 | | | | | |
|---|---|---|---|---|---|---|---|
| | | OLS | $5^{th}$分位 | $25^{th}$分位 | $50^{th}$分位 | $75^{th}$分位 | $95^{th}$分位 |
| Panel A：1988 年 | 城市 | 0.435 *** | 0.604 *** | 0.466 *** | 0.404 *** | 0.388 *** | 0.317 *** |
| | 山西 | -0.438 *** | -0.433 *** | -0.475 *** | -0.434 *** | -0.399 *** | -0.308 *** |
| | 辽宁 | -0.295 *** | -0.275 *** | -0.282 *** | -0.304 *** | -0.270 *** | -0.283 *** |
| | 江苏 | 0.059 *** | 0.168 *** | 0.091 *** | 0.062 *** | 0.0486 ** | 0.0161 |
| | 安徽 | -0.191 *** | -0.049 | -0.169 *** | -0.211 *** | -0.197 *** | -0.217 *** |
| | 河南 | -0.276 *** | -0.195 *** | -0.259 *** | -0.287 *** | -0.285 *** | -0.257 *** |
| | 湖北 | 0.009 | 0.076 * | 0.047 ** | 0.007 | -0.060 ** | -0.009 |
| | 广东 | 0.221 *** | 0.222 *** | 0.256 *** | 0.243 *** | 0.245 *** | 0.167 *** |
| | 云南 | 0.024 * | 0.018 | 0.063 *** | 0.0286 | 0.036 | 0.039 |
| | 甘肃 | -0.164 *** | -0.259 *** | -0.215 *** | -0.145 *** | -0.06 | -0.011 |
| | 常数项 | 6.055 *** | 5.316 *** | 5.800 *** | 6.088 *** | 6.301 *** | 6.678 *** |
| 样本数 | | 10127 | 10127 | 10127 | 10127 | 10127 | 10127 |
| adjusted R-squared | | 0.29 | | | | | |

① 自从改革开放以来，地区差异就一直在扩大。在改革开放之前甚至在 20 世纪 80 年代初期，地区差异都不是很明显，参看 Gustafsson 和 Li（2005），Wu 和 Perloff（2005）以及 Kanbur 和 Zhang（2005）。这可能是一些非常穷的省份（如湖北和云南）在 1988 年的系数都是正的原因。

续表

| 项目 | | 因变量：消费的对数 | | | | | |
|---|---|---|---|---|---|---|---|
| | | OLS | 5th分位 | 25th分位 | 50th分位 | 75th分位 | 95th分位 |
| Panel B：1995 年 | 城市 | 1.105*** | 1.191*** | 1.111*** | 1.087*** | 1.101*** | 1.044*** |
| | 山西 | -0.646*** | -0.584*** | -0.673*** | -0.636*** | -0.628*** | -0.595*** |
| | 辽宁 | -0.398*** | -0.457*** | -0.470*** | -0.370*** | -0.333*** | -0.378*** |
| | 江苏 | -0.182*** | -0.228*** | -0.255*** | -0.165*** | -0.114** | -0.107* |
| | 安徽 | -0.448*** | -0.399*** | -0.493*** | -0.435*** | -0.457*** | -0.359*** |
| | 河南 | -0.448*** | -0.438*** | -0.504*** | -0.437*** | -0.413*** | -0.367*** |
| | 湖北 | -0.389*** | -0.265*** | -0.457*** | -0.360*** | -0.373*** | -0.388*** |
| | 广东 | 0.170*** | 0.183*** | 0.158*** | 0.195*** | 0.187*** | 0.184*** |
| | 云南 | -0.384*** | -0.283*** | -0.415*** | -0.351*** | -0.387*** | -0.465*** |
| | 甘肃 | -0.599*** | -0.543*** | -0.608*** | -0.587*** | -0.617*** | -0.588*** |
| | 常数项 | 6.715*** | 5.965*** | 6.489*** | 6.709*** | 6.960*** | 7.377*** |
| 样本数 | | 4802 | 4802 | 4802 | 4802 | 4802 | 4802 |
| adjusted R-squared | | 0.605 | | | | | |
| Panel C：2002 年 | 城市 | 1.335*** | 1.318*** | 1.398*** | 1.382*** | 1.286*** | 1.176*** |
| | 山西 | -0.373*** | -0.360*** | -0.373*** | -0.386*** | -0.427*** | -0.207*** |
| | 辽宁 | -0.128*** | -0.152*** | -0.076** | -0.130*** | -0.205*** | -0.111** |
| | 江苏 | -0.139*** | -0.214*** | -0.093** | -0.159*** | -0.192*** | -0.094** |
| | 安徽 | -0.341*** | -0.286*** | -0.285*** | -0.369*** | -0.425*** | -0.249*** |
| | 河南 | -0.271*** | -0.302*** | -0.264*** | -0.286*** | -0.299*** | -0.160*** |
| | 湖北 | -0.233*** | -0.225*** | -0.179*** | -0.239*** | -0.306*** | -0.190*** |
| | 广东 | 0.287*** | 0.253*** | 0.359*** | 0.302*** | 0.216*** | 0.188*** |
| | 云南 | -0.266*** | -0.234*** | -0.230*** | -0.298*** | -0.313*** | -0.219*** |
| | 甘肃 | -0.462*** | -0.440*** | -0.450*** | -0.484*** | -0.516*** | -0.472*** |
| | 常数项 | 6.501*** | 5.783*** | 6.113*** | 6.475*** | 6.899*** | 7.307*** |
| 样本数 | | 7972 | 7972 | 7972 | 7972 | 7972 | 7972 |
| adjusted R-squared | | 0.607 | | | | | |

注：①默认的省份为北京。②***，**和*分别代表1%，5%和10%的显著性水平。

## 3.3 Blinder-Oaxaca 分解

### 3.3.1 分析框架

作为分析的起点，我们从 Blinder－Oaxaca 分解开始，之后再将分析扩展到整个分布上。为了更好地理解城乡消费差距，我们将按照 Oaxaca（1973）和 Blinder（1973）发展的标准方法来分解城乡消费对数的平均差异如下：

$$E[\ln Y_u]-E[\ln Y_r]=(E[X_u]-E[X_r])'\beta_r+E[X_r]'(\beta_u-\beta_r)+(E[X_u]-E[X_r])'(\beta_u-\beta_r) \quad (3-1)$$

其中，u 代表城市，而 r 代表城市，Y 定义为家庭消费，X 是家庭和家庭户主的特征向量，包括家庭规模、年龄、性别、教育水平等等，而 β 是这些特征的系数向量①。

正如式（3－1）所表示的，我们可以城乡消费差异分解为所有特征的均值以及这些特征 OLS 估计的系数。上式中右边第一项是，当回报相同时，特征的平均值的差，即如果农村家庭有城市家庭特征的时候，消费差异将是怎样一种情况？通常我们称这种效应为禀赋效应（endowment effect）。而上式中的第二项相应的是，当特征相同时，回报的平均值的差，即如果农村家庭有城市家庭回报的时候，消费差异将是怎样一种情况，我们将这种效应称为系数或者价格效应（coefficient or price effect）。第三项表示的是同时受到禀赋效应和价格效应影响的时候的城乡消费差异。

### 3.3.2 结果

表 3－5 给出了分解的结果。我们发现：第一，从 1988～2002 年不断增加的城乡消费差距（从 0.44～1.24）大于同期的城乡收入差距（从 0.66～

① 关于控制变量的详细信息，请参见表 3－1，图 3－2 和图 3－3。

0.93)①。这可能反映出城市家庭的收入可能被低估，或者从政府获得的实物收入或者福利仍然是城市家庭消费的主要组成部分。第二，从1988～2002年无论对消费还是收入，虽然禀赋效应变得越来越重要，但是价格效应总是解释城乡差距的主要的因素。由禀赋效应所解释的消费差距部分在1988年为16.9%，1995年为12.8%，2002年为27.9%；而所解释的收入差距部分在1988年为4.8%，1995年为15.9%，2002年为40.2%。

**表3－5　　城乡差距的Oaxaca分解**

| 项目 | | | 1988年 | | 1995年 | | 2002年 | |
|---|---|---|---|---|---|---|---|---|
| | | | 系数 | 标准误 | 系数 | 标准误 | 系数 | 标准误 |
| Panel A：消费 | 预测值1 | | 6.3742 | 0.0006 | 7.4305 | 0.0012 | 7.5834 | 0.0010 |
| | 预测值2 | | 5.9386 | 0.0024 | 6.4655 | 0.0027 | 6.3415 | 0.0021 |
| | 城乡差异 | | 0.4356 | 0.0025 | 0.9650 | 0.0030 | 1.2419 | 0.0024 |
| | 分解 | 特征效应 | 0.0737 | 0.0038 | 0.1240 | 0.0069 | 0.3459 | 0.0081 |
| | | 系数效应 | 0.2807 | 0.0022 | 0.7695 | 0.0032 | 1.0316 | 0.0041 |
| | | 交叉项 | 0.0811 | 0.0036 | 0.0715 | 0.0070 | －0.1356 | 0.0088 |
| Panel B：食物消费 | 预测值1 | | 5.9459 | 0.0006 | 6.7804 | 0.0011 | 6.8130 | 0.0010 |
| | 预测值2 | | 5.8379 | 0.0025 | 6.0851 | 0.0026 | 5.7471 | 0.0019 |
| | 城乡差异 | | 0.1080 | 0.0025 | 0.6953 | 0.0028 | 1.0660 | 0.0021 |
| | 分解 | 特征效应 | 0.0819 | 0.0039 | 0.1461 | 0.0069 | 0.3411 | 0.0070 |
| | | 系数效应 | －0.0513 | 0.0023 | 0.5361 | 0.0031 | 0.8860 | 0.0037 |
| | | 交叉项 | 0.0774 | 0.0038 | 0.0130 | 0.0070 | －0.1612 | 0.0076 |
| Panel C：收入 | 预测值1 | | 7.1182 | 0.0006 | 7.6529 | 0.0013 | 8.0045 | 0.0011 |
| | 预测值2 | | 6.4556 | 0.0026 | 6.9515 | 0.003 | 7.0658 | 0.0023 |
| | 城乡差异 | | 0.6625 | 0.0027 | 0.7014 | 0.0032 | 0.9388 | 0.0026 |
| | 分解 | 特征效应 | 0.0316 | 0.0041 | 0.1113 | 0.0076 | 0.3777 | 0.0089 |
| | | 系数效应 | 0.4906 | 0.0024 | 0.5031 | 0.0033 | 0.7119 | 0.0042 |
| | | 交叉项 | 0.1403 | 0.0039 | 0.087 | 0.0076 | －0.1508 | 0.0095 |

① 食物消费差距增加的更快，从1988年的0.108增加到2002年的1.066。

## 3.4 Machado – Mata 分解框架

### 3.4.1 分析框架

对于一个异质性的人群来说，家庭或者户主的特征和系数在不同的分位上会发生显著的变化。所以很有必要来看整个分布上的效应并且不仅在特征的平均意义，而且在特征的整个分布上分解图 3 – 3 中的城乡消费差距。而且，考虑到回报的异质性，让系数随着不同的分位变化也是很重要的。在工资和收入不平等文献中有多种分解方法考虑到了异质性，例如，Juhn 等（1993）、DiNardo 等（1996）。本章中，我们所使用的分解方法是 Machado 和 Mata（2005）①。具体分析过程如下：

令 $Q_\theta(\ln y|x)$ 对于 $\theta\in(0,1)$ 定义为给定控制变量后的消费的对数的分布的第 $\theta^{th}$ 个分位数。所以分位回归方程为：

$$Q_\theta(\ln y|x)=x'\beta(\theta) \tag{3-2}$$

而且无条件分位分布是：

$$Q_\theta(\ln y)=X'\beta(\theta) \tag{3-3}$$

跟上文一样，我们使用 r 代表农村家庭，u 定义为城市家庭。那么城乡消费差距在不同分位上就是：

$$Q_\theta(\ln y_u,\ \beta(\theta)_u)-Q_\theta(\ln y_r,\ \beta(\theta)_r)=X_u'\beta(\theta)_u-X_r'\beta(\theta)_r \tag{3-4}$$

我们所要做的分解与 Blinder – Oaxaca 类似，可以帮助我们分离出价格效应和禀赋效应。我们想要知道由于禀赋的差异所导致的分位上的差异，即：

$$Q_\theta(\ln y_u,\ \beta(\theta)_r)-Q_\theta(\ln y_r,\ \beta(\theta)_r)=X_u'\beta(\theta)_r-X_r'\beta(\theta)_r \tag{3-5}$$

由于回报的差异所导致的分位上的差异，即：

$$Q_\theta(\ln y_r,\ \beta(\theta)_u)-Q_\theta(\ln y_r,\ \beta(\theta)_r)=X_r'\beta(\theta)_u-X_r'\beta(\theta)_r \tag{3-6}$$

Machado 和 Mata（2005）提供了一个很精练的分析框架来进行分解。关于本方法更多的技术细节可以在本章第 3.7 节技术附录中找到。值得一提

---

① 关于该方法的技术描述和渐进性质证明请参看 Albrecht 等（2006）。

的是，本章中所使用的 MM 分解与 Blinder - Oaxaca 分解一样，禀赋效应和价格效应相加将不会等于城乡差距。

### 3.4.2 中国城乡消费差距的分解

图3 -4 总结了分位分解的结果。与 Nguyen 等（2007）对越南的研究相反，我们的结果显示消费差距随着分位数的增加而减少，即低分位数有着更大的城乡差距，尤其是在 1988 年。正如图 3 - 4 中所显示的，1988 ~ 1995 年，城乡消费差异在整个分布上都扩大了，而 1995 ~ 2002 年虽然也增加了，但不如上一个时期那么明显。在每个分位上，价格效应都超过了禀赋效应。然而对 1988 年的食物消费而言，在分布的主要部分，禀赋效应超过了价格效应。

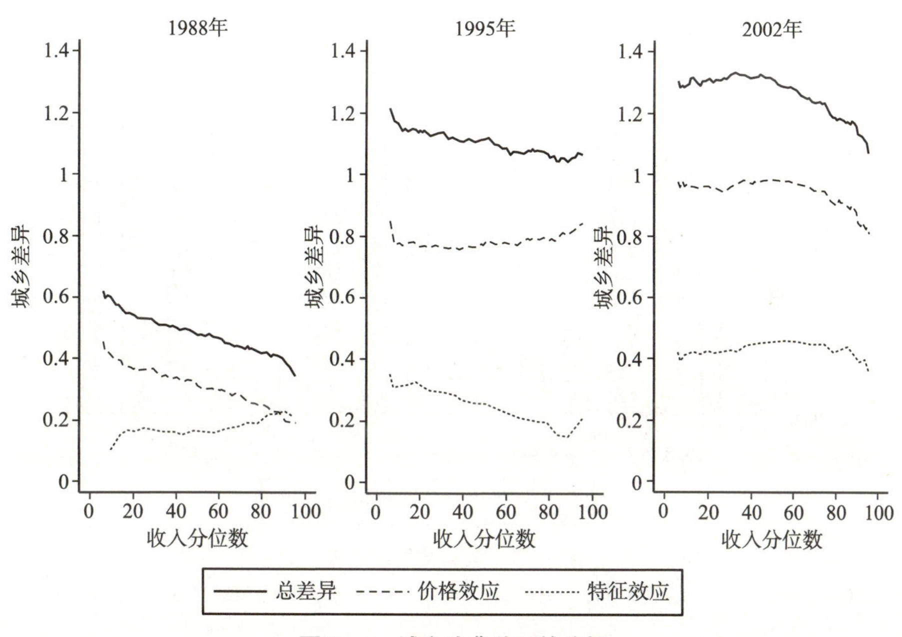


图 3 -4 城乡消费差距的分解

### 3.4.3 教育的作用

在所有禀赋中，教育毫无疑问是最重要的因素之一。所以很有必要来探讨一下教育在城乡差异中的作用。我们的数据显示，城市和农村户主的教育水平存在着显著的差异（见图3-5）。

虽然随着时间的推移，无论是城市还是农村的户主的教育水平都增加了，但是城市中大学和大学以上部分的增长占了相当大的部分。而且教育的回报系数也存在着重要的差异。正如图3-6所显示的，1988年农村家庭户主的教育系数甚至高于城市家庭，即城市教育系数差异，但是这一差异随着时间的增加渐渐发生逆转。

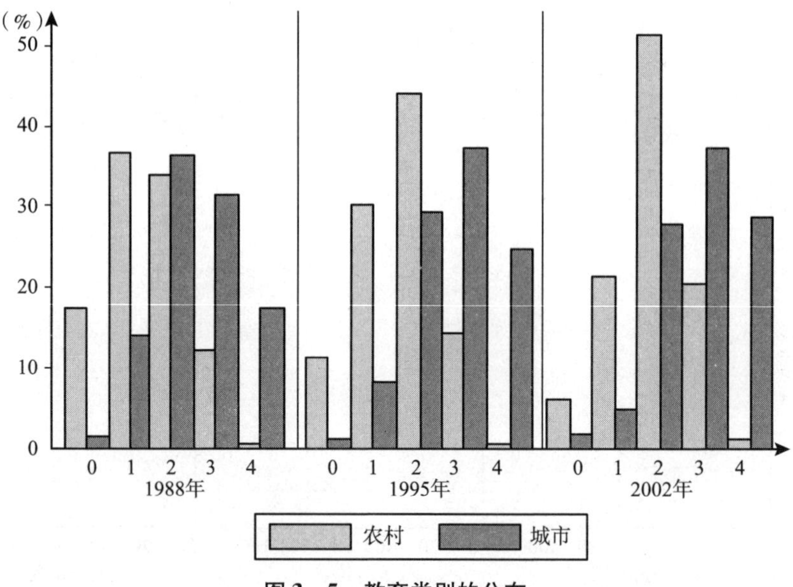


**图3-5 教育类别的分布**

注：教育分类：0-小学以下，1-小学，2-初中，3-高中、中专及技校，4-大学及以上。

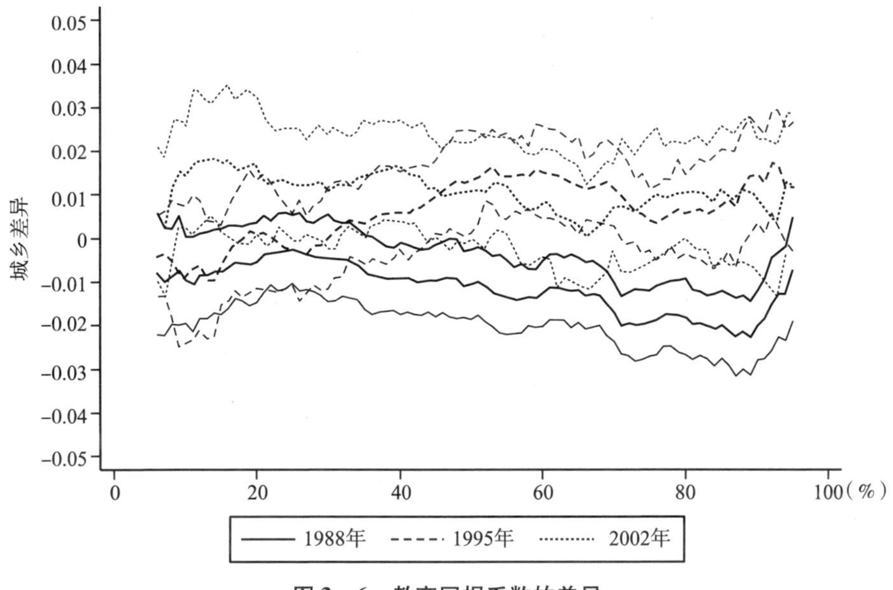


**图3－6 教育回报系数的差异**

注：浅色的线是相应年份的95%的置信区间。

为了从其他控制变量分离出教育的效应，我们将按照 Machado 和 Mata（2005）所提出的分位回归分解方法对教育进行考察，结果在图3－7中显示。最令人惊讶的是如果农村家庭户主有城市家庭户主的教育水平，那么城乡差异将几乎完全消失。农村和城市户主教育系数的差异在城乡差异中的作用却非常微小。我们的发现再次证实了人力资本投资的重要性，提高教育将会是经济发展和减少贫困的关键。

### 3.4.4 城乡移民的作用

与中国的大多数调查一样，CHIP 按照样本的户口登记地址来区分城市和农村样本。直到现在我们的分析还是按照这种传统的方法所获得的。众所周知，在户口登记制度下，即使农村移民在城市内生活和工作，只要户口仍然是农村户口，那么也仍然被认为是农村居民而不是城市居民。

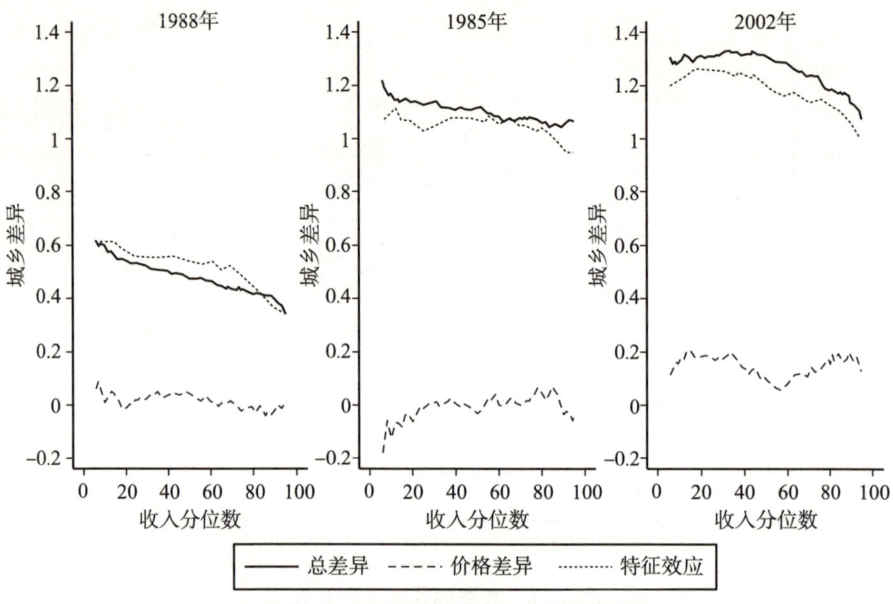


**图 3－7 教育的禀赋效应和价格效应**

自从改革开放以来，农村居民向城市迁移和流动已经成为中国的一个非常显著的社会现象（Zhao，2005）。与其他大多数调查相同，1988 年和 1995 年的 CHIP 没有覆盖到在城市中居住的农村移民。然而，在 2002 年的补充调查中，CHIP 首次覆盖了城乡移民样本。这让我们可以研究城乡移民对城乡差异的影响。

我们采用两种方法把农村移民样本合并到总样本中：第一，按照大多数城乡差异研究的传统。将移民样本按照户口登记地合并到相应的农村样本中。第二，按照居住地来划分样本。也就是说，只要一个家庭居住在城市，不管户主是城市还是农村户口都被认为是城市家庭户。按照这两种方法，我们把移民样本合并到他们目前居住的城市样本中①。

把图 3－8 中的（b）与（a）相比较，我们可以发现：虽然分解结果显示是否包括移民样本影响并不大，但是农村移民样本合并到农村之后，城乡差

① 对于第一种方法，我们按照村庄里移民的比例来对样本进行了加权，这一数据来自于 CHIP2002 所做的村调查。对于第二种方法，我们按照统计年鉴中，各省在 2002 年城市中的移民比例来对样本进行了加权。

距减小了，尤其是对高分位数的人群来说。这与理论和实际经验上认为移民会在城市中会有更好的经济机会相一致。尤其是，我们的结果与 Du，Park 和 Wang（2005）以及 Ravallion 和 Chen（2007）的结果相一致。前者发现城乡移民会增加流出地社区的人均收入，而后者则发现移民可以帮助减少农村贫困。

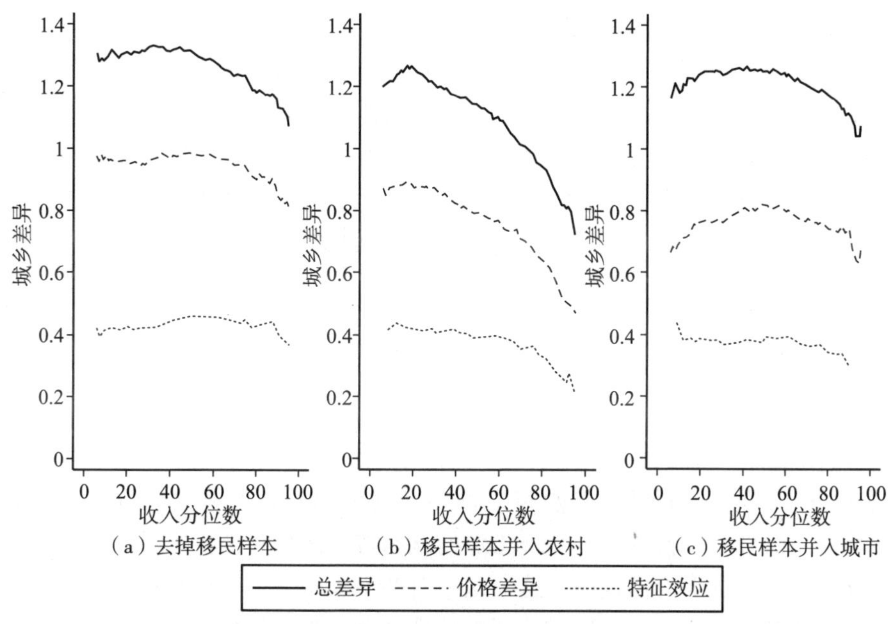


**图 3－8　2002 年包含移民样本的分解结果**

注：（a）是没有移民样本的图，与图 3－4 中 2002 年图完全相同；（b）是把移民与其来源地的农村户口居民合并到一起的结果；（c）是把移民与其目前居住地的城市居民合并到一起的结果。

把图 3－8 中的第三个图是把移民合并到城市样本中的结果。我们可以看到，城乡差异在整个分布上更为平坦，在低分位上的差距显著减少。对此我们的解释是，农村移民的消费显著低于相应的城市居民，所以集中在城市整个消费分布的底端。把农村移民的样本合并到城市中，不可避免地会降低城市居民的消费水平，尤其是对于那些处于消费低分位水平的家庭。

### 3.4.5　消费和收入的比较

本章中主要使用的变量是消费。然而文献中使用更多的衡量城乡差异的是收入。为了与收入进行比较，我们分别在农村和城市内部，用消费对收入进行回归，结果参见表 3 –6。我们发现，城市和农村在 1988 年的 R 方系数只有 0. 49 和 0. 23，而 1995 年相应的 R 方系数为 0. 56 和 0. 78。在任何情况下，都有显著的份额的消费不能被收入所解释，这很有可能是家庭消费的跨期平滑作用在起作用。而且农村的 R 方系数更低，这可能是由于农村的收入具有更大的波动性而导致的。

为了与消费进行比较，我们还提供了收入的分位回归分解结果（图 3 –9）。首先，在所有的年份中的结果都显示：收入衡量的城乡差距在整个分位分布上的斜率比消费衡量得要更加倾斜。其次，在用收入衡量的城乡差距分解分析中，禀赋效应的作用更加明显。最后，位于高分位农村家庭在 1988 ~ 1995 年，收入增加幅度更大，而消费在同期的增加在各分位之间分布比较平均。

### 3. 4. 6　1988 ~2002 年的动态变化

本部分是要研究城市和农村消费的跨时变化。首先我们看城市的结果（见图 3 –10）。从 1988 ~1995 年，城市家庭的消费在所有的分位上都显著的增加，而且分位数越高，消费增加的就越多。从分解分析来看，很显然大部分的增加来自于价格效应。这与这一时期中国从一个计划经济向市场经济过渡的背景相一致，因此禀赋的回报越来越接近市场价格。

在 1995 ~2002 年，城市消费持续增加，但增加的幅度很小。在这一时期，中国城市进行了一系列改革，例如，自从 1993 年开始的国有企业改革，取消了固定用工制度，造成了自从 1997 年开始的大规模城市工人的下岗。这些因素可能是城市家庭在 1995 ~2002 年消费增加很缓慢的原因。然而从分解分析的结果显示，价格效应仍然是这一时期消费增长的主要因素。

图 3 – 10（b）中的是农村家庭的分解分析结果。我们可以看到，在 1988 ~1995 年，农村家庭消费也有所增加，但增加的幅度要低于城市居民。这一增加主要是价格效应所带来的。在 1995 ~2002 年消费继续增加，但增加的速度更慢，而且这一时期，价格效应和禀赋效应同等重要。农产品价格的低迷及缺少制度创新都可能使农村地区的消费停滞不前。

表3－6 消费对收入的回归

| | | 1988年 | | | | 1995年 | | | | 2002年 | | | |
|---|---|---|---|---|---|---|---|---|---|---|---|---|---|
| | | Whole | Bottom 30% | 30%～70% | Top 30% | Whole | Bottom 30% | 30%～70% | Top 30% | Whole | Bottom 30% | 30%～70% | Top 30% |
| Panel A：农村 | 对数收入 | 0.671<br>[0.0147] | 0.81<br>[0.0523] | 0.745<br>[0.0808] | 0.474<br>[0.0524] | 0.678<br>[0.0123] | 0.81<br>[0.0455] | 0.65<br>[0.0671] | 0.463<br>[0.0420] | 0.634<br>[0.0111] | 0.599<br>[0.0358] | 0.653<br>[0.0573] | 0.508<br>[0.0478] |
| | 常数项 | 1.621<br>[0.0937] | 0.783<br>[0.305] | 1.177<br>[0.511] | 2.981<br>[0.364] | 1.73<br>[0.0848] | 0.882<br>[0.285] | 1.931<br>[0.457] | 3.362<br>[0.317] | 1.86<br>[0.0791] | 2.093<br>[0.229] | 1.703<br>[0.405] | 2.862<br>[0.371] |
| | 样本数 | 2197 | 661 | 877 | 659 | 2208 | 663 | 883 | 662 | 3304 | 992 | 1321 | 991 |
| | 调整R平方 | 0.487 | 0.266 | 0.087 | 0.109 | 0.579 | 0.323 | 0.095 | 0.155 | 0.495 | 0.22 | 0.089 | 0.102 |
| Panel B：城市 | 对数收入 | 0.498<br>[0.0102] | 0.485<br>[0.0350] | 0.595<br>[0.0574] | 0.383<br>[0.0352] | 0.867<br>[0.00865] | 0.899<br>[0.0257] | 0.993<br>[0.0447] | 0.747<br>[0.0363] | 0.782<br>[0.00843] | 0.81<br>[0.0268] | 0.86<br>[0.0444] | 0.617<br>[0.0362] |
| | 常数项 | 2.836<br>[0.0729] | 2.923<br>[0.235] | 2.136<br>[0.410] | 3.712<br>[0.266] | 0.804<br>[0.0667] | 0.566<br>[0.184] | −0.164<br>[0.344] | 1.789<br>[0.299] | 1.339<br>[0.0679] | 1.113<br>[0.200] | 0.723<br>[0.357] | 2.744<br>[0.311] |
| | 样本数 | 7930 | 2379 | 3172 | 2379 | 2594 | 779 | 1037 | 778 | 4668 | 1401 | 1867 | 1400 |
| | adjusted R-squared | 0.231 | 0.074 | 0.032 | 0.047 | 0.795 | 0.612 | 0.323 | 0.353 | 0.648 | 0.395 | 0.167 | 0.172 |

注：括号中为稳健标准误。

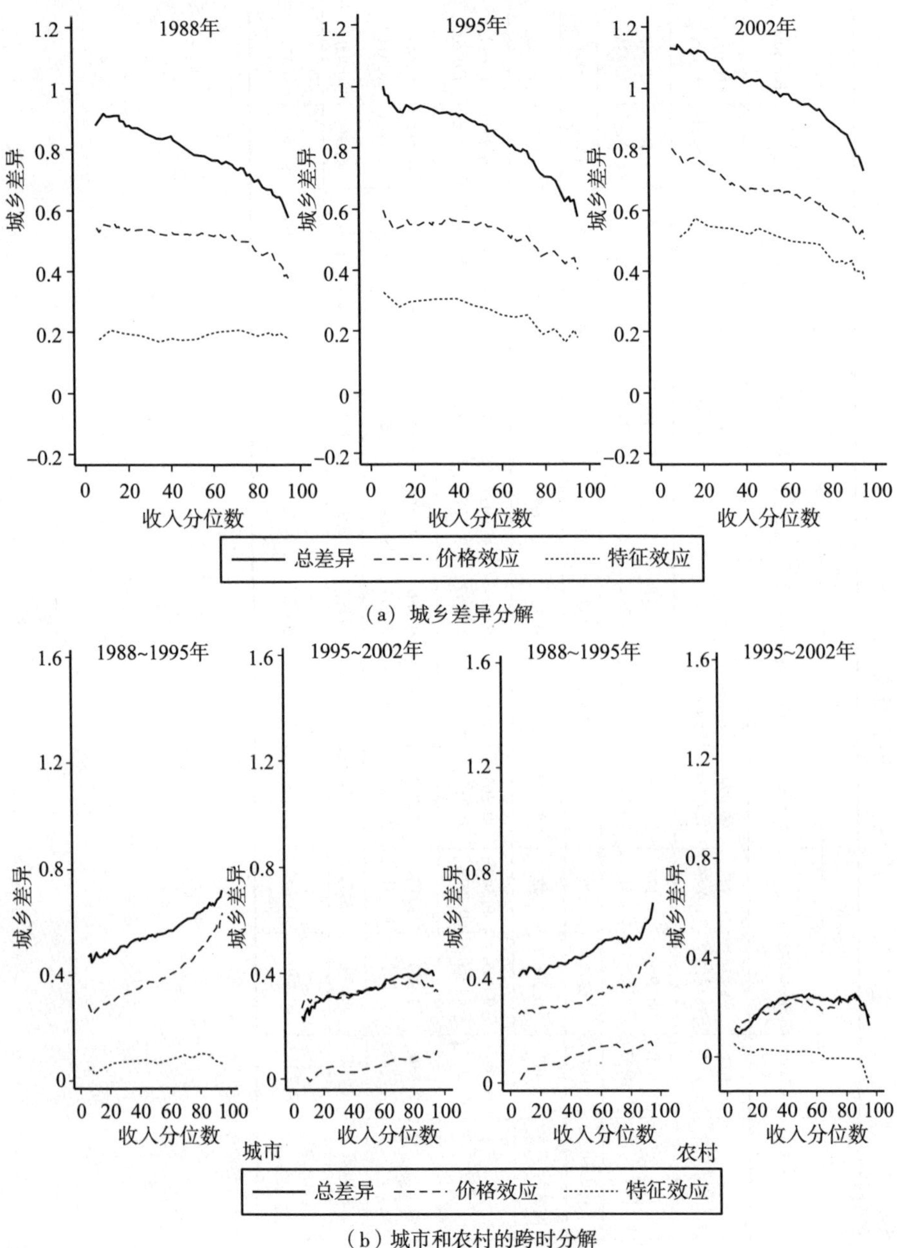


（a）城乡差异分解

（b）城市和农村的跨时分解

**图 3－9 收入的分位回归结果**

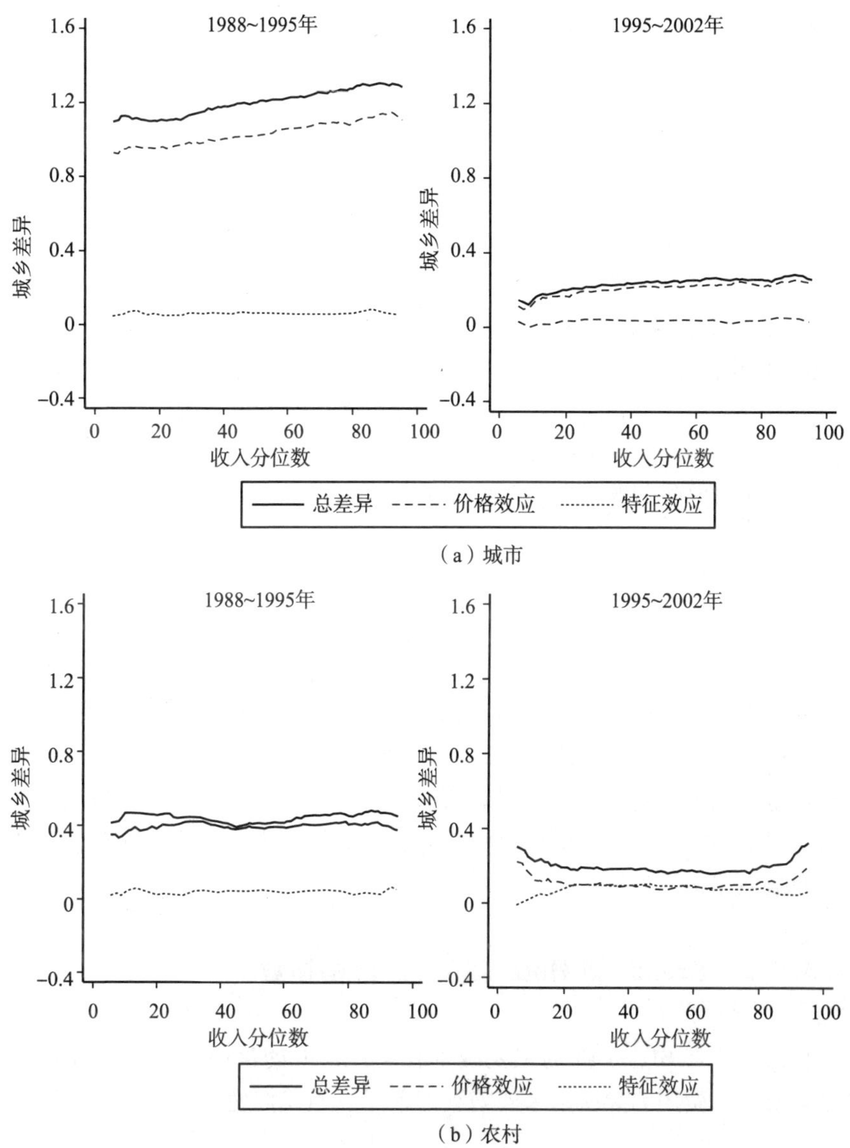


（a）城市

（b）农村

**图 3－10　分别对城市和农村的跨时分解**

分解结果显示 1988～1995 年的城乡差异的迅速扩大主要是由于城市家庭消费的迅速增长所导致的。农村家庭的消费也在增加，但增长率更为缓慢。在 1995 ~2002 年，城市和农村的消费增加都比较缓慢。

## 3.5 稳健性检验与扩展分析

在本节中，我们将对上面得到的分析结果进行若干稳健性检验和扩展。首先，考虑到家庭规模和结构对消费的影响，我们使用 OECD 等值算子（equivalence scale）来调整家庭人均消费。其次，我们使用 Brandt 和 Holz (2006）提出的基于生活费用差异计算得到的物价指数（这里指 CPI）对消费指标进行平减。再其次，由于北京市缺乏农村和城市不同的物价指数，所以我们去掉了所有北京市的样本进一步进行分析。最后，我们计算了包含耐用消费品和房屋的消费指标，并以此进行了分析。

### 3.5.1 等值算子的调整

在之前部分，我们没有考虑家庭规模经济和家庭年龄结构对消费的影响。现在我们采用被广泛使用的 OECD 等值算子来研究这一因素对结果的影响[①]。图 3 - 11 是使用了改进 OECD 等值算子（modified OECD equivalence scale）得到的城乡差距分解结果和跨时分解结果。比较图 3 - 11 与图 3 - 4，我们发现采用等值算子会增加价格效应。然而，整体上的结果与不采用等值算子的结果相差不大[②]。

### 3.5.2 Brandt 和 Holz（2006）价格指数

官方 CPI 与 BH - CPI 的主要区别在于：官方的价格指数没有考虑到省份之间的生活费用差异所带来的购买力差异。当我们使用的该价格指数的时

---

① 老 OECD 等值算子（old OECD equivalence scale）赋予家庭成员权重如下：第一个家庭成员为 1，之后每增加一个成年人赋予 0.7，每增加一个儿童赋予 0.5。而改进 OECD 等值算子（modified OECD equivalence scale）赋予家庭成员权重如下：第一个家庭成员为 1，之后每增加一个成年人为 0.5，而每增加一个儿童为 0.3。

② 我们也使用了老 OECD 等值算子，结果看上去与图 3 - 11 非常接近。

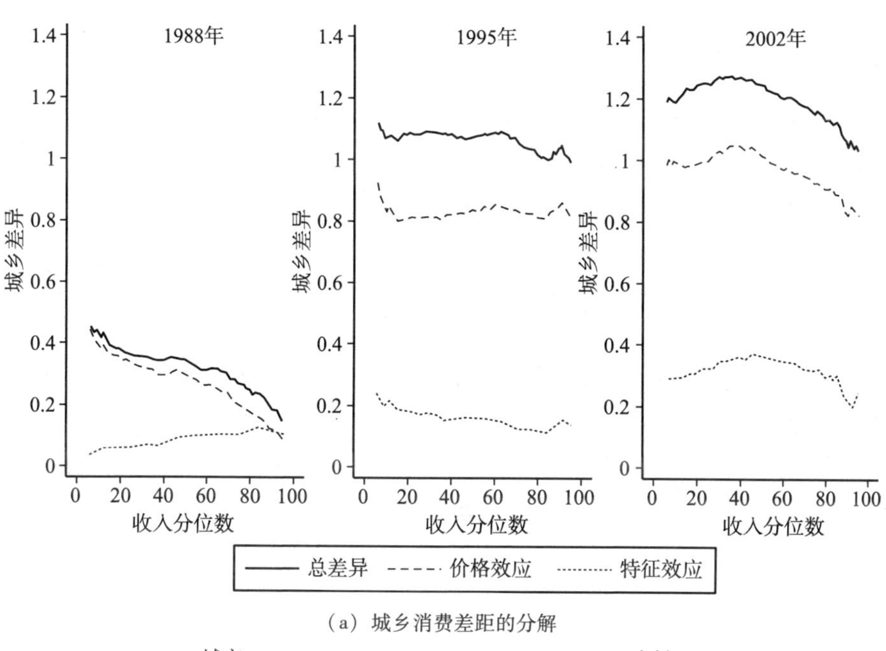


（a）城乡消费差距的分解

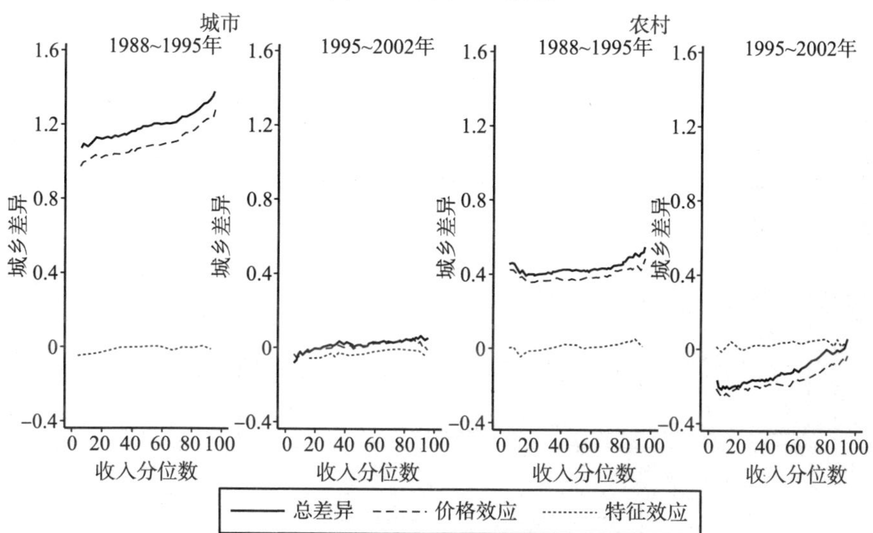


（b）分别对城市和农村的跨时分解

**图3-11　使用改进OECD等值算子后的分解结果**

候，得到的结果基本上没有变化。与 Demurger，Fournier 和 Li（2006）的研究相似，我们发现使用 BH 指数将降低城乡差异（见图 3－12）。而且在分解分析中，使用 BH 指数将使禀赋效应更加重要，尽管价格效应仍然占主导地位。这一指数也影响了城市和农村 1995～2002 年的变化。原来在此期间，城市消费小幅增加，现在则几乎没有变化；而农村则变为减少①。

### 3.5.3 去掉北京的样本

作为对结果稳健性的再次检验，我们去掉了所有来自北京的样本。因为，无论是国家统计局的官方 CPI 还是 Brandt 和 Holz（2006）所计算的 CPI，对于北京地区的城市和农村的价格指数是相同的。这意味着我们不能在北京市内部调整价格差异。理论上，这有可能使我们的结果发生偏差。然而正如图 3－13 所显示的，排除了北京的样本对我们之前的分析结果几乎没有影响。

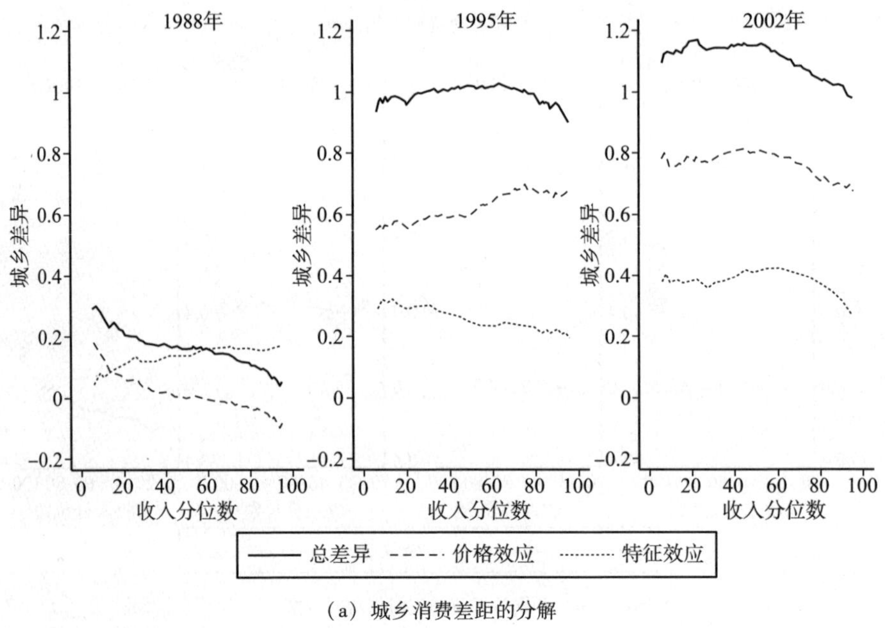


（a）城乡消费差距的分解

① 这一结果可能是由于 CPI 的构建方式不同造成的。但是我们很难分离出究竟是哪种因素导致结果产生上述变化。

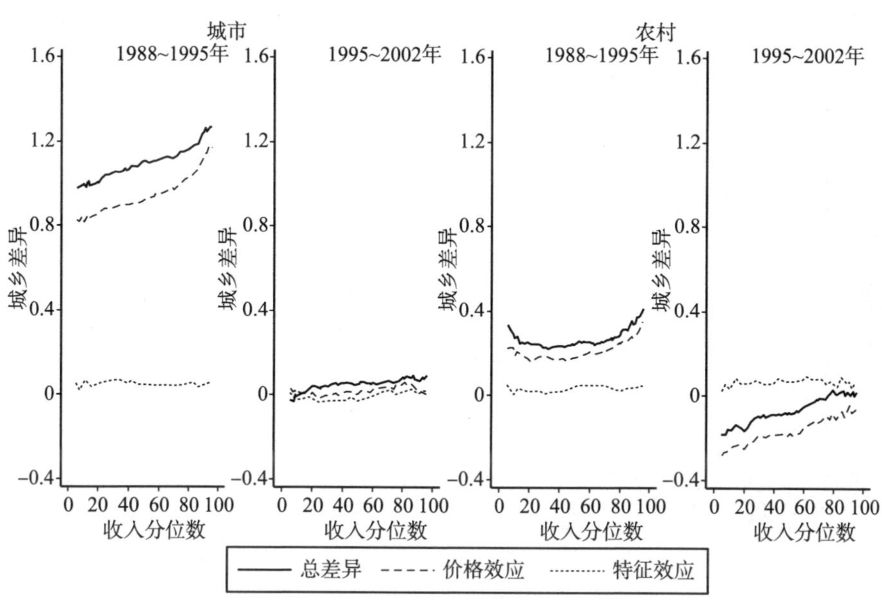


（b）分别对城市和农村的跨时分解

**图3－12　使用 Brandt 和 Holz（2006）价格指数后的分解结果**

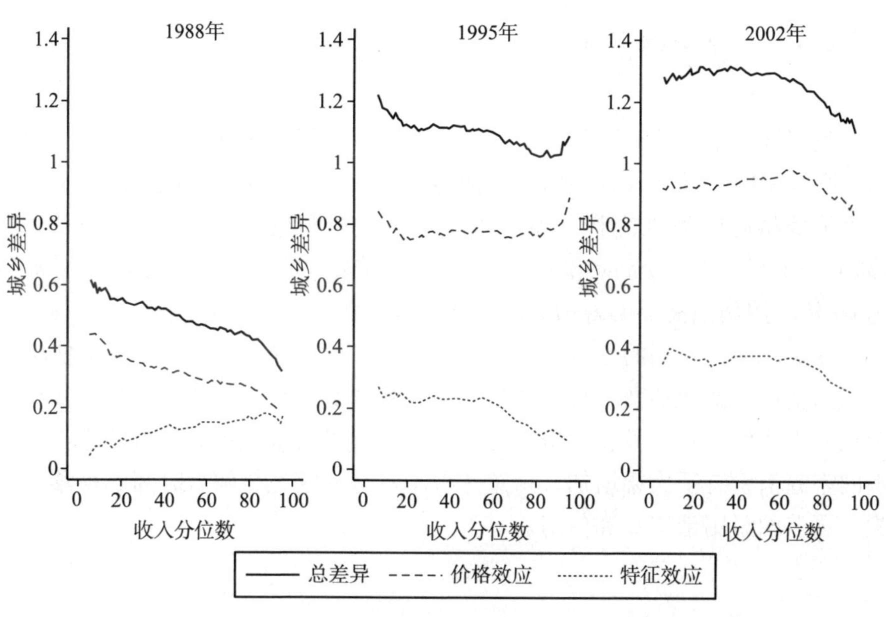


（a）城市与农村的分解

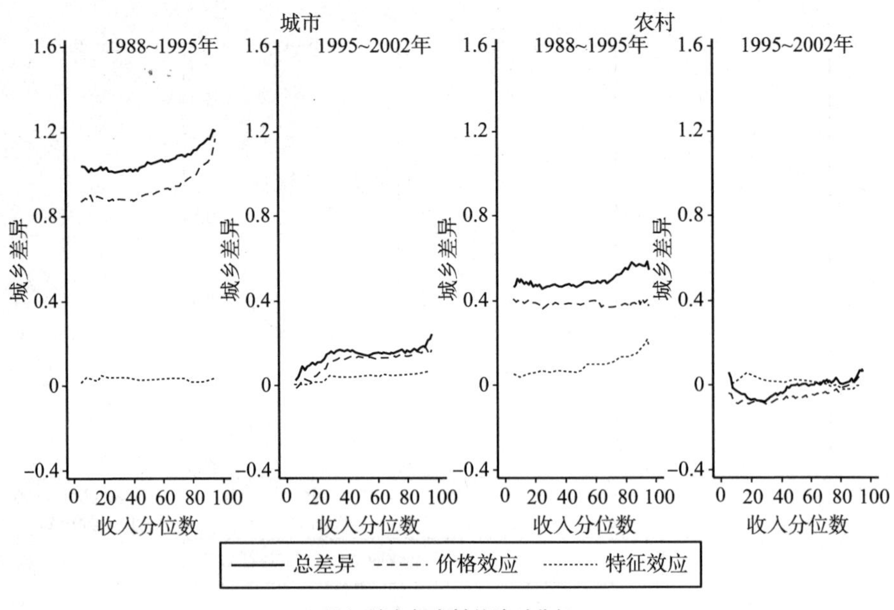


（b）城市与农村的跨时分解

**图 3－13　去掉北京样本的结果**

### 3.5.4　扩展的消费

我们计算了耐用消费品的服务价值和自有房屋的租住价值，并把它们作为家庭消费的一部分计入消费，从而得到了一个广义消费的概念。为了得到耐用消费品的服务价值和房屋的租住价值，我们按照 Benjamin，Brandt 和 Giles（2005）以及 Brauw 和 Giles（2008）所做的假设，即房屋的使用寿命为 20 年，耐用消费品的寿命为 7 年。

图 3－14 是我们的分解结果。对于城乡消费差异分解而言，如果使用扩展的消费代替普通消费，会略微扩大了城乡消费差异，但整体的结果并没有变化。当我们分别看城乡消费变化的时候，可以发现城市和农村位于高分位上的家庭消费有了大幅增加。这意味着越富有的家庭越随着时间的推移，积累了更多的耐用消费品和住房。

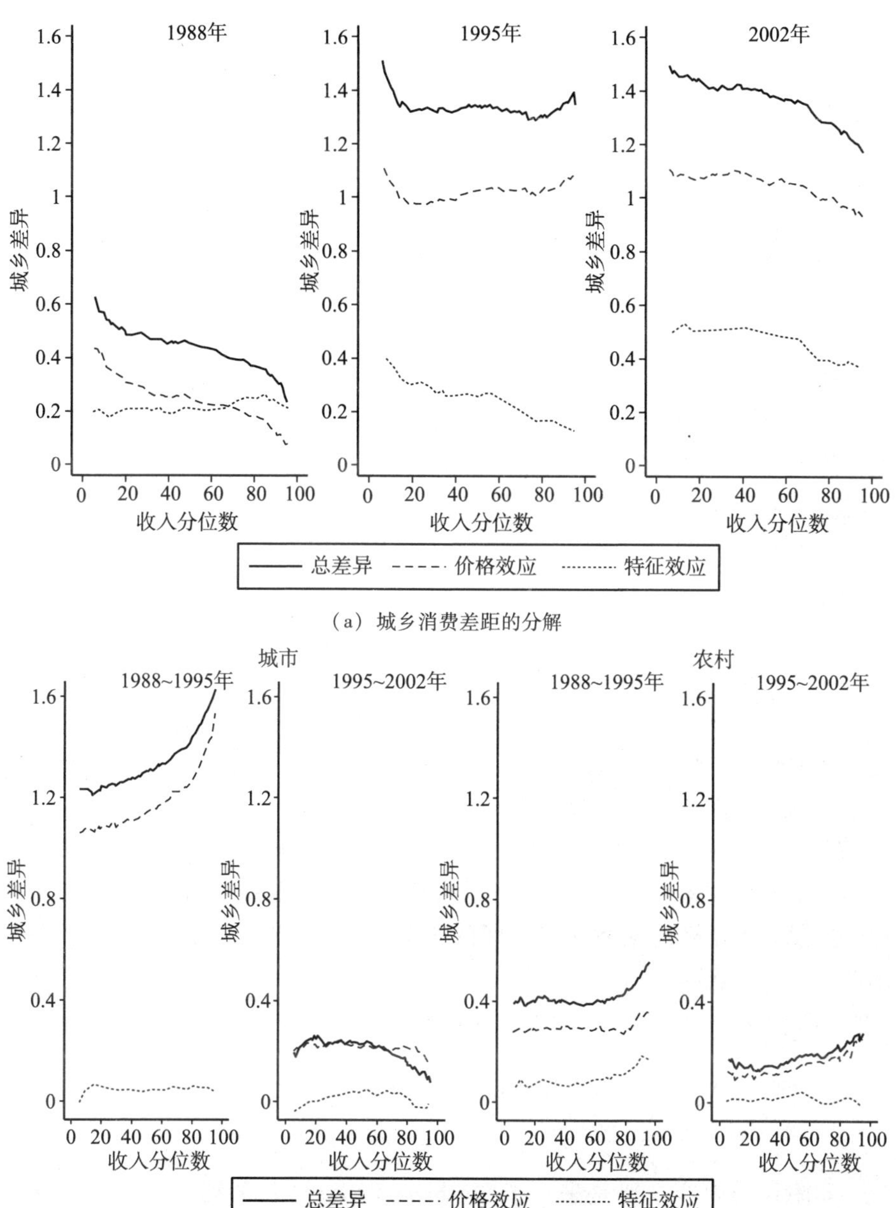


（a）城乡消费差距的分解

（b）分别对城市和农村的跨时分解

**图3－14　扩展的消费的分解结果**

## 3.6 结 论

在本章中，我们使用了 CHIP 中的家庭消费数据对 1988～2002 年的城乡家庭消费差距进行了研究。我们的结果显示，在整个消费分布上的低分位家庭之间的城乡消费差距更大。这一发现与 Nguyen 等（2007）对越南的研究形成了鲜明的对比。

在我们将城乡差异分解为价格效应和禀赋效应之后，我们发现价格效应占主要因素。进一步我们发现，如果农村居民有城市居民的教育水平，城乡差异的大部分都将消失。我们的分析表明，城乡移民和提高农村教育水平会对减少城乡差异起到非常显著的作用。

在 1988～2002 年，城乡消费差异无论在平均水平上还是分布上的每个分位都显著的扩大。这一扩大主要发生在 1988～1995 年，从 1995～2002 年，城乡差异仍然在扩大，但扩大的速度显著下降。我们的跨时分解结果进一步表明，从 1988～1995 年的城乡差距的扩大主要是城市消费的高速增长带来的。虽然我们也发现农村家庭的消费在同期也有所增加，但增长率更慢。在 1995～2002 年，农村家庭的消费几乎停滞甚至出现了负增长。而城市家庭的消费继续增长，增长率显著降低。

在我们衡量的消费中包括耐用消费品和房屋价值之后，我们可以发现农村和城市的高收入组家庭随着时间的推移，其消费水平都有了很大程度的增加。这说明更富裕的家庭随着时间的积累，拥有了更多的耐用消费品和不动产。

## 3.7 技术附录：分位回归分解方法

本附录的内容主要是来自于 Machado 和 Mata（2005）、Autor，Katz 和 Kearney（2005）。令 $Q_\theta(\ln y|x)$ 对 $\theta \in (0,1)$ 定义为给定控制变量向量 X 后，整个消费分布上的第 $\theta$ 个分位点。所以分位回归方程为

$$Q_\theta(\ln y|x) = x'\beta(\theta)$$

其中，x是一个k×1的控制变量向量，而β(θ)是一个系数向量。根据Koenker和Bassett（1978），我们可以通过下式估计出β(θ)：

$$\hat{\beta}_\theta = \arg\min_\beta \left\{ \frac{1}{n} \left[ \sum_{i:\ln y_i \geqslant x_i\beta} \theta \left| \ln y_i - x_i\beta \right| + \sum_{i:\ln y_i < x_i\beta} (1-\theta) \left| \ln y_i - x_i\beta \right| \right] \right\}$$

Machado和Mata（2005）的主要思想是利用概率积分转换，即如果U是一个在区间（0，1）上的均匀分布，那么反函数$V = F_V^{-1}(U)$就是它的累计分布函数$F_V(\cdot)$。所以，给定$X_i$，如果θ服从均匀分布，那么就与条件分布$y_i | X_i$有相同的$x_i\beta(\theta)$分布函数$x_i\beta(\theta)$与无条件分布y。基于这种想法，我们可以按照下面的步骤模拟出本章的反事实分布：

步骤一：从均匀分布中抽取$\theta_1$，$\theta_2$，…，$\theta_l$。

步骤二：对于农村样本，在每个$\theta_i$，i=1，…，l，分位上回归，得到l个回归系数$\hat{\beta}_r(\theta_i)$，这里r代表农村样本，本章中我们设定I=2000。

步骤三：有放回的重复从城市样本中抽取一个样本量为I的随机样本定义为$\{x_i^*(u)\}$，i=1，…，l，这里u代表城市样本。

步骤四：结合步骤三，我们就可以得到假设农村家庭有同城市家庭一样的禀赋的无条件消费的分布$\{\ln y_i^*(u \cdot r)\} \equiv \{x_i^*(u)\}' \cdot \hat{\beta}_r(\theta_i)$。

步骤五：再采取相同的步骤，我们就可以得到另一个无条件反事实分布，即假设农村家庭的禀赋有同城市家庭一样的回报的无条件分布。

# 第4章

# 全球化与城市工资不平等

## 4.1 导　论

在过去的三十多年里，全球化彻底改变了世界。越来越多的发达国家和发展中国家卷入到商品的国际贸易和生产分工体系中，大规模的跨国资本流动也成为国际经济中的常态。这一革命性的趋势导致了整个世界的分化与重新整合。而中国恰恰也是在这一阶段，抓住了这一历史性机遇，卓有成效地实行了对外开放战略，迅速实现了经济的起飞。中国的经济发展过程本身就是“一个主动融入全球化的过程，一个发挥比较优势、学习发达国家经验和技术的过程”（陆铭，2008）。

在这样一个全球化时代中，大多数经济学家们几乎同意这样一个无可争辩的事实：中国是全球化的最大赢家之一。它是“中国奇迹”所能够发生的最重要的外部条件。从1985～2007年，中国的名义GDP从9016亿元增长到了249530亿元，而名义进出口总额也从2067万元增长到了166740万元，外商直接投资（FDI）也从186万元增加到了15445万元。从图4－1和图4－2中我们可以明显地看到，在此期间，GDP与进出口总额和FDI都随时间的增加而增加，表现出了极为相同的趋势。

然而，从全世界范围内来说，全球化在促进经济增长的同时，也被认为是造成很多发达国家和发展中国家收入分配恶化的“罪魁祸首”之一。反观中国，长期以来非常强调对外开放政策所带来的增长效应，而对其对收入分配的影响却关注不多。图4－3是Ravallion和Chen（2004）在不平等领域内引用率很高的一篇文章里计算的改革以来的中国的城乡及全国的基尼系数及其变化趋势。从图中可以发现，不平等的变化与全球化的变动呈现出相似的趋势。

**图 4－1　中国的进出口总额与经济增长（1985～2007 年）**

资料来源：《中国统计年鉴》。

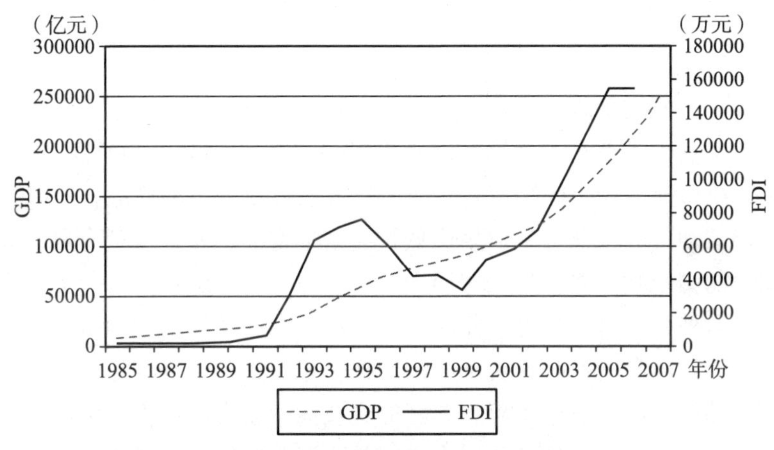


**图 4－2　中国的 FDI 与经济增长（1985～2007 年）**

资料来源：《中国统计年鉴》。

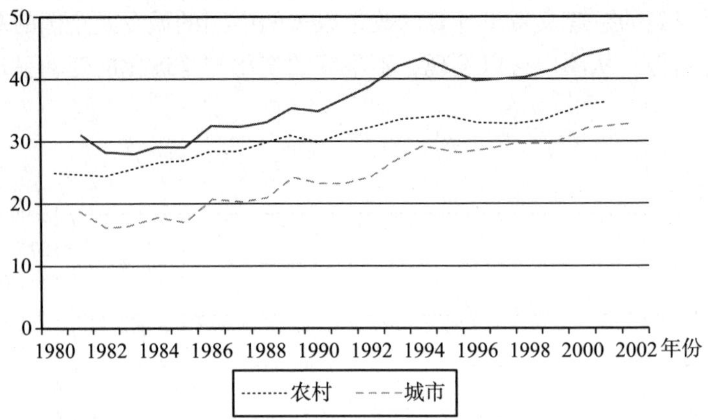


**图 4-3 中国改革开放以来的收入不平等（1981~2002 年）**

资料来源：Ravallion 和 Chen（2004）。

因此，研究全球化与中国收入不平等之间的关系，具有很强的理论和现实意义。但是要想从实证上考察两者，我们必须首先从理论上加以说明。

## 4.2 全球化与收入分配：理论与经验

建立在一般均衡理论框架上的 Heckscher - Ohlin 模型是过去十年来思考全球化与工资收入差距的理论基础（Goldberg 和 Pavcnik，2007）。在其最简化的 2x2 模型中，每个国家都将专业生产自己禀赋充裕的产品，所以拥有大量低技能劳动力的国家将专业生产低技能密集型的产品，而拥有更多高技能的劳动力的国家则反之。那么按照 Stolper - Samulson 定理，对一个发展中国家而言，对外开放将出口低技能密集型产品，因此该产品国内价格上升，从而提高生产该产品的低技能劳动力的回报。相反，增加高技能产品的进口将导致该产品国内市场价格下降，并降低高技能劳动力的回报。因此，对外开放将导致高技能工人与低技能工人之间的工资差距缩小，最终会减小发展中国内不平等。然而，众多的经验研究显示，在过去的二十多年里，许多发展中国家伴随着全球化，其高技能劳动力与低技能劳动力的工资差距不仅没有缩小反而拉大。因此，理论与经验的相悖促使经济学家们进一步提出更符合现实的理论。

在 Stolper – Samulson 定理中，所有的贸易对象都是最终产品。Feenstra 和 Hanson（1996，1997）提出了产品生产的中间过程的重要性。他们认为过二十年里，日益增长的跨国公司“全球外包生产”可以解释为什么在发达国家和发展中国家同时观察到对高技能劳动力需求的增加，简称为“外包”模型。他们认为最终产品在被生产出来之前，可以被分成很多中间生产阶段。在不同的生产阶段，投入的要素会不同，所以公司会发现将一些生产步骤外包出去来最小化成本。因此，全球化会使跨国公司将一些生产步骤从发达国家转移到发展中国家。从发展中国家的视角来看，这是将一些低技能密集型的步骤转移到了发展中国家，但是从发展中国家的视角来看，相对于国内生产的产品而言，这些生产步骤仍然是高技能密集型的。因此，外包将同时提高发达国家和发展中国家的高技能劳动力需求，因此导致发展中国家和发达国家内部的工资差距都拉大（Goldberg and Pavcnik，2007）。

全球化与工资不平等关系的第三种理论解释是全球范围内发生的“技能偏向型的技术进步”导致了高技能劳动力需求增加（Acemoglu，2002）。其中，Wood（1995）提出一种“防御性创新”理论，他认为由于全球化带来的国外的竞争会导致企业更致力于研发新产品和采用新技术。而 Acemoglu（2003）认为，技术进步是内生的。发展中国家发生技术进步的形式很可能是以增加进口机器设备、办公用品和其他与高技能劳动力互补的资本品为主要形式。而全球化会使这些资本品的价格下降，从而增加这些资本品的进口，进而导致对高技能劳动力的需求增加。

实证研究方面，Goldberg 和 Pavcnik（2007）是截至目前，关于全球化对发展中国家收入分配影响的最详细的一篇理论和经验综述。但遗憾的是，他们遗漏了最重要的两个发展中国家——中国和印度的研究。IMF（2007）通过最新的跨国研究结果表明，技术进步在全球收入差异中作用最大，而跨国的资本流动的确会使收入差距拉大，但贸易自由化却会减轻不平等。

具体到针对中国的经验研究，这方面的文献可谓汗牛充栋。然而大量的研究都集中全球化与地区收入差距方面。他们主要的研究方法是采取总量数据对地区之间的收入差距进行衡量，然后与全球化指标之间进行分析。绝大多数研究结果表明对外开放会使地区收入差距扩大。例如，Kanbur 和 Zhang

(2005)发现对外贸易程度与地区间收入差异呈现正相关关系。Xing 和 Zhang(2005)发现衡量对外开放的另一指标——外商直接投资也有类似的效应。而 Chen,Lu 和 Wan(2004)利用 Shapely 值分解方法得到的结果表明,对外贸易和外商直接投资流入对于地区间收入差距的贡献均显著为正。赵莹(2003)采用我国 1978~1998 年的时间序列数据,证实贸易开放度的提高和外商直接投资的大量进入均会扩大我国的收入差距。唯一的一个例外是 Ravallion 和 Chen(2004)利用比较权威的国家统计局的数据,证明贸易扩大与总体贫困减少之间的关系不显著。

但总体的不平等不仅是由地区之间的不平等带来的,也是由于地区内部的不平等所带来的。微观数据方面,Zhao(2001)、Hale 和 Long(2008)的研究发现,外商直接投资企业支付给普通工人的工资并不比国内企业高,但对于高技能劳动力,他们通常支付更高的工资。此外,Ge Ying(2006)的研究也发现,外商直接投资会显著的提高所在城市的真实工资水平。但这些证据不足以说明,全球化对一个地区的整体收入分配效应。何璋和覃东海(2003)采用我国 1999~2001 年的省际截面数据证明:在以外贸依存度表示的开放程度和收入差距之间存在着 U 形关系,而以外商直接投资占 GDP 的比重所表示的开放程度与收入差距之间存在着明显的负向关系。范言慧(2003,2009)也发现:在 2000~2001 年,外商直接投资的密集度与各省的工资差距之间存在倒 U 形关系,即在吸收外资直接投资较少与较多的省份中,外商投资企业与国有企业之间的工资差距都比较小,而在吸收外资规模居中的省份,外商直接投资企业与国有企业之间的工资差距却较大。但随着时间的增加,这一关系逐渐弱化,到 2006 年这一关系就不再显著。王少瑾(2007)采用 1991~2004 年省际的面板数据,发现进出口贸易与外商直接投资均导致了收入不平等程度的提高。但是 Wei 和 Wu(2001)利用 1988~1993 年 100 多个城市数据研究表明,全球化会显著的减少而不是增加城乡差异。张茵和万广华(2006)使用省际面板数据,针对城市贫困的研究也表明,贸易开放与贫困人口的收入份额是正相关的,因此对外开放有利于收入分配的改善。

通过以上的总结我们可以发现,大多数关于全球化对中国不平等的研究都集中在地区收入差异方面,而对于对外开放的直接效应——工资不平等效应问题进行规范的经验研究并不多。正如我们前面在理论部分所介绍的,全球化影响收入分配的一个主要影响渠道就是全球化会引起高技能工人与低技能工人的工资差异，进而影响收入分配。上述研究大多采用总量指标而没有采用地区的指标。正如 Wei 和 Wu（2001）所说明的，大量的全球化与不平等关系的文献中采用跨国回归的方法，由于不能够充分控制国家间在经济、法律、制度、信仰方面等许多难以准确度量的差异性，估计的结果很难让人信服。但在针对中国的跨省回归中，可以在法律、政治制度、信仰等方面最大限度地保证统一性，避免了跨国回归研究中的问题。因此，从理论上采用跨省回归的方法，对地区内部的收入差异与全球化之间的关系进行研究也是有意义的。

所以，我们更关心的是全球化与省份内部的工资不平等之间的关系。与本章研究思路上最接近的是马文华（2007），她利用劳动统计年鉴的各地区各行业工资数据，计算出 1999 ~ 2005 年各省各年的工资基尼系数，然后再与各省贸易总额和外商直接投资做回归。采用的方法是静态面板数据的（Least Square Dummy Variables，LSDV）方法，得到的主要结论是：对外贸易扩大了中国城镇工资的差距，而外商直接投资则对工资差距没有影响。但是正如下文中所揭示的那样，工资收入不平等存在一定的持续性，计量上说就是存在一定的序列相关问题。在这种情况下使用 LSDV 模型估计的结果必然是有偏的。而且 LSDV 方法也只是静态面板数据模型中固定效应模型中的一种，在没有做任何检验的情况下，就认定采用固定效应模型来估计，可能也是值得商榷的地方。

总之，与上述研究相比，本章从工资不平等的角度来研究全球化对收入分配的影响，比一般的收入具有更明显的理论含义。其次，我们采用跨省回归的方法，可以回避掉在常见的全球化与收入分配的跨国回归中的诸多问题，得到更确实的答案。再次，我们采用基尼系数作为测量工资收入不平等的主要指标，这使得我们对不平等的衡量更为准确。最后，我们使用多种计量方法详细分析证明：上述研究中，关于全球化与收入分配的关系的诸多结论很大程度上是没有控制各省之间所存在的异质性以及该异质随时间变化的影响而得到的结果。在控制住上述因素后，我们会发现全球化对省内工资不平等没有影响。

## 4.3 全球化与中国省内收入不平等

### 4.3.1 数据

本章所使用的数据主要来自 1996 ~ 2008 年出版的各年的《中国劳动统计年鉴》、《中国统计年鉴》以及 1999 年出版的《新中国五十年统计资料》(以下分别简称为《劳动统计年鉴》《统计年鉴》和《新中国》)。我们将样本期选定为从 1995 年到 2007 年。样本期从 1995 年开始有如下两个原因:第一,因为《劳动统计年鉴》1995 年前缺乏分地区行业的从业人数和劳动报酬统计,无法通过计算得到我们衡量省内收入不平等的指标——劳动收入的基尼系数。第二,我们主要关心的是经济全球化的两个代表性指标——对外贸易和外商直接投资对城市劳动收入分配的影响。从图 4 - 1 和图 4 - 2 中我们可以发现,这两个指标都是大致在"邓小平南方谈话"之后,于 1992 年或 1993 年开始大幅增加的。再考虑到全球化对收入分配的影响过程可能具有一定的滞后性,因此从 1995 年开始作为样本考察期是比较合适的。

我们首先根据《劳动统计年鉴》中 1995 ~ 2007 年各地区各行业的从业人数和劳动报酬,用来计算各省的劳动收入基尼系数[①](在下一小节我们将详细介绍计算的过程及主要结果)。并用该指标作为衡量省内不平等的主要指标,也就是我们所有估计的最主要的因变量。

其次,我们从《新中国》和 2000 ~ 2008 年的《统计年鉴》中得到各省在各年的进出口贸易总额和外商直接投资额,其中外商直接投资额根据当年平均汇率全部转换为人民币。再利用各省各年的 GDP 数据,经过指数平减之后,得到真实的各省各年 GDP。再把进出口贸易和外商直接投资额分别使用商品零售价格指数和固定资产投资指数平减之后得到的真实值比上真实

① 本章中的工资所指的是包括工资(wage)、奖金和各种补助在内的劳动报酬(earnings)概念。这一指标显然比单纯的工资更能够反映劳动者劳动收入的状况,但从中文习惯出发,我们仍然不严格地将其称为工资。

的 GDP，从而得到各省各年的贸易依存度和外商直接投资的密集度，也就是我们所要考察的主要自变量。

在控制变量方面，首先，我们认为一个地区的市场化程度会显著的影响当地劳动力的劳动就业和分配情况，因此必然会对最终的工资收入分配结果产生重大影响。具体我们使用非国有企业雇佣的劳动力份额作为当地劳动力市场化程度的代理变量。尽管经过了多年的市场化改革，国有企业的用人机制已经有了很大改善，但是与私营企业、外商投资企业和股份制企业等其他所有制企业相比，还有较大的差异。因此非国有企业的劳动力市场份额基本可以表征出一个地区的劳动力市场自由度。其次，一个地区的产业结构也会不可避免会对当地的工资分布结果产生影响。陈钊、万广华和陆铭（2009）发现，行业之间的收入差距已经成为影响城镇居民收入差距的第二大因素。因此我们采用第二产业的产值占当地 GDP 的比值来表示当地的产业结构状况。再次，人力资本水平是影响个人收入状况的决定性变量。而一个地区的人力资本存量的分布也自然会影响该地区的工资分布。所以要考察地区内部的工资不平等，也必须对该变量进行控制。具体我们分别使用该地区初中毕业生的比例和高中毕业生的比例分别代表非技术工人和技术工人的比例。最后，我们认为地方政府效率会显著的影响该地区融入全球化的进程，同时也会影响当地的工资收入分配。我们采用行政性经费占当地财政支出比例作为政府效率的代理变量。总之，我们相信只有在估计中控制住上述变量之后，估计的结果才有可能正确反映全球化对城市工资不平等的影响。

在具体的样本中，由于西藏各种指标的缺失值都较多，而重庆又缺乏 1997 年之前的数据，所以我们将这两个省份从样本中去掉了①。这样我们共有 29 个省的从 1995～2007 年共 13 年的数据，总样本数为 377 个。具体变量描述性统计见表 4－1。

① 很多人在做跨省回归的时候都将重庆的样本合并到四川的样本中，但实际上作为数据的主要来源《新中国》中的四川数据已经是去掉了重庆部分的数据。本章中的样本期 1995～1996 年的四川的劳动收入基尼系数中是包括了重庆的，而从 1997 年开始为独立的四川数据。我们认为，虽然这样会产生一定的样本不一致的情况，但相对于总样本来说，两个样本的误差不足以影响整体的估计结果。

表4－1　　主要变量的描述性统计

| 变量 | 样本数 | 平均值 | 标准差 | 最小值 | 最大值 |
| --- | --- | --- | --- | --- | --- |
| 工资基尼系数 | 377 | 0.121 | 0.0358 | 0.0474 | 0.255 |
| 贸易依存度 | 377 | 0.676 | 1.09 | 0.0429 | 7.16 |
| FDI 密集度 | 377 | 0.0676 | 0.0684 | 0.00164 | 0.359 |
| 市场化程度 | 377 | 0.344 | 0.137 | 0.107 | 0.787 |
| 产业结构 | 377 | 0.736 | 0.251 | 0.299 | 1.4 |
| 中学比例 | 377 | 0.53 | 0.133 | 0.22 | 1.56 |
| 高中比例 | 377 | 0.183 | 0.0993 | 0.0526 | 1.19 |
| 政府效率 | 377 | 0.0999 | 0.0375 | 0.0131 | 0.309 |

### 4.3.2　改革期以来的中国省内工资不平等

要想考察全球化对省内收入差距的影响，首先就必须能够测量出每个省内部的不平等状况。遗憾的是，在目前中国公布的各种统计数据中，仍然没有包括这一重要的指标。而且由于国家统计局从来没有向任何调查者公开全部的家庭调查数据，因此通过使用最为准确的微观数据集来估计各省的内部收入分配状况便成了一个“不可能完成的任务”。我们只能退而求其次——利用《劳动统计年鉴》所公布的各年各地区各行业平均劳动报酬和就业人数，来估计每个省内的劳动收入差距。毫无疑问，由于在行业内部也存在着显著的劳动收入差异，因此我们的结果必然会低估整体的不平等状况。但正如陈钊、万广华和陆铭（2009）所揭示的，行业之间的收入差异已经成为仅次于地区差异之外的第二大决定个人收入差异的原因。而由于我们所要考察的主要对象是地区内部的收入差异问题，地区之间的差异不是我们所关注的主要问题，因此我们利用行业差异来代表整个地区内部的差异具有相当的合理性。

从1995年开始，《劳动统计年鉴》每年都会公布按“国民经济行业分类”划分的行业门类从业人员人数和平均劳动报酬。在1995～2002年，该标准将所有行业划分为16个门类。但该标准在我们所考察的样本期内发生过一次调整，即2002年国家对该标准进行了修订，从16个门类扩展为20个门类。为了使前后的分类标准保持一致，我们将2002年标准中的若干独立行业门类合并，以对应1994年标准中的行业。具体的合并情况见表4－2。

**表 4－2　　行业分类情况**

| 1994 年 | | 2002 年 | |
|---|---|---|---|
| 序号 | 标准 | 序号 | 标准 |
| 1 | 农、林、牧、渔业 | 1 | 农、林、牧、渔业 |
| 2 | 采掘业 | 2 | 采矿业 |
| 3 | 制造业 | 3 | 制造业 |
| 4 | 电力、燃气及水的生产和供应业 | 4 | 电力、燃气及水的生产和供应业 |
| 5 | 建筑业 | 5 | 建筑业 |
| 6 | 地质勘查业、水利管理业 | 6 | 水利、环境和公共设施管理业 |
| 7 | 交通运输、仓储和邮电通信业 | 7 | 交通运输、仓储和邮政业 |
| | | 8 | 信息传输、计算机服务和软件业 |
| 8 | 批发和零售贸易、餐饮业 | 9 | 批发和零售贸易 |
| | | 10 | 住宿和餐饮 |
| 9 | 金融、保险业 | 11 | 金融业 |
| 10 | 房地产业 | 12 | 房地产业 |
| 11 | 社会服务业 | 13 | 租赁和商务服务 |
| | | 14 | 居民服务和其他服务业 |
| 12 | 卫生、体育和社会福利 | 15 | 卫生、社会保障和社会福利业 |
| 13 | 教育、文化艺术和广播电影电视业 | 16 | 教育 |
| | | 17 | 文化体育和娱乐业 |
| 14 | 科学研究和综合技术服务业 | 18 | 科学研究、技术服务和地质勘查业 |
| 15 | 国家机关、政党机关和社会团体 | 19 | 公共管理和社会组织 |
| 16 | 其他行业 | 20 | 国际组织 |

我们利用上述行业分类信息以及《劳动统计年鉴》中各年各地区劳动报酬和从业人数数据，就可以计算该年该地区的劳动收入不平等状况。具体我们采用万广华（2006）所提出来的矩阵法来计算劳动收入的基尼系数，以此作为衡量劳动收入分配状况的指标，从而得到了从 1995～2007 年共 13 年 29 个省以及全国的劳动收入基尼系数。详细情况见图 4－4。

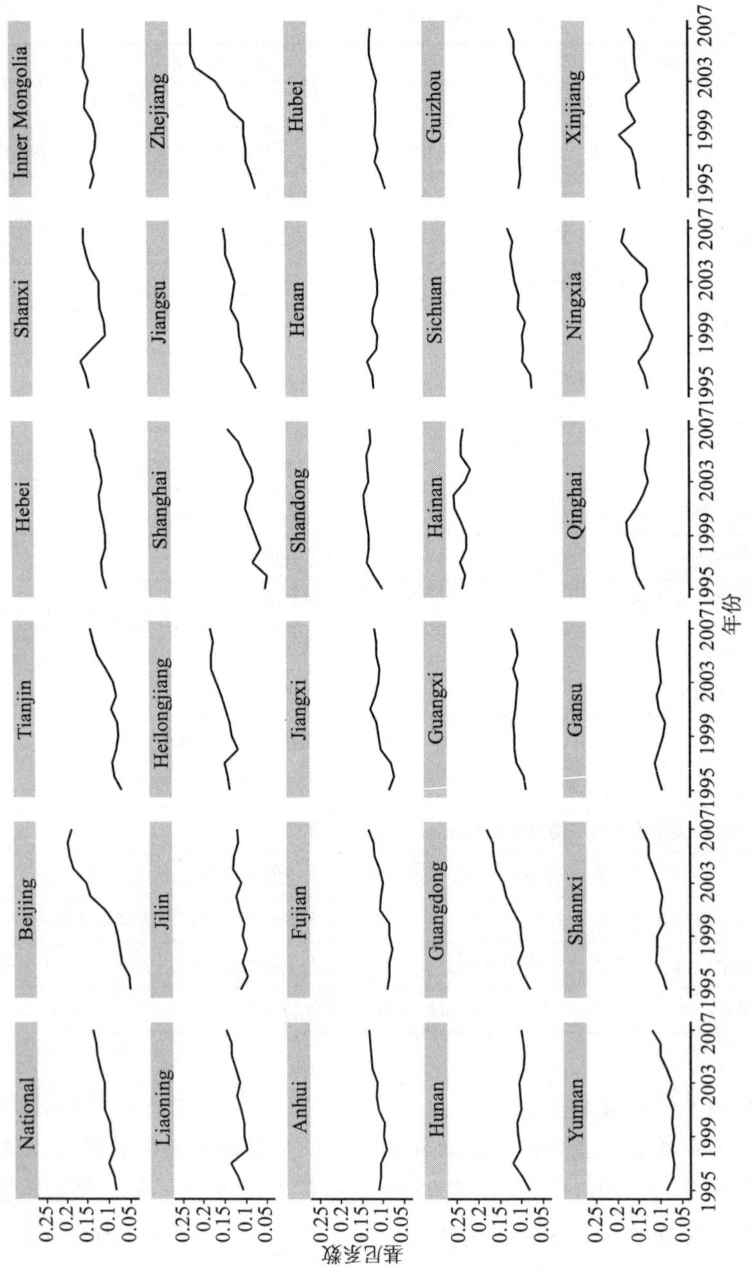


**图4-4　各地区的劳动工资收入差异**

资料来源：根据《中国统计年鉴》和《中国劳动统计年鉴》计算。

图 4－4 中的第一个小图表示的是全国的情况。首先，我们可以发现，1995～2007 年，从全国范围来看，劳动收入的基尼系数的确是在缓慢的不断上升的。从 1995 年的 0.083 一直上升到 0.136，共上升了 0.053。这与图 4－3 中 Ravallion 和 Chen（2004）利用国家统计局的住户调查数据所得到的城镇收入基尼系数具有完全相同的变动趋势，证明利用我们的数据所计算出来的基尼系数是具有相当的可靠性的。

其次，余下的 29 个小图分别代表 29 个省份的劳动收入基尼系数。我们发现，样本期内，大多数省份的基尼系数均表现出了一定程度的增长，小部分省份基本持平表现出一定的波动性。而在增长群体中，增长的幅度又存在显著的差异性。其中，北京、天津、上海、江苏、浙江、广东等经济最发达地区的增长幅度较大，都大大超过了平均水平，普遍达到 0.1 左右；而河北、辽宁、黑龙江、福建、江西、四川、云南、陕西、宁夏等省份，增长幅度大致都在全国平均水平左右；其余的省份要么增长幅度较小，要么波动性较大。各省的情况表现出了如此强烈的差异，这给我们研究全球化对省内工资收入不平等提供了很好的条件。

### 4.3.3　城镇工资收入不平等与全球化

我们首先从直观上考察一下城镇工资收入不平等与全球化之间的相关关系。图 4－5（a）的是使用了 1995～2007 年平均的对外贸易密集度和 FDI 密集度与平均基尼系数之间的关系。我们发现，无论是对外贸易还是 FDI 与收入差距之间都表现出来了典型的负相关关系。

但是，相关关系表示的并非是因果关系。因为这种表面上表现出来的相关关系很有可能是由于长期同时影响全球化和工资差距的不可观测的因素所导致的。要想证明全球化与工资差距之间存在因果关系就要求我们必须研究全球化的变化与工资差距的变化之间的关系。也就是说，我们想要回答的问题是：在其他条件不变的情况下，是否一个地区随着对外开放程度的不断加深其收入分配状况也不断恶化？图 4－5（b）的是各省在 1995～2007 年基尼系数的变化与对外开放程度的变化之间的散点图。我们发现，对外开放程度扩大的省份的不平等程度也急剧扩大。这充分说明，图 4－5（a）所显示的两者的负相关关系完全是由于遗漏了一些既影响对外开放又影响不平等的

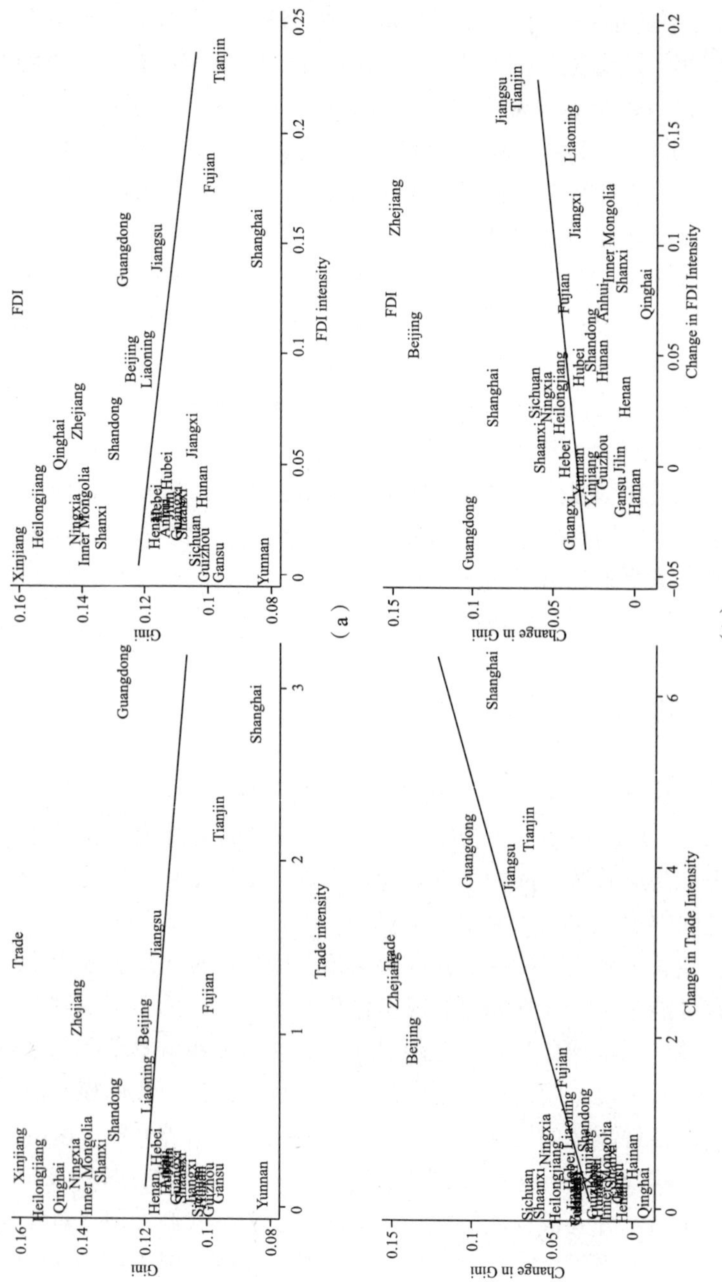


图 4-5　全球化与各省不平等：相关关系

因素所导致的。但图4－5（b）所显示的关系是在没有控制任何其他变量的情况下所得到的，究竟这一正相关关系是否真正反映了两者之间的关系，我们必须进行规范的计量分析之后才能得到令人信服的答案。

## 4.4　计量方法与结果

### 4.4.1　静态面板数据回归

为了探究全球化对城镇工资收入差距的影响，我们首先设定下面的计量模型：

$$y_{it} = \alpha_{it} + \beta Glob_{it} + \theta Glob_{it}^2 + \gamma X_{it} + u_t + v_{it} \tag{4-1}$$

其中，$y_{it}$代表第i个省在第t年时的工资收入基尼系数。$Glob_{it}$代表全球化变量，是我们关心的主要变量。正如在前面所介绍的，我们将分别使用两种测量指标来衡量全球化：第一个是贸易依存度，即该省的当年的进出口总额与GDP的比值；第二个是FDI的密集度，即该省的当年的FDI流量值与GDP的比值。而$Glob_{it}^2$则是全球化变量的二次形式，我们试图用该变量来控制非线性的影响。而$X_{it}$则代表需要控制的影响该省工资收入分配的其他变量，分别为我们前面介绍的代表劳动力市场自由化程度的非国有企业就业比例，代表产业结构状况的第二产业与第三产业比值，代表地区人力资本分布状况的初中毕业生和高中毕业生的比例，以及代表政府效率的行政性经费占当地财政支出比例。而$u_t$则代表时间虚拟变量，它可以去掉在时间上各省所同时面临的不平等的冲击，例如全国性通货膨胀所带来的全国性的收入差距恶化等。$v_{it}$则是误差项，包含了所有我们观察不到的因素。我们最关心的参数是β和θ，它们的符号和大小表示了全球化对于城镇工资收入不平等的影响。

我们分别采取混合截面估计（Pooled OLS）、固定效应（Fixed Effect）和随机效应（Random Effect）方法对分别使用FDI密集度和贸易依存度作为全球化的代理变量，对上述模型进行了估计。

#### 4.4.1.1　FDI的影响

表4－3是使用FDI密集度作为主要解释变量衡量全球化的回归结果。

表中的第（1）列和第（2）列显示了我们使用 Pooled OLS 方法估计的结果，两者的区别只是控制了不同的教育水平，后面的结果类似。我们首先发现由 FDI 密集度所代表的全球化的系数是显著为正，分别达到了 0.37 和 0.34，而其二次项显著为负，其值达到了分别达到了 -1.03 和 -0.93。这一结果显示出了 FDI 与工资差距之间的强烈倒 U 形关系。这一结论似乎可以印证前面文献回顾中提到的部分学者的发现。但利用 Pooled OLS 方法所显示出的这一关系是否是两者关系的真实反映呢？答案显然是否定的。因为，它没有控制住各省本身所具有的异质性，尽管我们控制了产业结构、市场化、教育水平和政府效率等多个指标，但很显然仍然有一些我们观察不到的省份所特有的变量会同时影响 FDI 和工资收入差距。因此使用 Pooled OLS 方法的估计很有可能遭受遗漏变量误差，结果很有可能是有偏的，我们随后的分析证明了这一点。要想控制这种遗漏变量的影响，就必须采用 Fixed Effect 和 Random Effect 模型来估计。它们假设各省存在一个观察不到，但不随时间变化的个体特征，即估计如下方程：

$$y_{it} = \alpha_{it} + \beta Glob_{it} + \theta Glob_{it}^2 + \gamma X_{it} + u_t + w_i + \varepsilon_{it} \quad (4-2)$$

可以发现式（4-2）与式（4-1）的区别在于进一步把误差项 $v_{it}$ 分解为不随时间改变的 $w_t$ 和 $\varepsilon_{it}$ 两项，从而在实际估计中控制由 $w_i$ 所代表的异质性的影响，进而得到一致的估计结果。

**表 4-3　　FDI 与工资收入差异（静态）**

| 项目 | Pooled OLS1 | Pooled OLS2 | Fixed Effects1 | Random Effects1 | Fixed Effects2 | Random Effects2 |
|---|---|---|---|---|---|---|
| | (1) | (2) | (3) | (4) | (5) | (6) |
| FDI 密集度 | 0.374***<br>[0.104] | 0.341***<br>[0.0999] | 0.0225<br>[0.0762] | 0.0114<br>[0.0691] | 0.0234<br>[0.0760] | 0.0156<br>[0.0688] |
| FDI 平方 | -1.020***<br>[0.296] | -0.929***<br>[0.286] | -0.0078<br>[0.211] | 0.0124<br>[0.205] | -0.00305<br>[0.211] | 0.00927<br>[0.205] |
| 产业结构 | -0.014<br>[0.00963] | -0.0168*<br>[0.00966] | 0.000772<br>[0.0103] | -0.00922<br>[0.0105] | 0.00226<br>[0.0104] | -0.00799<br>[0.0107] |
| 市场化 | -0.0644**<br>[0.0284] | -0.0677**<br>[0.0285] | 0.154***<br>[0.0325] | 0.121***<br>[0.0306] | 0.153***<br>[0.0325] | 0.120***<br>[0.0303] |
| 高中程度 | 0.0074<br>[0.0228] | | 0.00827<br>[0.0157] | 0.00585<br>[0.0156] | | |

续表

| 项目 | Pooled OLS1 | Pooled OLS2 | Fixed Effects1 | Random Effects1 | Fixed Effects2 | Random Effects2 |
|---|---|---|---|---|---|---|
| | (1) | (2) | (3) | (4) | (5) | (6) |
| 初中程度 | | 0.0400 *<br>[0.0221] | | | -0.0176<br>[0.0110] | -0.0173<br>[0.0107] |
| 政府效率 | 0.257 ***<br>[0.0504] | 0.291 ***<br>[0.0548] | 0.142 ***<br>[0.0352] | 0.151 ***<br>[0.0352] | 0.143 ***<br>[0.0349] | 0.151 ***<br>[0.0349] |
| _cons | 0.0822 ***<br>[0.0136] | 0.0674 ***<br>[0.0146] | 0.0439 ***<br>[0.0165] | 0.0606 ***<br>[0.0156] | 0.0506 ***<br>[0.0166] | 0.0671 ***<br>[0.0153] |
| F-test | | | [0.0000] | | [0.0000] | |
| BP-test | | | | [0.0000] | | [0.0000] |
| Hausman test | | | chi2(18) =0.42 | | chi2(18) = -1.47 | |
| Time Effect | [0.0000] | [0.0000] | [0.0000] | [0.0000] | [0.0000] | [0.0000] |
| LM test | | | | [0.0000] | | [0.0000] |
| Wooldridge test | | | [0.0000] | | [0.0000] | |
| N | 377 | 377 | 377 | 377 | 377 | 377 |
| Adj. $R^2$ | 0.203 | 0.216 | 0.451 | | 0.452 | |

注：括号内为稳健标准误。*，**，*** 分别表示系数在10%，5%和1%显著性下显著。

表4-3中的第（3）~第（6）列是使用Fixed Effect和Random Effect的对式（4-2）的估计结果，令人惊讶的是FDI和FDI平方项的系数都不再显著了。根据第（3）列和第（5）列Fixed Effect模型的F-test结果显示，拒绝了Pooled OLS与Fixed Effect之间无差异的假设；而第（4）列和第（6）列的Random Effect的Breusch-Pagan test结果显示拒绝了Pooled OLS与Random Effect无差异的假设。因此Pooled OLS估计结果显然是有偏的。下一步要求我们根据Hausman test的结果，在Fixed Effect和Random Effect之间做出选择。但实际上两者的估计结果都不显著，差异很小。这就使Hausman test几乎失去了意义。相反，作为控制变量的市场化程度和政府效率在各种模型的估计中却都非常显著，而且符号均为正。显示出市场化和政府低效率都会进一步恶化城镇工资收入分配。按照Fixed Effect和Random Effect模型的估计，在其他因素不变的情况下，市场化程度每提高10%，工资基尼系数就将增长0.012~0.014；而政府行政性开支每增加10%，工资

基尼系数就将增加 0.014 ~0.015。

总之，根据控制了异质性的 Fixed Effect 和 Random Effect 模型的估计结果显示，FDI 对各地区城镇工资收入差异没有影响。而市场化程度增加和政府低效率都会进一步恶化工资收入分配。

#### 4.4.1.2 对外贸易的影响

表 4 -4 是使用贸易依存度所衡量的全球化与工资收入差距之间回归结果。首先我们发现，使用 Pooled OLS 方法估计的之后，贸易依存度的符号仍然是正的，但与表 4 -3 中 FDI 密集度所表示的结果相比，其数值大大缩小，只有前者的 1/10。二次项的系数仍然是负的，所以表示呈倒 U 形的非线性关系仍然成立，但同样数值也大幅缩水。然而，当我们使用 Fixed Effect 和 Random Effect 再对模型进行估计时，贸易依存度的符号还是正的，二次项的符号也仍然是负的，这一结果与表 4 -3 中控制住省份之间的异质性之后估计的结果形成鲜明对照。但其数值都继续缩小，只有 0.025 左右。这意味着如果对外贸易依存度增加 10%，基尼系数也只增加 0.0025 左右。而且同样，F-test 和 Breusch - Pagan test 的结果分别提示我们应该拒绝 Pooled OLS 与 Fixed Effect 和 Random Effect 相同的原假设，这意味着我们应该采用 Fixed Effect 或 Random Effect 模型估计的结果。其他控制变量方面，政府效率的系数仍然非常显著，但其值只有 0.01 左右，显著低于对外贸易对不平等的影响。

**表 4 -4 进出口贸易与工资收入差异（静态）**

| 项目 | Pooled OLS1 | Pooled OLS2 | Fixed Effects1 | Random Effects1 | Fixed Effects2 | Random Effects2 |
|---|---|---|---|---|---|---|
| | (1) | (2) | (3) | (4) | (5) | (6) |
| 贸易依存度 | 0.0303 ***<br>[0.00678] | 0.0276 ***<br>[0.00624] | 0.0242 ***<br>[0.00534] | 0.0252 ***<br>[0.00539] | 0.0253 ***<br>[0.00536] | 0.0243 ***<br>[0.00533] |
| 贸易平方 | -0.00427 ***<br>[0.000985] | -0.00405 ***<br>[0.000938] | -0.00243 ***<br>[0.000685] | -0.00247 ***<br>[0.000700] | -0.00249 ***<br>[0.000697] | -0.00244 ***<br>[0.000683] |
| 产业结构 | -0.0167 *<br>[0.00994] | -0.0194 *<br>[0.00994] | -0.006<br>[0.0102] | 0.00384<br>[0.0101] | 0.00499<br>[0.0102] | -0.00516<br>[0.0103] |

续表

| 项目 | Pooled OLS1 | Pooled OLS2 | Fixed Effects1 | Random Effects1 | Fixed Effects2 | Random Effects2 |
|---|---|---|---|---|---|---|
| | (1) | (2) | (3) | (4) | (5) | (6) |
| 市场化 | -0.0902 ***<br>[0.0270] | -0.0905 ***<br>[0.0259] | 0.0508<br>[0.0314] | 0.0771 **<br>[0.0326] | 0.0757 **<br>[0.0325] | 0.0477<br>[0.0312] |
| 高中程度 | -0.00013<br>[0.0226] | | -0.00336<br>[0.0109] | 0.000735<br>[0.00856] | | |
| 初中程度 | | 0.0445 *<br>[0.0243] | | | -0.0164<br>[0.0106] | -0.0193 *<br>[0.0101] |
| 政府效率 | 0.235 ***<br>[0.0468] | 0.284 ***<br>[0.0534] | 0.119 ***<br>[0.0347] | 0.103 ***<br>[0.0356] | 0.104 ***<br>[0.0352] | 0.119 ***<br>[0.0342] |
| _cons | 0.100 ***<br>[0.0153] | 0.0797 ***<br>[0.0164] | 0.0739 ***<br>[0.0135] | 0.0598 ***<br>[0.0124] | 0.0655 ***<br>[0.0128] | 0.0811 ***<br>[0.0133] |
| F-test | | | [0.0000] | | [0.0000] | |
| BP-test | | | | [0.0000] | | [0.0000] |
| Hausman test | | | chi2 (18) =6.47 | | chi2 (18) = -0.77 | |
| Time effect | [0.0000] | [0.0000] | [0.0000] | [0.0000] | [0.0000] | [0.0000] |
| LM test | | | | [0.0000] | | [0.0000] |
| Wooldridge | | | [0.0000] | | [0.0000] | |
| N | 377 | 377 | 377 | 377 | 377 | 377 |
| Adj. $R^2$ | 0.196 | 0.211 | | 0.514 | 0.516 | |

注：括号内为稳健标准误。*，**，*** 分别表示系数在10%，5%和1%显著性下显著。

#### 4.4.1.3 小结

从以上的分析结果我们似乎可以得出结论：FDI 对地区内部的工资收入差异没有影响；而对外贸易会拉大地区内部收入差异，虽然这种效应总体上比较小。

但以上的分析结果是建立在一个很强的假设之上的：即省份之间的异质性不随时间发生变化。由于我们样本的考察期跨度长达 13 年，很难不去怀疑这种异质性会随时间变化而变化。如果是这样的话，这意味着上述我们用来估计模型的设定可能是有问题的，自然估计的结果也是有偏不一致的。因此，我们必须再分别对 Fixed Effect 和 Random Effect 模型做序列相关检验。Wooldrdge test 和 LM test 的结果都显示，模型结果拒绝不存在一阶序列相关的假设。这说明在我们的数据中变量存在着显著的序列相关性。从经济学直觉上，序列相关的含义也就是说不仅前一期的控制变量会影响后一期的工资不平等，而且前一期的工资不平等也对后一期的工资不平等产生影响。在这种情况下，使用静态面板数据模型进行估计，模型的设定是有问题的。正确的做法应该采用动态面板数据模型来重新对模型进行估计，才能获得一致无偏的结果。

### 4.4.2 动态面板数据回归

$$y_{it} = \alpha y_{it-1} + \beta Glob_{it} + \theta Glob_{it}^2 + \gamma X_{it} + \mu_t + v_{it} \tag{4-3}$$

与式（4－1）相比，式（4－2）的显著不同之处在于：在估计方程的右侧多了一个 $y_{it-1}$项，即工资不平等的一阶滞后项，这样就可以控制工资收入不平等的持续性。而其他的符号表示完全一样，而且我们所关心的主要参数也没有变化，仍然 β 是和 θ。在同样我们考虑各省之间存在异质性的差别时，模型变成

$$y_{it} = \alpha y_{it-1} + \beta Glob_{it} + \theta Glob_{it}^2 + \gamma X_{it} + \mu_t + w_i + \varepsilon_{it} \tag{4-4}$$

但是与静态模型显著不同的是，即使我们假设各省之间的异质性不随时间变化，此时的 Fixed Effect 和 Random Effect 估计也是有偏的，因为 $y_{it-1}$与之前各期的误差项 $\varepsilon_{i,t-1,t-2\cdots1}$都相关，也就是说 $y_{it-1}$是一个内生变量。因此我们采用 Anderson－Hsiao（1982）所提出来的工具变量法（IV）来解决这一问题。它要求首先对上式进行一阶差分，即得到

$$\Delta y_{it} = \alpha \Delta y_{it-1} + \beta \Delta Glob_{it} + \theta \Delta Glob_{it}^2 + \gamma \Delta X_{it} + \Delta\mu_t + \Delta\varepsilon_{it} \tag{4-5}$$

这样我们就可以利用 $y_{it-2}$与 $\Delta\varepsilon_{it}$不相关的事实，把它作为 $\Delta y_{it-1}$的工具变量，从而得到一致的估计结果。再进一步，虽然使用 Anderson－Hsiao（1982）方法可以得到估计一致的结果，但它并非是有效的。原因在于，在 $\varepsilon_{it}$不存在序列相关性的前提下，不仅 $y_{it-2}$可以作为工具变量，而且所有的 $y_{it}$的滞后项都可以作为工具变量参与估计。所以，Arellano 和 Bond（1991）利用这一思路，又提出利用广义矩估计（GMM）方法，来估计上述模型。综上所述，我们将分别使用 Pooled OLS、Fixed Effect、Random Effect、Anderson－Hsiao IV（以下简称 IV）和 Arellano－Bond GMM（以下简称 GMM）方法对利用含有一阶滞后项的动态面板数据模型进行估计。与静态模型时一

样，由于所控制的教育水平变量不同，因此，每种模型我们分别汇报了两个结果，这样每个表共有12个结果。

#### 4.4.2.1 FDI的影响

表4-5是用FDI密集度衡量的全球化的估计结果，我们可以发现，使用Pooled OLS估计的结果显示，FDI的系数不再显著了。而使用Fixed Effect和Random Effect控制了各省之间不随时间改变的异质性之后，我们发现FDI的系数为负值，并且均在5%的显著性水平下显著。这似乎可以印证之前在文献综述中我们提到的，部分学者发现，FDI会对收入差距起到减小的作用。但一旦我们使用IV来消除掉一阶滞后项的内生性的时候就会发现，无论我们使用IV还是GMM，FDI前的系数都不再显著了。这表明，之前估计中FDI的系数显著，完全是由于一阶滞后项与误差项内随时间变化但没有观测到的因素相关所导致的。而且其他控制变量大多数也不再显著，只有政府效率变量在10%的显著性水平下显著。因为IV和GMM要求我们的模型中不能有超过一阶的序列相关，所以我们对IV和GMM估计结果进行序列相关检验。结果发现IV和GMM都拒绝了没有一阶序列相关的假设，而接受了没有二阶序列相关的原假设。此外，在GMM估计中由于我们大量使用了工具变量，因此多工具变量是否满足过度识别条件也必须经过验证。Sargan test的结果显示，可以接受过度识别限制条件。而且根据Roodman（2006），由于Pooled OLS倾向于高估一阶滞后项的系数，而Fixed Effect倾向于低估一阶滞后项的系数，因此在稳健的GMM结果中，一阶滞后项的系数应该在两者之间。而在本例中，GMM一阶滞后项的估计系数为0.84正好在Pooled OLS（0.95）与Fixed Effect（0.82）之间，这证明我们的GMM估计结果是比较准确的。因此，从上述分析结果我们可以得出结论：FDI密集度对省份内部的收入差距没有影响。

#### 4.4.2.2 对外贸易的影响

表4-6是用贸易依存度表示的全球化的估计结果。我们发现得到的结果与用FDI衡量的全球化的结果是十分类似的，只不过此时所有的控制变量都不再显著了。另外，虽然模型中一阶滞后项的系数略低于Fixed Effect模

表 4-5　**FDI 与工资收入差异（动态）**

| 项目 | Pooled OLS1 | Pooled OLS2 | Fixed Effects1 | Random Effects1 | Anderson – Hsiao IV1 | Anderson – Hsiao IV2 | Arellano – Bond GMM | Arellano – Bond GMM |
|---|---|---|---|---|---|---|---|---|
| | (1) | (2) | (3) | (4) | (5) | (6) | (7) | (8) |
| 基尼系数一阶滞后 | 0.950*** [0.0203] | 0.947*** [0.0202] | 0.825*** [0.0440] | 0.824*** [0.0441] | 1.350** [0.574] | 1.353** [0.577] | 0.848*** [0.0659] | 0.845*** [0.0655] |
| FDI 密集度 | 0.00993 [0.0241] | 0.0108 [0.0243] | -0.066 [0.0439] | -0.0656 [0.0438] | 0.089 [0.113] | 0.0896 [0.113] | 0.0263 [0.0769] | 0.0271 [0.0766] |
| FDI 平方 | -0.0911 [0.0797] | -0.083 [0.0819] | 0.0686 [0.113] | 0.0698 [0.113] | -0.449 [0.324] | -0.45 [0.325] | -0.197 [0.187] | -0.198 [0.187] |
| 市场化 | 0.0151* [0.00769] | 0.0167** [0.00779] | 0.0222 [0.0164] | 0.0219 [0.0164] | -0.0121 [0.0287] | -0.0122 [0.0288] | -0.00025 [0.0184] | -0.00039 [0.0184] |
| 产业结构 | 0.0011 [0.00271] | -0.00035 [0.00282] | 0.00379 [0.00557] | 0.00409 [0.00555] | 0.0068 [0.0114] | 0.00671 [0.0114] | 0.00534 [0.00625] | 0.00543 [0.00625] |
| 高中程度 | 0.0131** [0.00663] | | 0.00134 [0.00357] | | 0.00172 [0.0113] | | -0.00088 [0.00341] | |
| 初中程度 | | 0.00718 [0.00519] | | -0.00514 [0.00660] | | 0.00323 [0.0115] | | -0.00422 [0.00441] |
| 政府效率 | 0.0263 [0.0203] | 0.0286 [0.0208] | 0.0391 [0.0260] | 0.0391 [0.0260] | 0.0187 [0.0465] | 0.0193 [0.0467] | 0.0611* [0.0322] | 0.0607* [0.0322] |
| AR (1) | | | | | 0.0314 | 0.0317 | 0.000 | 0.000 |
| AR (2) | | | | | 0.1109 | 0.11 | 0.159 | 0.161 |
| Sargan test | | | | | | | 0.119 | 0.119 |
| Adj. $R^2$ | 0.994 | 0.994 | 0.802 | 0.802 | | | | |
| N | 348 | 348 | 348 | 348 | 319 | 319 | 319 | 319 |
| Province | 0.994 | 0.994 | 0.8 | 0.801 | 29 | 29 | 29 | 29 |

注：括号内为稳健标准误。*，**，*** 分别表示系数在 10%，5% 和 1% 显著性下显著。

表 4-6 对外贸易与工资收入差异（动态）

| 项目 | Pooled OLS1 | Pooled OLS2 | Fixed Effects1 | Random Effects1 | Anderson - Hsiao IV1 | Anderson - Hsiao IV2 | Arellano - Bond GMM | Arellano - Bond GMM |
|---|---|---|---|---|---|---|---|---|
| | (1) | (2) | (3) | (4) | (5) | (6) | (7) | (8) |
| 基尼系数一阶滞后 | 0.948 ***<br>[0.0197] | 0.944 ***<br>[0.0197] | 0.801 ***<br>[0.0475] | 0.800 ***<br>[0.0476] | 1.256 **<br>[0.563] | 1.255 **<br>[0.562] | 0.781 ***<br>[0.0903] | 0.777 ***<br>[0.0900] |
| 贸易依存度 | 0.000861<br>[0.00173] | 0.00131<br>[0.00171] | 0.00194<br>[0.00304] | 0.00196<br>[0.00304] | -0.00056<br>[0.0110] | -0.00038<br>[0.0110] | -0.00054<br>[0.00432] | -0.00056<br>[0.00436] |
| 贸易平方 | -3.8E-05<br>[0.000254] | -9E-05<br>[0.000257] | -9.6E-07<br>[0.000393] | -6.8E-06<br>[0.000393] | 0.000132<br>[0.00143] | 0.00012<br>[0.00143] | 0.000606<br>[0.000447] | 0.000612<br>[0.000451] |
| 产业结构 | 0.000664<br>[0.00274] | -0.00042<br>[0.00288] | 0.00454<br>[0.00572] | 0.0048<br>[0.00571] | 0.001<br>[0.0144] | 0.000883<br>[0.0144] | 0.00828<br>[0.00583] | 0.00834<br>[0.00585] |
| 市场化 | 0.00833<br>[0.00902] | 0.00831<br>[0.00905] | 0.00895<br>[0.0179] | 0.0086<br>[0.0178] | 0.00219<br>[0.0272] | 0.00208<br>[0.0272] | -0.0175<br>[0.0211] | -0.0177<br>[0.0212] |
| 高中程度 | 0.0122 **<br>[0.00566] | | 0.00257<br>[0.00529] | | 0.000432<br>[0.0110] | | -0.00321<br>[0.00503] | |
| 初中程度 | | 0.00718<br>[0.00519] | | -0.00514<br>[0.00660] | | 0.0018<br>[0.0110] | | -0.00494<br>[0.00533] |
| 政府效率 | 0.0263<br>[0.0203] | 0.0286<br>[0.0208] | 0.0391<br>[0.0260] | 0.0391<br>[0.0260] | 0.0617<br>[0.0580] | 0.0623<br>[0.0580] | 0.0358<br>[0.0236] | 0.0352<br>[0.0237] |
| AR (1) | | | | | 0.0395 | 0.0394 | 0.000 | 0.000 |
| AR (2) | | | | | 0.1601 | 0.1603 | 0.192 | 0.195 |
| Sargan test | | | | | | | 0.111 | 0.11 |
| Adj. $R^2$ | 0.994 | 0.994 | 0.8 | 0.801 | | | | |
| N | 348 | 348 | 348 | 348 | 319 | 319 | 319 | 319 |
| Province | 29 | 29 | 29 | 29 | 29 | 29 | 29 | 29 |

注：括号内为稳健标准误。*，**，*** 分别表示系数在10%，5%和1%显著性下显著。

型的系数，但是模型的结果也通过了 Sargan test 和序列相关检验。我们也可以得出结论：贸易依存度对省份内部的收入差距也没有影响。

#### 4.4.2.3 小结

综上所述，在使用 IV 和 GMM 动态面板估计方法之后得到的结果显示，无论是 FDI 还是对外贸易所表示的全球化与收入差距之间，并不存在着显著的因果联系。

## 4.5 结　　论

自从 2007 年底，一场席卷全球的金融危机震动了整个世界。随着危机的不断加深，越来越多国家的政府开始检视其之前所推行的自由贸易政策，而转向保守的贸易保护主义。其中最强力的呼吁往往来自各国国内，认为全球化造成了多数国家和地区的不平等加剧，但这一结论在中国显得似是而非。因为全球化虽然有可能提高中国技术工人与普通工人的工资差距，但同时也给更多的人带来了就业的机会。之前大多数研究的结论认为全球化会扩大中国省内工资收入差异，而我们的结果表明：全球化对于中国城镇内部的工资收入差异没有影响。通过对 Pooled OlS、Fixed Effect、Random Effect、IV 和 GMM 等几种方法估计结果的比较，我们得出结论：之前研究的结论——全球化要么会扩大工资收入差异或者缩小工资差异，都很有可能是由于省份之间的异质性及其变化的误差所导致的虚假关系。在经过使用工具变量法，控制住这一问题之后，我们发现，全球化对地区内部的收入差距并没有直接的影响。

本章的结论也再次证实，全球化并非不平等问题的根源（Becker，2007）。导致不平等状况恶化的最直接的原因仍然是政府效率或者政府政策。正如 IMF（2007）的报告中所揭示的那样：在全球化时代，政府的政策应有助于确保全球化和技术变革的好处被全民更广泛地分享。同时进一步加强教育和培训方面的投入，改革和创新教育和培训体系，从而确保劳动者在全球化竞争中能够拥有获得机会的技能。

# 第5章

# 劳动力市场分割与工资不平等

## 5.1 导　　论

中国在历史上一直是一个农业经济占主导的国家。1949 年新中国成立之后，中国农村的发展模式并没有得到根本的转变。虽然农业产出的扩展足以赶上人口的急剧增长，但这主要是通过“过密化”和“密集化”，即是一种没有发展的增长来实现的。不断膨胀的人口压力使农村存在着大量的“隐性失业”的劳动力，劳动生产率和单位劳动力收入长期处于停滞和减少的状态（黄宗智，2000）。

在改革之前的城市，由于实行了全面的计划经济体制，政府对就业数量和工资水平都进行严格的控制。在城乡之间，为了维持重工业优先发展的“赶超型战略”，政府实施就业体制的城乡分割政策，人为的限制劳动力在产业和区域间的流动，即劳动力作为基本的资源和生产要素既无必要也不允许根据市场信号自由流动（蔡昉、林毅夫和李周，1994）。改革之前的中国并不存在着真正意义上的劳动力市场，经济始终维持着城乡分割的典型二元结构。

改革开放之后，中国城市的劳动力市场伴随着非国有部门（主要是私有经济和外资企业）的发展和国有部门的深化改革不断成长。非国有部门基本上是在市场化的条件下成长起来的，它们对雇用劳动力的数量和工资水平都拥有很大程度的自主权。而国有部门（尤其是国有企业）的改革也使得其劳动力雇用机制越来越面向市场（蔡昉和林毅夫，2003）。与此同时，伴随着农村工业化进程和农村劳动力向城市迁移，中国农民开始加入到现代化进程当中，大量涌入城市或加入乡村工业。中国开始形成基本的劳动力市场。

但从整体上，中国的劳动力市场仍然保持着分割的基本格局（赖德胜，1996a；蔡昉和林毅夫，2003；陆铭，2004；赵忠，2004）①。导致这种分割格局存在的主要原因是原有的劳动力市场体制及与其配套的一系列政策（如户籍、档案、社会保障等等）（赖德胜，1996）和地方政府制定的带有歧视性的劳动力市场规定（如准入证、用工指南）（蔡昉、都阳和王美艳，2001）所产生的影响。这些政策和规定加大了劳动力流动的成本，形成了中国特有的制度性分割的劳动力市场（赖德胜，1996a）。

进入新世纪的中国劳动力市场，随着市场化改革的不断深入，原有的导致劳动力市场分割的因素（如以户籍制度为代表原有劳动力市场体制）进一步被削弱，但仍然发挥着重要的作用。而其他更为根本的因素，如医疗、教育等公共设施的城乡差距所导致的人力资本水平差距，城乡之间和区域之间收入的巨大差距和社会保障差别，以及不同所有制和不同行业的企业之间、不同职业和性别之间的劳动力市场分割，开始进一步显现（赵忠，2004；赵耀辉，2005）。这些新老因素交织在一起，使中国的劳动力市场分割问题呈现出一种更为复杂的局面。

## 5.2 劳动力市场分割理论与实证方法

分割理论的基本观点是劳动力市场由若干有着不同的工资和就业机制的“部门”（sectors）所组成，这些部门中有些工作条件好，工资报酬高，被称之为主要部门（primary sectors）；有些工作条件差，工资报酬低，被称之为次要部门（secondary sectors）；在某些时候到主要部门去工作的机会是有限的，也就是说在主要部门中，想要得到工作的人比提供该种工作的机会要

① 很多学者对这一问题进行了研究。赖德胜（1996a），蔡昉和林毅夫（2003）分析认为中国的劳动力市场形成了一种在城乡之间和城市内部双元二元分割的特殊结构。陆铭（2004）认为，转轨时期的中国劳动力市场的分割性，主要是国有部门和非国有部门就业体制的二元分割。赵忠（2004）总结认为，中国劳动力市场仍然处于分割状态是经济学家们的共识。

多（Dickens and Lang，1992a）。分割理论的本质含义是同等能力的人由于所从事的工作不同而不能获得同等的报酬。而且由于各种因素，工人在不同的部门之间无法顺利的流动，所以这种现象不是短期的，而是长期存在的。

分割理论常常被视为对新古典人力资本理论的一种替代。人力资本理论认为，工人本身的能力差异而不是工作之间的差异，是工资分布的决定性因素。这就意味着，那些只能获得低工资的工人之所以如此，是因为他们不愿意或者不能够获得高工资工作所必需的技能。而分割理论则认为，工人之所以获得低工资是因为劳动力不能充分的流动，由于各种原因，工人被限制在次要部门，只能获得低收入。

在政策含义上，分割理论与人力资本理论所主张的方式也大相径庭。人力资本理论认为，消除贫困的主要方式是提供给个人更多的技能或者更多的激励去获得技能。而分割理论认为既然主要部门的工作是配给的，因此单独靠教育、培训等手段不能消除贫困。而更应该确保主要部门工作的配给系统“公平”，并尽量缩小次要部门的规模。

虽然分割理论与人力资本理论之间存在着上述差异，但分割理论与人力资本理论并非是完全替代的关系。某种程度上，将劳动力市场分割理论视为是人力资本理论的补充也许更为合适（Dickens and Lang，1992b）。

既然分割理论认为，劳动力市场是由若干不同部门（sectors）所构成的，其中存在障碍阻止了跨部门之间的流动，而且每个部门都有不同的就业和工资确定机制。那么要想从实证上验证劳动力市场分割假设，我们就应该明确如下两个问题：

第一，如何能够将劳动力市场分成若干个部门？或说我们按照什么样的标准能够将整个劳动力市场分成若干个子市场？（“分割”这一概念到底意味着什么？）

第二，若干子市场在工资决定机制以及其他经济收益上是否存在着明显的不同？

如果对上面两个问题的回答都是肯定的，那么也就直接证明了劳动力市场分割的假设是成立的。但在实际研究中，回答上述两个问题又会遇到两个困难：

首先，由于分割理论对部门的定义更多的源自于对劳动力市场的观察，其定义是模糊不清的（Cain，1976）。因此在实证研究中，根据哪些标准将劳动力市场分成若干个部门，经济学家们并没有达成一致。

其次，由于对于劳动者而言，分布于不同部门的工作不仅仅包含经济属性，还包含非经济属性（如工作时间、工作条件等），劳动者对工作的选择可能包含了自选择（self-selectivity）的因素在其中（Roy，1951），因此在考察部门的工资机制是如何确定的时，还必须考虑工作的其他属性对工资确定机制的影响。

所有关于劳动力市场分割假设的验证都是以对上述两个问题和两个困难的分析为基础的。根据对于上面两个问题的回答以及对两个困难的不同解决方法，我们可以将整个验证劳动力市场分割假设的方法分成两个部分：分类方法和分析工资设定机制。

## 5.3 中国城市劳动力市场分割及其演变

正是在中国经济从农业化向工业化、计划向市场双重经济转轨的宏大历史进程中，在中国经济发展面临需要重新关注收入分配和社会公正问题之际，对中国劳动力市场分割性进行深入研究就显得极为重要。

### 5.3.1 一个简要的文献综述

从定性上判断，中国的劳动力市场分割问题与其他国家既有共同点，又有独特性。共同点是指在很多国家甚至发达国家中，存在的一般性劳动力市场分割问题，如行业分割、职业分割和性别歧视等在中国都有不同程度的体现。例如，大量的实证研究已经揭示了改革以来性别之间工资差距在不断加大，如 Meng（1998），Gustafsson 和 Li（2000），Liu 等（2000），Rozelle 等（2002），Liu（2004）和葛玉好（2006）等；职业分割方面，Meng 和 Zhang（2001）的研究表明，不同户籍的居民之间的职业分布和工资都表现出了显著差异。陈钊、万广华和陆铭（2009）发现，不同点是指中国的劳动力市场分割带有很强的制度性因素，具体表现在由于实行户籍制度所导致的城乡分割和地区分割，以及由于所有制不同而带来的所有制分割。城乡分割领域内的研究成果可谓汗牛充栋，比较优秀的有 Zhao（1999）和朱农（2005）等一系列关于城乡迁移的研究；Knight 和 Yueh（2004）则分别考察了城市居民和流动农民工在中国城市劳动力市场上的工作转换率；作为最重要的转轨国家，企业所有制造成的工资差别研究也有不少，如 Dong 和 Bowles（2002）详细分析了不同所有制企业的工资决定机制，Knight 和 Li（2005）则研究了不同所有制企业经营效益的好坏对职工工资分布的影响。

在既有的研究中，郭丛斌（2004）是唯一直接利用数据对中国劳动力市场分割假设进行验证的研究。但由于他采用了事先分类方法，因此研究结果可能存在着一定的截取偏误问题。与上述研究成果相比，从研究的角度上说，Demurger 等（2006a）是比较全面的一篇。他们从所有制、行业和地理位置三个方面将所有工人分成若干组。之后采用 Oaxaca – Blinder 收入分解的方法，将上述三个方面所得到工资差，分别分解到工人禀赋平均值、劳动时间（小时）和一个纯粹的“分割效应”上。由于他们采用了 CHIP1995 和 CHIP2002 两年的数据，因此他们还发现上述三个角度得出的“分割效应”在两次调查之间上升幅度巨大（分别从 11% 上升到 88%，8% 上升到 55%，5% 上升到 41%）。这一事实虽与中国劳动力市场改革的趋势似乎有所背离，但却又与周围我们经常能够观察到的劳动力市场上的现象如此一致。这不能不让我们对劳动力市场分割问题与劳动力市场化改革的关系进行重新认识。

上述的研究揭示了中国劳动力市场分割的特殊性和复杂性，但大多数所采取的方法都是用外生的变量，先将劳动力市场上的工人进行分组，之后再进行工资方程的回归，或者进行工资均值的分解。尽管上述分类是严格外生的，如户籍、性别或者经过选择性偏差调整后的行业、所有制和职业等标准，但我们不能不认识到：在一个区域、行业、所有制等分组内部的工人，也不能被认为是属于劳动力市场中的同一个部门（Dickens and Lang，1992a）。例如，在垄断行业内部也有可能有人属于劳动力市场中的次要部门；同理，在竞争性行业中，也有可能有人属于劳动力市场中的主要部门。所以，如果我们仅仅从某个行业、职业或者所有制出发，就不能全面了解中国劳动力市场的分割问题，也不能对中国劳动力市场分割程度究竟如何这一问题作出准确地回答。因此我们是否可能通过使用特殊的计量方法，对劳动力市场分割状态进行整体的把握呢？这正是本文的基本思想和方法论。

未知体制的转换回归方法（switching regression model with unknown regime）可以纠正事先分类方法带来的偏误。这种方法的优点在于一次性估计，可以同时避免截取偏误和选择性偏差。也正因为如此，经济学中使用转换回归模型的历史由来已久，在很多针对市场非均衡行为的研究中，使用转换回归模型是一个惯例。Dickens 和 Lang（1985）第一次使用未知体制的转换回归模型来研究美国的劳动力市场分割问题。此后世界各地的经济学家们也纷纷利用转换回归模型，对不同国家的劳动力市场分割的假设进行了验证，如 Barsh 和 Molina（1996）对智利，Cipollone（2001）对意大利，Serhiy（2003）对乌克兰和俄罗斯以及 Sousa – Paza（2004）对瑞士劳动力市场的研究。

将转换回归模型应用于中国劳动力市场的研究还比较少，Yao（1997）将转换回归模型应用于研究中国乡镇企业中工人得到工作和工作时间的决定因素，发现乡镇工人工资受到政府干预变化的显著影响。但该研究样本和范围都偏小，劳动力市场也是特殊性的，不能够代表中国劳动力市场的整体状况。曲兆鹏（2006）使用未知体制的外生转换回归模型，利用 CHIP2002 年的大样本数据，首次对中国城镇劳动市场的分割状况进行了评估，结果发现中国城镇劳动力市场存在着非常严重的分割性。乔明睿（2009）也使用了同样的方法，利用 CHNS 2006 年数据对中国劳动力市场分割与户口的关系进行了研究，得出结论是否拥有户口是劳动者是否能够进入主要部门的关键。因此利用转换回归方法和中国劳动力市场数据，对中国劳动力市场二元性分割假设进行验证，并且在此基础上，进一步研究劳动力市场与收入分配的关系，是可行的且更有意义的研究。

在本章中我们将具体回答中导论中所提出的问题：中国的劳动力市场是否是二元分割的？其工资决定机制又如何？随着时间的推移，这一问题的变动趋势如何？是趋于改善还是趋于恶化？其对工资收入分配的影响又如何？我们将采用转换回归方法和工资差异分解方法对中国城镇劳动力市场进行研究，对上述问题进行统一的回答①。

### 5.3.2 内生转换回归模型分析框架

根据 Maddala（1986），转换回归模型由如下三个方程组成：

---

① 这里需要说明的是，我们之所以将研究范围限制在城市，一方面，是因为城市劳动力市场是中国最主要的劳动力市场；另一方面，将研究对象定为城市职工（主要是排除了城市中的农村流动居民）也是受到数据的限制。可以预计的是，如果加入农村流动样本，由于收入变动的差距会更大，将会使二元分割的效果更为显著。

$$Lnw_{ip} = x_{ip}'\beta_p + u_{ip} \tag{5-1}$$

$$Lnw_{is} = x_{is}'\beta_s + u_{is} \tag{5-2}$$

$$S_i^* = Z_i'\gamma + v_i \tag{5-3}$$

前两个方程分别表示劳动力市场中主要部门的工资方程（wage function），而第三个方程是转换方程（switching function），它决定工人进入主要还是次要部门。其中，$Lnw_{ip}$和$Lnw_{is}$分别表示属于劳动力市场中主要部门和次要部门工人的工资对数，向量$x_{ip}'$和$x_{is}'$分别表示主要部门中和次要部门中一系列影响工资的变量，包括个人特征和工作特征，$\beta_p$和$\beta_s$表示系数，$u_{ip}$和$u_{is}$是误差项；$S_i^*$是对应工作选择的虚拟变量$S_i$的潜变量（latent variable），而向量$Z_i'$是影响工人进入主要劳动力市场的一组解释变量，它包括影响工资的因素$x_i'$和其他影响因素，向量$\gamma$是它的系数，$v_i$表示误差项。

因为我们事先不知道每个工人属于哪个部门，所以我们观察不到$Lnw_{ip}$和$Lnw_{is}$，只能观察到$Lnw_i$，但我们知道如下条件：

$$Lnw_i = Lnw_{ip} \text{ if } S_i^* > 0 \tag{5-4}$$

$$Lnw_i = Lnw_{is} \text{ if } S_i^* < 0 \tag{5-5}$$

虽然$S_i^*$也是观察不到的，但它是由向量$Z_i'$所决定的。即工人在主要部门工作，当且仅当满足

$$v_i < -Z_i'\gamma \tag{5-6}$$

根据Maddala（1983），为了识别出模型，必须要假设三个方程中的误差项服从联合正态分布，即：

$$(u_{ip}, u_{is}, v_i) \sim (0, \sum) \tag{5-7}$$

并且协方差矩阵为：

$$\sum = \begin{pmatrix} \sigma_p^2 & \sigma_{ps} & \sigma_{pv} \\ \sigma_{ps} & \sigma_s^2 & \sigma_{sv} \\ \sigma_{pv} & \sigma_{sv} & \sigma_v^2 \end{pmatrix} \tag{5-8}$$

其中，为了模型识别，我们必须假设$\sigma_v^2 = 1$，而且在估计过程中，我们允许$\sigma_{pv}$，$\sigma_{sv} \neq 0$，这意味着我们使用的是内生转换回归模型（endogenous switching model）。这意味着选择方程中的误差项与工资方程中的误差项之间不相关，这等于说工作选择外生于工资的，即不考虑存在自选择的问题。

根据Dickens和Lang（1985）和以上假设条件，可以写出对数极大似然

函数为：

$$L(\beta_p, \beta_s, \gamma, \sigma_p^2, \sigma_s^2) = \sum \ln\{[1-\Phi(-Z_i'\gamma)]\cdot\phi(Lnw_{ip}-x_{ip}'\beta_p, \sigma_{ip}) + \Phi(-Z_i'\gamma)\cdot\phi(Lnw_{is}-x_{is}'\beta_s, \sigma_{is})\} \quad (5-9)$$

其中，$\Phi(\cdot)$ 和 $\phi(\cdot)$ 分别是标准正态分布和密度函数①。因此，可以采用极大似然估计法来对上述参数进行估计。在估计出模型的参数后，由于我们的 OLS 与 Switching 模型之间是一种嵌套式关系，所以我们可以通过两个模型的极大似然值来构造一个极大似然比检验（Likelihood Ratio test），以此来验证数据是否支持单独一个工资方程（Dickens and Lang，1985）。

### 5.3.3 数据与样本

我们所使用的数据来自中国社会科学院经济所“收入分配课题组”（Chinese Household Income Project，CHIP）1995 年和 2002 年的入户调查数据中的城市住户部分。它包括家庭成员详细的个人信息和工作信息，例如年龄、性别、婚姻状况、收入、教育水平、工作经验、工作性质、单位所有制、所属省份等变量。

我们还将所使用的样本限制在 15～60 岁，报告自己正在工作的并且收入为正的城市男性住户为主要分析对象，因为加入女性的劳动参与和工资决定必然要考虑女性的家庭生产问题，这不是本章研究的重点。我们还剔除了职业为私营企业主和个体户的样本，因为他们所报告的收入中，很可能包含了企业利润而不仅仅是个人劳动收入，这与我们的研究不相符。在剔除掉一些遗漏了教育、经验等重要变量的样本之后，我们分别得到了 4578 个和 2390 个有效样本。

我们所使用的主要变量是工资收入。在 CHIPs 中，劳动的收入中包括了奖金、津贴、下岗生活费、最低生活保障金、单位发放的困难补助、第二职业收入和实物收入（货币折算额）等。其中，因为下岗生活费、最低生活保障金和单位发放的困难补助，与劳动者的劳动生产率无关，不是我们所要考察的工资收入，因此我们将其从工资收入中剔除。为了有效控制各地区的价格水平差异，我们使用了 Brandt 和 Holz（2004）的各地区价格指数，

① 详细的推导请参考 Maddala（1983）。

从而得到了真实的小时工资。由于两次调查所覆盖省份有略微的不同，2002 年时原来的四川省被分成了直辖市重庆和新四川省，为了保证样本的一致性，我们将重庆和四川的数据都删掉，这样保证所有样本都限定在同样的省份中并且前后一致。这样最后我们的确定的样本省份为北京、山西、辽宁、河南、江苏、安徽、湖北、广东、云南、甘肃共 10 个省。表 5 - 1 是主要变量的统计性描述，我们可以发现几个比较明显的变化。

**表 5 - 1　　　　主要变量的统计性描述**

| 变量名 | 1995 年 | | 2002 年 | |
|---|---|---|---|---|
| | 均值 | 标准差 | 均值 | 标准差 |
| 小时工资 | 1.405 | 1.017 | 2.170 | 2.205 |
| 工资对数 | 0.125 | 0.710 | 0.502 | 0.727 |
| 教育 | 10.468 | 2.778 | 11.001 | 2.643 |
| 经验 | 17.631 | 8.690 | 18.147 | 8.911 |
| 经验的平方 | 386.344 | 312.818 | 410.990 | 408.682 |
| 少数民族 | 0.048 | 0.215 | 0.039 | 0.193 |
| 党员 | 0.152 | 0.360 | 0.167 | 0.373 |
| 国有企业 | 0.780 | 0.415 | 0.444 | 0.497 |
| 集体企业 | 0.196 | 0.397 | 0.143 | 0.350 |
| 私营企业 | 0.011 | 0.104 | 0.208 | 0.406 |
| 外资企业 | 0.013 | 0.115 | 0.205 | 0.404 |
| 北京 | 0.082 | 0.274 | 0.102 | 0.302 |
| 山西 | 0.107 | 0.309 | 0.077 | 0.267 |
| 辽宁 | 0.121 | 0.326 | 0.139 | 0.346 |
| 江苏 | 0.123 | 0.329 | 0.126 | 0.331 |
| 安徽 | 0.081 | 0.274 | 0.079 | 0.271 |
| 河南 | 0.094 | 0.291 | 0.100 | 0.300 |
| 湖北 | 0.116 | 0.320 | 0.107 | 0.309 |
| 广东 | 0.095 | 0.294 | 0.121 | 0.326 |
| 云南 | 0.117 | 0.322 | 0.090 | 0.287 |
| 甘肃 | 0.064 | 0.244 | 0.060 | 0.237 |
| 样本数 | 4578 | | 2390 | |

首先，从 1995 ~ 2002 年，小时工资大幅提升，从 1.41 元上升到 2.17 元，上升幅度达到 50%，而且工资的方差也变大了一倍，显示出工资的分

布差异也在加大。其次，教育水平和经验等人力资本代理变量的值均有不同程度的增加，少数民族的比例有所下降，而党员的比例却有所增加。变化最大的当属企业的所有制的构成。国有企业从 1995 年占绝对主导比例（78%）降低到（44%），而私营和外资企业从占总样本数量很小的比例（1%）增加各自占总样本的 1/5 左右（分别为 20.8% 和 20.5%）。联系到样本期内，正是中国企业改革的关键年份，并不让人觉得太过惊奇。而从各地区的样本构成来看，变化不大。

### 5.3.4 转换回归估计结果

在模型的识别过程中，决定哪些变量进入转换方程（switching function），哪些变量进入工资方程是一个重要的问题。因为转换方程刻画的是工人进入主要部门的概率，而这主要取决于工人的个人特征。因此，转换方程应该包括诸如教育年限、婚姻状况、是否党员以及居住地等与个人有关的信息，而不应该包括工作经验、所有制等工作方面的信息。

具体而言，我们的工资方程采用一般的 Mincer 工资方程，其基本形式如下：

$$Lnw_i = \beta_0 + \beta_1 S_i + \beta_2 Exp_i + \beta_3 Exp_i^2 + X_i'\delta + u_i \qquad (5-10)$$

其中，$S_i$，$Exp_i$，$Exp_i^2$ 分别表示受教育年限、工作经验和工作经验的平方项；$X_i'$代表一系列的工作特征，本章中主要是所有制和所在地区；β 和 δ 是对应各变量的系数，$u_i$ 为误差项，其中所有制的默认值为国有企业，而地区的默认值为北京。

我们首先汇报 OLS 的估计结果。虽然我们控制了工作所有制和所在地区等因素，但 OLS 模型中估计的教育回报率（the return to the schooling）和经验的回报率仍然很高，其中 1995 年的教育回报率为 0.054，经验回报率为 0.071，而 2002 年教育的回报增加到了 0.068，相反经验的回报下降为 0.02。在保持其他因素不不变的情况下，从所有制的比较来看，无论 1995 年还是 2002 年，集体企业和私营企业的工资收入都低于国有企业，而外资企业与国有企业之间差异不显著；从地区差异的角度来看，1995 年只有江苏与北京工资差异不显著，而广东高于北京，其他省份全部低于北京；2002 年时，除了广东仍然高于北京外，其他省份全部低于北京。所有的系数都非常显著。

表5-2 OLS与Switching的估计结果

| 统计项 | 1995年 | | | | 2002年 | | | |
|---|---|---|---|---|---|---|---|---|
| | OLS | 主要部门 | 次要部门 | 选择方程 | OLS | 主要部门 | 次要部门 | 选择方程 |
| 教育 | 0.0536***<br>[0.00330] | 0.0342***<br>[0.00465] | 0.00678**<br>[0.00295] | 0.0807***<br>[0.00720] | 0.0675***<br>(−0.00506) | 0.0219***<br>[0.00708] | 0.0236***<br>[0.00565] | 0.103***<br>[0.0106] |
| 经验 | 0.0711***<br>[0.00387] | 0.0693***<br>[0.00444] | 0.00379<br>[0.00357] | | 0.0214***<br>(0.0054) | 0.0117**<br>[0.00563] | 0.00285<br>[0.00528] | |
| 经验平方 | −0.00137***<br>[0.000107] | −0.00165***<br>[0.000130] | −0.00005<br>[0.0000883] | | −0.00014<br>[0.000148] | −0.00075<br>[0.000164] | 0.000055<br>[0.000139] | |
| 集体 | −0.260***<br>[0.0231] | −0.130***<br>[0.0249] | −0.0223<br>[0.0226] | | −0.210***<br>[0.0393] | −0.0465<br>[0.0414] | −0.106***<br>[0.0374] | |
| 私营 | −0.225***<br>[0.0848] | −0.14<br>[0.0895] | −0.124<br>[0.0840] | | −0.348***<br>[0.0349] | −0.186***<br>[0.0349] | −0.0126<br>[0.0366] | |
| 外资 | 0.108<br>[0.0774] | 0.055<br>[0.0963] | −0.00603<br>[0.0547] | | 0.056<br>[0.0342] | 0.0487<br>[0.0439] | 0.00291<br>[0.0284] | |
| 山西 | −0.377***<br>[0.0412] | −0.560***<br>[0.0482] | −0.437***<br>[0.0331] | 0.276***<br>[0.0911] | −0.494***<br>[0.0615] | −0.658***<br>[0.0730] | −0.435***<br>[0.0530] | 0.0137<br>[0.128] |
| 辽宁 | −0.250***<br>[0.0397] | −0.381***<br>[0.0461] | −0.285***<br>[0.0319] | 0.245***<br>[0.0884] | −0.413***<br>[0.0532] | −0.466***<br>[0.0623] | −0.187***<br>[0.0503] | −0.466***<br>[0.110] |
| 江苏 | 0.00579<br>[0.0400] | −0.208***<br>[0.0493] | −0.180***<br>[0.0319] | 0.530***<br>[0.0883] | −0.286***<br>[0.0546] | −0.400***<br>[0.0640] | −0.208***<br>[0.0477] | −0.0968<br>[0.114] |
| 安徽 | −0.253***<br>[0.0437] | −0.455***<br>[0.0515] | −0.322***<br>[0.0347] | 0.316***<br>[0.0965] | −0.404***<br>[0.0606] | −0.530***<br>[0.0716] | −0.307***<br>[0.0523] | −0.0774<br>[0.127] |
| 河南 | −0.340***<br>[0.0423] | −0.544***<br>[0.0498] | −0.396***<br>[0.0339] | 0.304***<br>[0.0936] | −0.404***<br>[0.0583] | −0.484***<br>[0.0677] | −0.387***<br>[0.0514] | −0.0644<br>[0.120] |

续表

| 统计项 | 1995 年 | | | | 2002 年 | | | |
|---|---|---|---|---|---|---|---|---|
| | OLS | 主要部门 | 次要部门 | 选择方程 | OLS | 主要部门 | 次要部门 | 选择方程 |
| 湖北 | -0.162 *** [0.0401] | -0.331 *** [0.0485] | -0.276 *** [0.0320] | 0.432 *** [0.0886] | -0.294 *** [0.0565] | -0.414 *** [0.0674] | -0.239 *** [0.0484] | -0.022 [0.118] |
| 广东 | 0.549 *** [0.0423] | 0.270 *** [0.0530] | 0.421 *** [0.0336] | 0.565 *** [0.0932] | 0.282 *** [0.0545] | 0.0439 [0.0655] | 0.385 *** [0.0467] | -0.013 [0.115] |
| 云南 | -0.195 *** [0.0401] | -0.270 *** [0.0466] | -0.310 *** [0.0322] | 0.274 *** [0.0901] | -0.233 *** [0.0592] | -0.479 *** [0.0733] | -0.217 *** [0.0505] | 0.18 [0.128] |
| 甘肃 | -0.433 *** [0.0465] | -0.522 *** [0.0521] | -0.409 *** [0.0400] | -0.017 [0.106] | -0.657 *** [0.0662] | -0.670 *** [0.0727] | -0.422 *** [0.0642] | -0.427 *** [0.136] |
| 少数民族 | | | | -0.211 ** [0.0970] | | | | 0.148 [0.146] |
| 党员 | | | | 0.514 *** [0.0537] | | | | 0.445 *** [0.0763] |
| 常数项 | -0.969 *** [0.0622] | -0.829 *** [0.0743] | 0.799 *** [0.0763] | -1.534 *** [0.110] | -0.221 ** [0.0939] | -0.114 [0.104] | 0.796 *** [0.113] | -0.868 *** [0.151] |
| 样本数 | 4578 | | | | 2390 | | | |

注：括号内为标准误。*，**，*** 分别表示系数在 10%，5% 和 1% 显著性下显著。

再看转换模型的估计结果。我们最感兴趣的是主要部门与次要部门的比较及其变化。首先我们发现，在 1995 年的主要部门中，教育和经验等人力资本变量的系数都很显著；相反，在次要部门虽然教育的回报的系数显著，但其值却非常小（0.006），只有主要部门（0.035）的 1/6 左右，而经验的回报则完全不显著。这说明，在 1995 年的劳动力市场上，存在着比较明显的劳动力市场分割。其次，从 2002 年的结果中我们却发现，次要部门的教育回报率有了明显的提升，甚至比主要部门还稍高了一点点，但经验的回报率却仍然不显著。这似乎可以说明，劳动力市场分割程度有了一定的改善。

在选择方程中，我们发现教育水平的提高将显著增加进入主要部门的概率，而且这一因素随时间的增加而增加。相反党员在选择方程中的重要性随时间降低了。而少数民族的身份在 1995 年是显著的，不利于进入主要部门，但 2002 年却不再显著了。上述事实进一步证明我们的最初结论：劳动力市场分割程度在 1995 ~ 2002 年有所下降。上述结论是否正确，需要我们利用分解方法构建反事实（counterfactual）经验，从而获得确实的判断。

### 5.3.5　Oaxaca – Blinder 分解结果

我们根据 Switching 回归的分类结果，将所有样本按年份分成主要部门和次要部门。在具体的估计中，我们认为当一个人进入主要部门的概率超过 50% 的时候，我们就认为他属于主要部门，反之则属于次要部门。我们现在想要问的问题是：如果主要部门的劳动者具有次要部门的劳动者的特征，或者具有是次要部门的劳动者在市场上获得的这些特征的回报的情况下，两者的工资差异是如何的？或者反之，具体说就是利用下面的方程：

$$E[\ln Y_m] - E[\ln Y_s] = (E[X_m] - E[X_s])'\beta_s + E[X_s]'(\beta_m - \beta_s) + (E[X_m] - E[X_s])'(\beta_m - \beta_s) \quad (5-11)$$

其中，下标 m 代表主要部门，而 s 代表城市，Y 定义为小时工资收入（对数），X 是劳动者的特征向量，包括教育水平、经验、经验平方、党员、民族、所有制和所在地区等等，而 β 是这些特征的系数向量。

正如式（5 – 11）所表示的，我们可以将主要部门和次要部门的工资差分解为所有特征的均值以及这些特征 OLS 估计的系数。上式中右边第一项是，当回报相同时，特征的平均值的差，即如果次要部门的劳动者有主要部门劳动者的特征的时候，工资差异将是怎样一种情况？通常我们称这种效应为禀赋效应（endowment effect）。而上式中的第二项相应的是，当主次部门劳动者特征相同时，回报的平均值的差，即如果次要部门的劳动者具有与主要部门的劳动者相同的回报的时候，工资差异将是怎样一种情况。我们将这种效应称为系数或者价格效应（coefficient or price effect）。第三项表示的是同时受到禀赋效应和价格效应影响的时候的主次部门工资差异。传统上我们认为。由于回报效应带来的差异和其他不能解释的差异放在一起就可以表示歧视的大小。

估计结果在表 5 -3 中。我们可以发现，由工资方程预测的结果估计主次部门的工资差随时间的增加只有小幅增加（从 0. 465 增加到 0. 475）。在 1995 年的主次部门工资差中，起决定性作用的是禀赋效应的影响，然而价格效应也比较显著。到了 2002 年我们发现，禀赋效应的值继续增大，而价格效应值则减小且不显著。而禀赋效应代表的是如教育水平、工作经验及民族、党员、单位性质等等可观测变量在解释工作差异的作用。这些变量在工资差异中起作用，可以认为是劳动力市场的分割性在不断减弱。所以我们可以得出结论，随着劳动力市场改革的深入，劳动力市场的市场化程度的确在不断提高。

**表 5 -3　　Oaxaca 分解结果**

| 项目 | 1995 年 | 2002 年 |
|---|---|---|
| 总差异 | 0. 465 ***<br>[0. 0254] | 0. 475 ***<br>[0. 0320] |
| 特征的差异 | 0. 429 ***<br>[0. 0424] | 0. 504 ***<br>[0. 135] |
| 系数的差异 | 0. 179 ***<br>[0. 0674] | 0. 0591<br>[0. 0452] |
| 交互项的差异 | -0. 142 *<br>[0. 0757] | -0. 0874<br>[0. 139] |
| 样本数 | 4578 | 2390 |

注：括号内为标准误。*，**，*** 分别表示系数在 10%，5% 和 1% 显著性下显著。

虽然上述分解，回答了劳动力市场分割性随时间变化的趋势。但我们进一步想知道，具体在回归中的变量，如教育、经验等人力资本代理变量与其他变量之间在决定工资差异是否存在不同？所以我们进一步进行分析将表 5 –3 细化为表 5 –4。上面我们已经知道 1995 年中主次部门的工资差异的特征效应和价格效应都比较显著，但特征效应更大。再从表 5 –4 中我们就可以发现：在 1995 年中，教育、经验、党派、少数民族、所有制和地区等特征对解释主次部门的工资差异都比较显著；而系数效应在 1995 年时，只有教育和部分地区的系数效应是显著的，但教育的符号是负的，这说明教育实际上起到了减小主次部门之间工资差距的作用。在 2002 年所有的特征中，只有教育和所有制的特征作用仍然显著，而其他特征变量的作用都不再显著；其次，所有的系数效应都不再显著了。这也再次说明，在控制了其他因素之后，受教育的多少仍然是决定主次劳动者工资差异的最主要的决定因素。

**表 5 –4　　可观测变量的作用**

| 统计项 | 禀赋效应 | | 系数效应 | | 交互效应 | |
|---|---|---|---|---|---|---|
| | 1995 年 | 2002 年 | 1995 年 | 2002 年 | 1995 年 | 2002 年 |
| 教育 | 0. 166 *** [0. 0144] | 0. 184 *** [0. 0515] | –0. 299 *** [0. 0996] | 0. 0133 [0. 153] | –0. 0964 *** [0. 0322] | 0. 00491 [0. 0564] |
| 经验 | 0. 254 *** [0. 0286] | 0. 00746 [0. 00876] | 0. 035 [0. 175] | 0. 0726 [0. 233] | 0. 00757 [0. 0378] | 0. 00156 [0. 00525] |
| 经验平方 | –0. 183 *** [0. 0245] | –0. 00189 [0. 00865] | –0. 0565 [0. 0940] | –0. 078 [0. 144] | –0. 0215 [0. 0358] | –0. 00524 [0. 0100] |
| 少数民族 | 0. 00551 *** [0. 00195] | 0. 00891 [0. 00590] | –0. 00077 [0. 00895] | –0. 005 [0. 00414] | 0. 000557 [0. 00651] | –0. 00742 [0. 00610] |
| 党员 | 0. 0619 * [0. 0350] | 0. 0653 [0. 0781] | –0. 00259 [0. 00315] | –0. 00101 [0. 00208] | –0. 0434 [0. 0526] | –0. 0393 [0. 0785] |
| 集体 | 0. 0299 *** [0. 00438] | 0. 0205 *** [0. 00735] | –0. 00313 [0. 0148] | 0. 00524 [0. 0175] | 0. 0017 [0. 00802] | –0. 00224 [0. 00750] |
| 私营 | 0. 00119 [0. 000957] | 0. 0459 *** [0. 0108] | 0. 00168 [0. 00290] | 0. 0321 [0. 0224] | –0. 0007 [0. 00131] | –0. 0125 [0. 00893] |
| 外企 | 0. 000134 [0. 000371] | –0. 00161 [0. 00986] | 0. 00453 * [0. 00244] | 0. 0107 [0. 0113] | 0. 000689 [0. 00172] | 0. 0102 [0. 0109] |
| 山西 | 0. 0243 *** [0. 00477] | –0. 0268 * [0. 0158] | –0. 00154 [0. 0138] | 0. 0167 [0. 0216] | 0. 000825 [0. 00735] | 0. 0103 [0. 0136] |

续表

| 统计项 | 禀赋效应 | | 系数效应 | | 交互效应 | |
|---|---|---|---|---|---|---|
| | 1995 年 | 2002 年 | 1995 年 | 2002 年 | 1995 年 | 2002 年 |
| 辽宁 | 0.0113 ***<br>[0.00365] | 0.195 *<br>[0.100] | 0.0179<br>[0.0134] | 0.118<br>[0.126] | -0.00583<br>[0.00468] | -0.0945<br>[0.101] |
| 江苏 | -0.00047<br>[0.00205] | 0.0345<br>[0.0232] | 0.00656<br>[0.0120] | 0.059<br>[0.0639] | 0.00251<br>[0.00468] | -0.0196<br>[0.0219] |
| 安徽 | 0.00759 **<br>[0.00303] | -0.00914<br>[0.0105] | 0.0124<br>[0.0100] | 0.0295<br>[0.0284] | -0.00395<br>[0.00348] | 0.00474<br>[0.00668] |
| 河南 | 0.00173<br>[0.00443] | 0.0203<br>[0.0149] | 0.0205 **<br>[0.0103] | 0.0466<br>[0.0461] | -0.00098<br>[0.00256] | -0.0102<br>[0.0115] |
| 湖北 | -0.0191 ***<br>[0.00544] | -0.0636<br>[0.0401] | 0.0113<br>[0.0100] | 0.0125<br>[0.0149] | 0.0109<br>[0.00975] | 0.0338<br>[0.0400] |
| 广东 | 0.0399 ***<br>[0.00803] | -0.0156<br>[0.0262] | 0.0201 **<br>[0.00863] | 0.0393<br>[0.0291] | 0.0207 **<br>[0.00949] | 0.0362<br>[0.0272] |
| 云南 | 0.00389<br>[0.00246] | -0.0532<br>[0.0373] | 0.00658<br>[0.0127] | 0.00849<br>[0.0110] | -0.00115<br>[0.00231] | 0.0292<br>[0.0374] |
| 甘肃 | 0.0243 ***<br>[0.00400] | 0.0942 **<br>[0.0402] | 0.018<br>[0.0116] | 0.0362<br>[0.0518] | -0.0133<br>[0.00866] | -0.0273<br>[0.0392] |
| 总和 | 0.429 ***<br>[0.0424] | 0.504 ***<br>[0.135] | 0.179 ***<br>[0.0674] | 0.0591<br>[0.0452] | -0.142 *<br>[0.0757] | -0.0874<br>[0.139] |

注：括号内为标准误。*，**，*** 分别表示系数在 10%，5% 和 1% 显著性下显著。

## 5.4 结　　论

处在发展和转轨过程中的中国劳动力市场，正在经历着巨大的变革。市场分割是中国劳动力市场的基本状态。根据我们利用转换回归模型所进行的实证分析显示，中国劳动力市场上存在着典型的二元分割——有两个有着不同工资确定机制的部门。但这一分割性随着时间的推移在显著的弱化。观察到的工资差异更多的是由于劳动者的个人特征所决定的，而不是由于歧视带来的。教育所代表的人力资本在劳动力市场上发挥的作用越来越强，而所有制所带来的工资差异也不容忽视。总的说来，经过近十多年来的劳动力市场改革，中国劳动力市场的市场化程度有了较大的提高。

## 5.5　案例分析：从大学毕业生探究中国劳动力市场上的性别工资差异

### 5.5.1　导论

男女两性之间的性别平等是社会平等的重要维度之一，而判断性别是否平等的一个重要依据就是在劳动力市场上的就业机会及工资是否平等。从全世界范围来看，劳动力市场上男女之间工资存在显著性差异是一个普遍现象。因此，性别工资差异的状况以及成因一直是劳动经济学、社会学等领域中一个重要研究课题。与历史上的情况相比，中国妇女的地位在新中国成立后有了很大程度的提高，被认为是世界上性别比较平等的国家之一。但自从1978年实行改革开放以来，中国劳动力市场上的男女工资差异却逐渐拉大，已有大量研究对这一问题进行了详细而深入的研究，如Gustafsson和Li（2000）利用中国城镇职工数据，研究了1988～1995年中国劳动力市场上的性别工资差异，他们发现女性相对于男性的工资比率由1988年的84.4%下降到1995年的82.5%，其中歧视占了主要因素。李实和马欣欣（2006）基于1999年的城市职工收入数据，采用Brown分解方法发现工资差异中只有20.5%可由个人特征差异解释，其余的79.5%被归结为歧视。王美艳（2005）也采用Brown分解方法，发现性别工资差异中只有6.95%可以归结为个人特征因素，而93.05%是歧视因素导致的。葛玉好（2007）利用分位数分解的方法研究了性别工资差异，发现女性在经验年限分布和经验回报率上处于劣势，而在受教育水平和教育回报率上并不比男性差。李实等（2014）采用Oaxaca－Blinder分解方法，利用1995年、2002年和2007年的中国居民收入调查数据，对性别工资差距的动态变化进行了分解，结果发现在1995～2007年期间特别是2002～2007年期间中国劳动力市场性别工资差距显著扩大，其中不可解释部分的比例也越来越大。

上述研究从不同的方面都揭示了在中国劳动力市场上性别工资差异存在

的事实，并且得出了不少关于性别工资差异的真知灼见和有益结论，大大增加了我们对中国劳动市场上性别工资差异的认识。

但以上研究在两方面的不足，可能会影响我们对这一差异的科学判断。首先，在研究方法上，大多采用了源自 Oaxaca（1973）和 Blinder（1973）所首次使用的经典工资差异方法，即 Oaxaca-Blinder 分解方法。该分析方法基于 OLS 的回归方程，可以将性别工资差异分解为两部分：一部分可以被男女两组人的特征上的差异所解释，被称为禀赋效应。比如，男女两组人在教育年限、工作经验等等方面上存在的差异，这通常被认为是合理的。[①] 而另一部分则主要由上述特征的回报的差异所带来，被称为系数或者回报效应，系数效应被认为是工资差异中不可解释的部分，通常被认为是工资差异中不合理的部分，被归结于“歧视”。但正如 Oaxaca 和 Ransom（1999）所指出的那样，经典的 Oaxaca - Blinder 分解方法中，忽视了误差项的作用。而误差项中可能包含了大量的不可观测的特征和回报对工资的影响，将这一部分都归结于歧视的因素，可能会影响我们对工资差异大小的判断。此外，Oaxaca - Blinder 分解的基础是半对数形式的 OLS 回归的工资方程。这一模型设定假设可能过于严格。如果工资方程中的重要变量的函数形式不满足这一假设，也可能会导致 Oaxaca - Blinder 分解产生偏误。更为重要的是，正如 Nopo（2008）所提出的，基于 OLS 回归的 Oaxaca - Blinder 分解无法考虑样本不可比的问题。也就是说：在教育水平、工作经验、工作时间等方面，男性和女性不仅在平均意义上存在差异，而且在这些变量的分布上也存在系统性的差异。也就是说，这些变量在样本分布上可能存在不会重叠的情况，这在计量经济学文献中被称为缺少“共同支持”（common support）。本质上这意味着实验组和对照组之间实际上是不可比的，而这一问题在传统的参数回归中常常被忽略。

其次，所使用的数据。既有研究大多使用了基于家庭调查的劳动者数据。使用这一数据的问题在于：无法完全克服数据的异质性问题。如果我们可以将所有影响工资收入的因素归纳大致可以分为：天生的能力、家庭环境、人力资本投资状况如包括正式教育，以及工作经验、就业的行业和运气

---

① 值得注意的是，教育的差异被认为在劳动力市场上这是合理的。但为什么女性的平均受教育水平要比男性低？这被归结于教育的问题。

或机遇等等多个方面。那么普通劳动者的数据在上述多个方面存在系统的异质性，尽管上述研究已经尽量控制了相关的因素，但是由于样本的异质性，还是有很多因素难以控制。例如：一是人力资本与工作的异质性。男女劳动者在工作经验、工作转换、职位晋升、在职培训等等方面可能存在系统的差异；二是家庭的异质性。根据经典的融合家庭生产的劳动供给理论（Becker，1965；Gronau，1977），家务劳动的生产效率决定了人们劳动供给数量的多少。在中国的传统中，妇女仍然承担了大多数的家务劳动。这可能是家庭内部理性分工的选择，因此已婚的妇女很可能将家庭而不是工作置于更重要的位置，这必然会影响到女性的工资决定。

解决上述问题的一个方法就是尽量选择同质性较高的样本，即大学毕业生的起薪数据，将更为直接反映了劳动者的教育特征和工作特征。因为与劳动力市场上的普通劳动者相比，大学毕业生是一个相对更为同质化的群体。使用大学毕业生的数据来研究性别差异，可以排除掉工作经验、工作转换、职位晋升、在职培训以及家庭生产等方面男性与女性的异质性对工资差异的影响。因此，大学毕业生起薪的数据所反映的性别工资差异能够更多地体现为歧视而不是工作和家庭生活上的异质性所带来的。综上所述，既有研究在Oaxaca－Blinder分解方法的使用以及所使用数据上都有改善的空间，有必要从特征不可比和使用相对同质样本，如大学毕业生数据两个方面进一步对性别工资差异研究进行拓展。

在这方面国外已经有很多类似的研究。如Machin和Puhani（2003）针对德国和英国的大学毕业生，发现专业的差异可以解释20%的英国的性别工资差异和德国性别工资差异的26%～35%。McDonald和Thornton（2007）利用美国大学毕业生的起薪数据，发现男女大学生毕业生的起薪差异95%可以归结于大学专业选择的差异。与国外研究相比，采用经典的工资差异分解方法，利用大学毕业生起薪的数据来分析中国劳动力市场上性别工资差异的国内文献相对较少。这方面的例外是柴国俊和邓国营（2011）、柴国俊（2011）他们同样利用了麦可思数据调查有限公司的数据，并且使用了Oaxaca－Blinder分解方法。但他们文章的重点与本文有显著的不同。其中柴国俊和邓国营（2011）的分析重点在于利用大学生起薪数据来分析行业工资差距，而柴国俊（2011）的本质在于分析不同行业之间的大学生性别工资差异。

所以与上述研究中国劳动力市场性别工资差异文献相比，本章的研究贡献主要来自以下两个方面：首先，本章的研究对象来针对中国高校毕业生，使用更为同质化的样本，可以使我们的研究进一步控制了样本的异质性，相对克服之前研究中对男女两性之间观察不到的特征对性别工资差异的影响，更深刻揭示工资差异的来源。其次，在相对同质化的样本基础上，我们进一步采用了基于匹配的工资差异分解方法，克服了普通 Oaxaca - Blinder 分解因为基于 OLS 回归，所以可能遭受的模型误设和样本分布所造成的偏误，从而得到对劳动力市场上男女性别工资差异的更为科学的认识。具体我们将使用基于 Nopo（2008）所提出的匹配分解工资差异法，利用 2008 年中国大学毕业生的起薪数据，对中国劳动力市场上的性别工资差异进一步的研究。最后，高校毕业生本身也是我国劳动力市场上新增劳动力的重要来源之一，其就业状况关系社会发展和稳定的大局。受到同等教育的男女毕业生获得平等的就业机会和公平的报酬既是社会公平正义的体现，也是提高经济效益的重要保证。自从加入 WTO 以来，中国的劳动力市场发生了很大变化，出现了很多特殊的现象。例如，一方面农民工的工资出现大幅上涨；另一方面大学毕业生的工资上涨幅度却有限，因此出现了大学毕业生和农民工工资趋同的现象。因此，大学毕业生的工资，尤其是刚毕业的大学生群体在一定程度上代表了劳动力市场上的中低端群体。在这种情况下，研究大学毕业生的性别工资差异问题本身也具有重要现实意义。

总之，本章研究将有助于相对更为科学地认识中国劳动力市场上性别工资差异的现状，进一步分析性别工资差异的来源，从而为制定促进男女两性在劳动力市场上的平等的合理的就业和工资等公共政策提供参考。

### 5.5.2 大学生就业数据

本章的所使用的数据来自于麦可思（MyCOS）数据有限公司所进行的“中国大学毕业生求职与工作能力调查”。该公司在教育部就业指导中心的协助下，采用电子邮件调查的方式，对全国范围内大学毕业生的就业情况进行了调查。至今已经完成了三次，具体说来本章的所用的数据来自于该公司 2009 年完成的针对 2008 届大学毕业生的调查（以下简称为 MyCOS2008）。在该次调查中，总样本数达到了 44 万人，共回收有效问卷 23 万份。本章选取的样本来自该数据中的一个以大中城市为主的子样本，共 4000 个，覆盖了环渤海、长三角和珠三角等发达地区以及除此以外地区的中心大城市，具体包括北京、天津、上海、南京、广州、深圳、成都、重庆、武汉、西安和沈阳等11个城市。根据麦可思的调查发现，50%以上大学毕业生的就业意愿，将就业地选择为上述大城市。大城市劳动力市场的主要特点是由于经济发达程度比较高，聚集了大量的各种类型的企业，与中小城市和不发达地区相比拥有更多的就业机会，是劳动力区域市场化程度较高的地方，因此具有相当程度的代表性。

我们所使用的主要的因变量是大学毕业生毕业工作半年后的月工资总额，自变量是大学毕业生的性别。其他主要的控制变量有大学所学专业、大学的类型、大学所在城市级别、大学位置在东部还是中西部、就业单位的规模、单位所有制类型、单位的行业以及单位所在的城市。去掉在上述变量的缺失值以及个别异常值后，最终我们的样本数量为3361，占原始样本的84%。

### 5.5.3 样本的描述性统计

表5-5中展示了所用样本的基本描述性统计信息。首先，大学毕业生的平均起薪工资达到了2420元，显著高于同期全国居民平均月可支配收入(1315元)。其中男性大学毕业生的月工资为2554.1元，而女性却为2269.8元，相差了284.3元，充分说明男性大学毕业生与女性大学毕业生的工资差异是客观存在。（简单检验两组之间的差异，t统计量值为7.14，即在0.01%的显著性水平下，两组的差异也是显著的）。

**表5-5　　变量的基本统计性描述**

| 变量 | | 男性 | | 女性 | | 总和 | |
|---|---|---|---|---|---|---|---|
| | | 均值 | 标准差 | 均值 | 标准差 | 均值 | 标准差 |
| | 月薪 | 2554 | 1254 | 2270 | 1023 | 2421 | 1160 |
| 专业 | 文史哲 | 0.07 | 0.25 | 0.18 | 0.39 | 0.12 | 0.33 |
| | 经管 | 0.24 | 0.43 | 0.39 | 0.49 | 0.31 | 0.46 |
| | 法律和教育 | 0.06 | 0.24 | 0.09 | 0.29 | 0.08 | 0.26 |
| | 理工类 | 0.6 | 0.49 | 0.29 | 0.46 | 0.46 | 0.5 |
| | 农学和医学 | 0.03 | 0.16 | 0.05 | 0.21 | 0.04 | 0.19 |

续表

| 变量 | | 男性 | | 女性 | | 总和 | |
|---|---|---|---|---|---|---|---|
| | | 均值 | 标准差 | 均值 | 标准差 | 均值 | 标准差 |
| 大学类型 | 211工程大学 | 0.24 | 0.42 | 0.22 | 0.41 | 0.23 | 0.42 |
| | 普通本科 | 0.55 | 0.5 | 0.59 | 0.49 | 0.57 | 0.5 |
| | 高职高专 | 0.22 | 0.41 | 0.2 | 0.4 | 0.21 | 0.41 |
| 大学所在城市类型 | 直辖市 | 0.21 | 0.41 | 0.28 | 0.45 | 0.24 | 0.43 |
| | 省会城市 | 0.37 | 0.48 | 0.36 | 0.48 | 0.36 | 0.48 |
| | 地级市 | 0.42 | 0.49 | 0.36 | 0.48 | 0.39 | 0.49 |
| 大学所在地区 | 东部 | 0.45 | 0.5 | 0.51 | 0.5 | 0.48 | 0.5 |
| | 中西部 | 0.55 | 0.5 | 0.49 | 0.5 | 0.52 | 0.5 |
| 就业单位规模 | 小 | 0.19 | 0.4 | 0.29 | 0.45 | 0.24 | 0.43 |
| | 中等 | 0.24 | 0.43 | 0.26 | 0.44 | 0.25 | 0.43 |
| | 大 | 0.27 | 0.44 | 0.24 | 0.43 | 0.26 | 0.44 |
| | 特大 | 0.29 | 0.46 | 0.2 | 0.4 | 0.25 | 0.43 |
| 就业单位类型 | 国有企业 | 0.25 | 0.43 | 0.14 | 0.35 | 0.2 | 0.4 |
| | 私营企业 | 0.49 | 0.5 | 0.55 | 0.5 | 0.52 | 0.5 |
| | 外资或合资企业 | 0.2 | 0.4 | 0.23 | 0.42 | 0.22 | 0.41 |
| | 政府或事业单位 | 0.05 | 0.23 | 0.09 | 0.28 | 0.07 | 0.25 |
| 就业行业 | 农业和采矿业 | 0.03 | 0.18 | 0.02 | 0.16 | 0.03 | 0.17 |
| | 制造业和建筑业 | 0.39 | 0.49 | 0.26 | 0.44 | 0.33 | 0.47 |
| | 公用事业和交通运输 | 0.07 | 0.25 | 0.06 | 0.24 | 0.06 | 0.25 |
| | 电子通信业 | 0.15 | 0.36 | 0.1 | 0.3 | 0.13 | 0.33 |
| | 商贸和旅游业 | 0.08 | 0.27 | 0.13 | 0.34 | 0.1 | 0.31 |
| | 金融和房地产业 | 0.09 | 0.28 | 0.12 | 0.32 | 0.0 | 0.3 |
| | 商业和医疗、服务业 | 0.08 | 0.27 | 0.14 | 0.34 | 0.11 | 0.31 |
| | 文化、教育和政府 | 0.11 | 0.31 | 0.16 | 0.37 | 0.13 | 0.34 |
| 就业所在城市 | 北京 | 0.22 | 0.41 | 0.28 | 0.45 | 0.25 | 0.43 |
| | 天津 | 0.08 | 0.27 | 0.09 | 0.28 | 0.08 | 0.28 |
| | 上海 | 0.14 | 0.35 | 0.16 | 0.37 | 0.15 | 0.36 |
| | 南京 | 0.08 | 0.27 | 0.05 | 0.21 | 0.06 | 0.25 |
| | 广州 | 0.1 | 0.29 | 0.09 | 0.29 | 0.09 | 0.29 |
| | 深圳 | 0.15 | 0.35 | 0.11 | 0.31 | 0.13 | 0.33 |
| | 成都 | 0.06 | 0.24 | 0.06 | 0.24 | 0.06 | 0.24 |

续表

| 变量 | | 男性 | | 女性 | | 总和 | |
|---|---|---|---|---|---|---|---|
| | | 均值 | 标准差 | 均值 | 标准差 | 均值 | 标准差 |
| 就业所在城市 | 重庆 | 0.05 | 0.22 | 0.04 | 0.2 | 0.05 | 0.21 |
| | 武汉 | 0.04 | 0.2 | 0.03 | 0.18 | 0.04 | 0.19 |
| | 沈阳 | 0.03 | 0.17 | 0.05 | 0.21 | 0.04 | 0.19 |
| | 西安 | 0.05 | 0.22 | 0.04 | 0.1 | 0.05 | 0.21 |
| 样本数 | | 1785 | | 1576 | | 3361 | |

在所学专业方面，理工类占比例最高，达到了46%，其次是经济管理31%。文史哲、法律和教育以及农学和医学所占比例较小分别只有12%、8%和4%。男性大学毕业生中所占比例最高是理工类，达到了60%，其次是经济与管理为24%，文史哲、法律和教育以及农学和医学专业毕业生的比例均低于10%，分别只有7%、6%和3%；而在女性大学毕业生中，经管类的比例最高，为39%，其次是理工类和文史哲类，分别为29%和18%，法律和教育以及农学和医学类的比例与男性大学生差不多，都没有超过10%。从上面的分析可以看出：在所学专业方面，男女大学生在分布上还是存在一定差异的。

在大学的层次方面，样本总的分布是211工程大学毕业生占23%，高职高专约占21%，剩下的57%为普通本科。男女大学毕业生的差异不大。毕业于“211工程”大学和高职高专的男性大学生比例略高于女性，相反女性大学生毕业于一般本科的比例稍高一点。

在大学所在城市级别上，直辖市有24%，省会城市有36%，一般地级市为39%。在大学所在的地区分布上，东部和中西部的比例大体相当，东部为48%，中西部为52%。在两个方面，男女大学毕业生的分布比例差异也不大，最高的差异不过6%。

在就业单位的规模上，总体上就业于不同规模单位的样本比例比较平均，都在25%左右。但男性与女性之间存在着一定的差异，主要是女性大学毕业生就业于小企业的比例较高，为29%，而男性这一比例只有19%。

在就业单位的所有制类型上，私有企业的比例超过了一半，为52%，国有企业为20%，外资和合资企业为22%，政府或事业单位占比最低，为

7%。男性与女性之间存在一定的差异，突出表现在男性在国有企业中就业的比例（25%）显著高于女性（14%）。

从总体的就业行业分布来看，就业于制造业和建筑业的比例最高，达到了33%，比例最低的是农业和采矿业只有3%，其他行业的比例在10%～13%。在就业的行业分布中，男性与女性在大多数行业中相差不大，比较明显的特点是男性在制造业和建筑业中的比例（39%）明显高于女性（26%）。

在就业所在城市的分布上，在北京、上海和深圳就业的比例较高，分别占样本比例的25%，15%和13%，其他城市的就业比例都没有超过10%。从男性和女性分开来看，样本的在各个城市之间的分布与总体就业分布表现基本一致，男女之间在各个城市的分布差异不大。

## 5.5.4 大学毕业生就业市场上的性别工资差异：OLS 回归

上述描述性统计提供给了我们对大学毕业生性别工资差异的粗浅认识。为了进一步探究男女工资差异，我们做如下 OLS 回归：

$$\ln y_i = \alpha_i + \beta D_i + \gamma X_i' + \varepsilon_i \tag{5-12}$$

其中，lny 为工资对数，D 为代表性别的虚拟变量，而 X 代表一系列对工资影响的控制变量，具体包括大学所学专业、大学的类型、大学所在城市级别、大学位置在东部还是中西部、就业单位的规模、单位所有制类型、单位的行业以及单位所在的城市，而 $\varepsilon$ 为误差项。此时 $\beta$ 的估计值为我们关心的参数，其值代表了男女大学毕业生的工资差异的百分比。

具体的回归结果详见表 5－6。其中第一列是没有控制其他影响因素的回归，性别变量前面的系数值为 0.108，并且在 1% 的显著性水平下显著。这说明在不控制任何因素的情况下，男性工资比女性工资高 10.8% 左右。之后，我们加入一系列控制变量，包含学生个人层面的变量、学校变量以及工作方面的变量。

表5-6　　大学毕业生的性别工资差异：OLS回归

| 统计项 | | (1) | (2) | (3) | (4) | (5) | (6) |
|---|---|---|---|---|---|---|---|
| | | 工资 | 工资 | 工资 | 工资 | 工资 | 工资 |
| | 男性 | 0.108***<br>[0.01] | 0.122***<br>[0.02] | 0.123***<br>[0.01] | 0.108***<br>[0.01] | 0.109***<br>[0.01] | 0.110***<br>[0.01] |
| 专业（默认组为医学和农学） | 文史哲 | | 0.334***<br>[0.04] | 0.306***<br>[0.04] | 0.300***<br>[0.04] | 0.311***<br>[0.04] | 0.243***<br>[0.04] |
| | 经管 | | 0.230***<br>[0.04] | 0.231***<br>[0.04] | 0.196***<br>[0.04] | 0.193***<br>[0.04] | 0.138***<br>[0.04] |
| | 法律和教育 | | 0.159***<br>[0.05] | 0.174***<br>[0.05] | 0.170***<br>[0.04] | 0.166***<br>[0.05] | 0.118***<br>[0.04] |
| | 理工 | | 0.197***<br>[0.04] | 0.205***<br>[0.04] | 0.179***<br>[0.04] | 0.180***<br>[0.04] | 0.128***<br>[0.04] |
| 学校类型（默认组高职高专） | 211工程大学 | | | 0.361***<br>[0.02] | 0.319***<br>[0.02] | 0.307***<br>[0.02] | 0.289***<br>[0.02] |
| | 普通本科 | | | 0.191***<br>[0.02] | 0.169***<br>[0.02] | 0.165***<br>[0.02] | 0.174***<br>[0.02] |
| 学校所在城市（默认组一般地级市） | 直辖市 | | | 0.019<br>[0.02] | 0.017<br>[0.02] | 0.010<br>[0.02] | 0.081***<br>[0.02] |
| | 省会城市 | | | -0.015<br>[0.02] | -0.019<br>[0.02] | -0.029*<br>[0.02] | 0.066***<br>[0.02] |
| 学校地区（默认组中西部） | 东部 | | | 0.053***<br>[0.02] | 0.051***<br>[0.02] | 0.056***<br>[0.02] | 0.003<br>[0.02] |
| 企业类型（默认组小企业） | 中 | | | | 0.058***<br>[0.02] | 0.058***<br>[0.02] | 0.046***<br>[0.02] |
| | 大 | | | | 0.127***<br>[0.02] | 0.130***<br>[0.02] | 0.116***<br>[0.02] |
| | 特大 | | | | 0.200***<br>[0.02] | 0.191***<br>[0.02] | 0.178***<br>[0.02] |
| 企业所有制（默认组国有企业） | 私营企业 | | | | 0.010<br>[0.02] | 0.016<br>[0.02] | -0.018<br>[0.02] |
| | 外资及合资企业 | | | | 0.131***<br>[0.02] | 0.137***<br>[0.02] | 0.068***<br>[0.02] |
| | 政府和事业单位 | | | | -0.012<br>[0.03] | 0.015<br>[0.04] | -0.006<br>[0.03] |

续表

| 统计项 | (1) | (2) | (3) | (4) | (5) | (6) |
|---|---|---|---|---|---|---|
| | 工资 | 工资 | 工资 | 工资 | 工资 | 工资 |
| 控制行业 | 否 | 否 | 否 | 否 | 是 | 是 |
| 控制就业城市 | 否 | 否 | 否 | 否 | 否 | 是 |
| R 平方 | 0.02 | 0.04 | 0.12 | 0.17 | 0.20 | 0.31 |
| 样本数 | 3361 | 3361 | 3361 | 3361 | 3361 | 3361 |

注：括号内的数字表示稳健标准误；***，** 和 * 分别代表 1%，5% 和 10% 的显著性水平。

首先，我们控制了在校所学专业。结果发现控制专业变量之后，性别工资系数增加到了 0.122。进一步我们又控制了学校等级以及学校所在的地区等变量，可以发现性别工资的系数几乎没有变化，为 0.123。而当我们进一步控制工作信息之后，性别工资差异系数开始减小。而且，显著性水平没有任何改变，所有的估计的系数都在 1% 的显著性水平下显著。这充分说明：平均来讲，男性大学毕业生比女性大学毕业生的起薪工资高 10% 左右，即使在控制了一系列的可能影响起薪工资的变量之后，这一论断仍然成立。与之前针对全部劳动者的研究相比，这一差异是相对较低的，这反映出了大学生就业群体的相对同质性。

上述回归结果表明，但基于 OLS 回归模型的限制，对于影响大学生就业的特征，例如，所学专业、学校层次、学校所在地等各方面的特征对工资的影响在男性与女性之间是完全相同的。但实际上，由于各种原因，上述个人特征的工资回报实际上在男女之间是存在系统差异的。OLS 回归的方法无法表明这一差异，所以我们将采用经典的 Oaxaca - Blinder 分解方法，对大学毕业生的起薪工资进行系统分解，从而充分考虑大学毕业生在男女之间的特征与特征的回报对性别工资差异的影响。

## 5.5.5 Oaxaca - Blinder 与 Matching 分解方法与估计结果

### 5.5.5.1 Oaxaca - Blinder 分解

分析劳动力市场上的性别工资差异的经典方法是 Oaxaca - Blinder 分解方法。该方法的主要基本思路是在工资方程的基础上，分别估计男性和女性

大学生的工资方程，具体如下

$$\begin{aligned} \ln y_{mi} &= \alpha_{mi} + \gamma_m X'_{mi} + \varepsilon_{mi} \\ \ln y_{wi} &= \alpha_{wi} + \gamma_w X'_{mi} + \varepsilon_{wi} \end{aligned} \tag{5-13}$$

其中，lny 为工资对数，X 代表一系列对工资影响的变量，具体含义与式（5－12）中的完全相同。下标 m 和 w 分别表示男大学生和女大学生。进一步我们假设上述模型已经被很好地识别，所以此时平均工资差异就可以表示为：

$$\overline{\ln y_m} - \overline{\ln y_w} = \gamma_m\ (\overline{X'_m} - \overline{X'_w}) - (\gamma_m - \gamma_w)\overline{X'_w} \tag{5-14}$$

从而将男女两组之间的平均工资差异分解为两部分：第一部分是可解释的部分（explain）禀赋效应（endowment effect），即可观察到的、影响性别工资差异的特征的差异，剩下的被称为不可解释的部分（unexplained），在劳动经济学文献中，这部分效应，通常被看成是“歧视”。但正如 Altonji 和 Blank（1999）所指出的：将不可解释的部分都称为“歧视”是一种“误用”术语的表现。因为，如果工资方程中有任何重要的变量被遗漏的话，那么系数的估计值就将受到影响，所以不可解释部分不仅包含了歧视的影响，还应该包含男女两性之间不可观察的特征对工资差异的影响。

除此以外，Oaxaca－Blinder 分解方法还有一些局限性也是以前的研究中所忽略的。首先，由于 Oaxaca－Blinder 分解的基础是使用 OLS 估计的工资方程，因此影响工资的变量与工资之间的函数关系是确定的。但如果在估计该方程的时候，模型设定上存在误差，那么也会影响分解的结果。

其次以往的研究都假设工资方程中影响工资的特征变量（诸如教育、经验和工作情况等）在男女两组人群之间的分布满足“共同支持”（common support）假设。“共同支持”假设来源于计量经济学中的匹配（matching）方法文献。而实际上，男性与女性不仅在上述特征上总体看有可能存在差异，而且这些特征的分布在两组人之间也存在一定的差异。如果这一差异确实存在的话，会使我们利用数据估计男女工资方程式估计的结果有偏，那么 Oaxaca－Blinder 所建立的反事实工资方程自然也不准确。这种偏误来自于我们使用了两组无法比较的样本，即我们拿“苹果比了橘子”，而不是“苹果与苹果之间，橘子与橘子之间的比较”（Angrist and Pischke，2009）。这很可能会导致我们的结果产生系统的误差，进而对性别工资差异的来源，产生错误认知。

#### 5.5.5.2 匹配（Matching）分解①

为了克服上述偏误，根据 Frölich（2009）和 Nopo（2008）分别所提出的方法，可以将匹配方法与工资分解方法结合起来使用，即本章所使用的匹配分解方法。基本思路是首先将男性和女性样本利用匹配方法进行配对，根据样本是否落入共同支持区域（common support），将所有样本分为三部分：男性样本中匹配不成功，男性与女性样本匹配成功，以及女性样本中匹配不成功的，分别定义为$\overline{S^M}$，$S^M \cap S^F$ 和$\overline{S^F}$。这样整体的工资差异就可以分解为三部分，即：

$$\Delta gap = \Delta_M + \Delta_F + \Delta_w \tag{5-15}$$

其中，$\Delta_M = (\overline{W}^M_{\overline{S^F}} - \overline{W}^M_{S^M \cap S^F})\mu^M(\overline{S^F})$，代表男性样本中未匹配成功的与匹配成功的工资差异；$\Delta_F = (\overline{W}^F_{S^M \cap S^F} - \overline{W}^F_{\overline{S^M}})\mu^F(\overline{S^M})$，代表女性样本中匹配成功地与未匹配成功的工资差异，而落入共同支持区域的工资差异可以进一步分解为：

$$\begin{aligned} \Delta_w &= \overline{W}^M_{S^M \cap S^F} - \overline{W}^F_{S^M \cap S^F} \\ &= \beta_m(x'_m - x_f) + x_f(\beta_m - \beta_f) \\ &= \Delta_x + \Delta_\beta \end{aligned} \tag{5-16}$$

即原始的 Oaxaca - Blinder 分解形式，只不过现在的分解只是在落入共同支持区域的样本中进行的。

因此，总体的工资差异分解就分解为：

$$\Delta gap = \Delta_M + \Delta_F + \Delta_x + \Delta_\beta \tag{5-17}$$

其中，前三项可以归结为男女两性在特征上的差异，也就是工资差异可以被解释的部分，而最后一项是原来的特征差异，即不可解释的部分，也就是我们经常所说的由于“歧视”因素所导致的男女工资差异。

因此，为了更准确地衡量中国劳动力市场上性别工资差异中歧视的份额，我们将采用上述基于 Matching 的分解方法，针对一个相对同质的群体——我国高校毕业生群体来研究性别工资差异。

---

① 限于篇幅这里只介绍 Matching 分解方法的基本思路和最终分解的公式，详细的分解过程可以参考 Nopo（2008）。

#### 5.5.5.3 Oaxaca Blinder 估计结果

表5-7中上半部分列出了男女平均工资以及平均工资差异，下半部分是Oaxaca-Blinder分解的具体结果。其中等（1）列是控制了专业和学校特征的分解。可以发现在控制了专业和学校特征之后，男女大学生的平均对数工资差了0.108，并且这一差异在1%的显著性水平下显著。第四行和第五行的分解的结果显示，特征效应即不可解释部分在总的工资差异中起到了决定性的作用，特征效应即工资差异中可解释的部分只占很小的比例。具体来说，特征效应的值为0.108，在1%的显著性水平下显著，这一效应大约可以解释总的工资差异的101.85%。而禀赋效应为-0.002，这说明实际上女性在特征上实际上是优于男性的，女大学生的禀赋客观上起到了减少男女大学生工资差异的作用，但这一系数实际上并不显著，对总的工资差异的影响为-1.85%。第（2）列是进一步控制了就业的企业特征后的结果，可以发现禀赋效应，即工资差异中可解释的部分作用有所增加，其值由原来的负值变为正值。这说明在考虑了更多的影响工资的变量之后，女大学生在就业的特征上的确要较男性大学生差一些。这一效应具体的值为0.014，并且在10%的显著性水平下显著。这一效应大约可以解释男女大学生工资差异的12.96%。而系数效应，即工资差异中不可解释的部分值相应减少，其值为0.094，仍然在1%的显著性水平下显著。这一效应可以解释总的男女大学生平均工资差异的77.04%左右。之后第（3）和第（4）列是再进一步控制就业的行业和就业的城市的结果，可以发现主要结论保持不变。

**表5-7 大学毕业生性别工资差异：Oaxaca-Blinder分解**

| 统计项 | (1) | (2) | (3) | (4) |
|---|---|---|---|---|
| | 工资对数 | 工资对数 | 工资对数 | 工资对数 |
| 预测值1 | 7.747***<br>[0.01] | 7.747***<br>[0.01] | 7.747***<br>[0.01] | 7.747***<br>[0.01] |
| 预测值2 | 7.639***<br>[0.01] | 7.639***<br>[0.01] | 7.639***<br>[0.01] | 7.639***<br>[0.01] |
| 工资差异 | 0.108***<br>[0.01] | 0.108***<br>[0.01] | 0.108***<br>[0.01] | 0.108***<br>[0.01] |

续表

| 分解 | 数值 | 百分比 | 数值 | 百分比 | 数值 | 百分比 | 数值 | 百分比 |
|---|---|---|---|---|---|---|---|---|
| 可解释部分 | -0.002<br>[0.01] | -1.85 | 0.014*<br>[0.01] | 12.96 | 0.014*<br>[0.01] | 12.96 | 0.013<br>[0.01] | 12.96 |
| 不可解释部分 | 0.109***<br>[0.01] | 101.85 | 0.094***<br>[0.01] | 77.04 | 0.094***<br>[0.01] | 77.04 | 0.094***<br>[0.01] | 77.04 |
| 样本数 | 3361 | | 3361 | | 3361 | | 3361 | |

注：括号内的数字表示标准误；***，**和*分别代表1%，5%和10%的显著性水平。

综合上面的 Oaxaca - Blinder 分解结果可以发现，总体上说女大学生遭受到了比较严重的歧视。在考虑相同的专业、学校和就业单位的所有制、规模、和行业特征的情况下，男女大学生之间平均工资的77%的差异无法用两者之间的特征差异来解释。这意味着女大学生在中国城市劳动力市场严重的被“歧视”了。

上述分解是在没有考虑男女大学生特征分布的可比性条件下取得的。如果男女大学生在就业特征的分布上存在显著差异，那么直接使用全体样本进行 Oaxaca 分解，就有可能使我们高估或低估不可解释部分对总的工资差异的贡献，也就会高估或低估了“歧视”的作用。所以下面我们使用 Nopo (2008)[9] 所发展的匹配分解方法，来克服特征不可比所造成的偏误。

### 5.5.5.4 Nopo 匹配分解结果

使用 Nopo（2008）的匹配分解方法所得到的结果在表5-8中，每一列代表与 Oaxaca - Blinder 分解相同的模型设定。我们不仅报告了匹配分解的结果，而且也报告了匹配之后男性、女性和总样本在共同支持区域内的样本数和比例。其中第（1）列是控制了所学专业和就读学校的特征之后的分解结果。首先，我们可以发现，由于此时控制的变量相对较少，大多数样本都落在了相同支持区域内，总的覆盖率达到了99.55%。因此，此时的由于特征分布不可比而导致的工资差异很小，几乎可以忽略不计。相反，此时男女大学生的特征差异值为-0.029，可以解释总的工资差异的-23%。这说明此时女性大学生的特征事实上要显著优于男性大学生，因此不仅不会增大工资差异，反而会使工资差异减小23%。同时，此时来自于男女两性大学生在专业和学校上的教育回报的差异值为0.155，可以解释总平均工资差异的

123.2%，也就是说总的工资差异中不仅完全都是不可解释的部分而导致的，而且还对女大学生有“逆差异”效应。表5-8中第（2）列是在第（1）列的基础上进一步控制了就业单位特征所得到的结果。与第（1）列相比，落在共同支持域内的样本数开始减少，男性和女性样本分别有84.76%和78.87%的样本落入共同支持区域，这样共同支持区域内覆盖了总样本的82%。此时，男性总样本与共同支持区域内匹配样本之间的差异效应为-0.002，可以解释总工资差异的-1.6%，而女性总样本与共同支持区域内匹配样本之间的差异效应为-0.006，可以解释总工资差异的-4.8%，而共同支持区域内的样本的总工资差异为0.134，要比不匹配时的工资差异高7.2%。此时，匹配后的特征效应数值为-0.08，可以解释总工资差异的-6.4%，而匹配后的系数差异为0.142，可以解释总工资差异的113.6%。所以，总的工资差异中可以解释的部分为男性和女性匹配样本与总样本之间的分布差异效应与匹配后样本的特征效应之和，可以解释总工资差异的-13.6%，而总工资的不可解释部分与匹配后样本的系数效应相同，可以解释总工资差异的113.6%。进一步我们继续加入匹配变量，在第（3）列和第（4）列我们分别考虑了大学生就业的行业和就业所在的城市，此时落入共同区域内匹配样本的数量越来越少，比例不断下降。此时总工资差异中，可解释部分的比例不断上升，分别为-8.8%和-1.6%，而不可解释的部分的比例不断减少，分别为1.6%和98.4%。

综合上述结果，可以发现使用匹配分解方法得到的男女大学生工资差异的歧视程度要显著高于普通的Oaxaca-Blinder分解。在只控制专业和就业单位特征的情况下，普通Oaxaca-Blinder分解和匹配分解都认为存在显著的“逆差异”效应，即女性大学生在相应的特征上更具优势，可以减少工资差异，但是系数特征上的巨大差异抵消掉了女性大学生特征上的优势，也就是说女性大学生遭受到了严重的“歧视”。即使使用了最多的匹配变量和最严格的匹配方法，所得到的结果也显示有98.4%的工资差异无法用男女大学生的专业、学校和就业特征所解释。而在普通的Oaxaca-Blinder分解方法中，这一数值只有77%。这充分说明，在考虑了男女大学生的特征的不可比差异之后，女性大学生遭受到了更严重的歧视，之前的估计结果至少低估了21%。

表 5-8　　大学毕业生性别工资差异：Nopo 分解

| 样本匹配 | (1) | | (2) | | (3) | | (4) | |
|---|---|---|---|---|---|---|---|---|
| 男性样本在共同支持 | 1778 | 99.61% | 1513 | 84.76% | 938 | 52.55% | 338 | 18.94% |
| 女性样本在共同支持 | 1568 | 99.49% | 1243 | 78.87% | 747 | 47.40% | 306 | 19.42% |
| 在共同支持区域样本 | 3346 | 99.55% | 2756 | 82% | 1685 | 50.13% | 644 | 19.16% |
| 分解结果 | 数值 | 百分比 | 数值 | 百分比 | 数值 | 百分比 | 数值 | 百分比 |
| 男性匹配差异 | 0 | | -0.002 | -1.60 | 0.038 | 30.40 | 0.025 | 20 |
| 女性匹配差异 | 0 | | -0.006 | -4.80 | -0.025 | -20 | -0.004 | -3.20 |
| 共同支持差异 | 0.125 | 100 | 0.134 | 107.20 | 0.112 | 90 | 0.012 | 9.60 |
| 特征差异 | -0.029 | -23.20 | -0.08 | -6.40 | -0.024 | -19.20 | -0.02 | -16 |
| 系数差异 | 0.155 | 123.20 | 0.142 | 113.60 | 0.136 | 108.80 | 0.123 | 98.40 |
| 可解释部分 | | -23.20 | | -13.60 | | -8.80 | | 1.60 |
| 不可解释部分 | | 123.20 | | 113.60 | | 108.80 | | 98.40 |
| 样本数 | 3361 | | 3361 | | 3361 | | 3361 | |

## 5.5.6　结论

通过对在沿海发达地区和内陆地区大城市就业市场上大学毕业生起薪工资的研究，本章研究发现男女性别工资差异达到了10%左右，在控制了一系列影响起薪工资的重要变量之后，这一论断仍然成立。在使用了传统的Oaxaca-Blinder分解方法之后，我们发现这一工资差异有至少77%无法用男女两性的特征上的差异来解释。当我们进一步使用改进的匹配分解法，即使考虑到了就业和教育特征的分布不可比差异，针对相对同质化较高的大学毕业生群体，并且控制了专业、学校等重要特征，这一不可解释的部分进一步扩大到98%。这充分说明，在同时考虑到男性与女性大学毕业生的特征以及特征的分布差异之后，女性大学生实际上在工资上遭受到了更严重的歧视。

根据Chi和Li（2008）的发现，在中国劳动力市场上，男性与女性高收入群体的差异相对较小，而低收入群体尤其是低技能水平群体的收入差异上相对较大。而本章研究的研究对象是国内2008年毕业并在发达地区和大城市就业的大学毕业生，因此本章研究的经验结果无法简单外推至全体劳动者以及中国所有地区劳动力市场的情况。考虑到大学毕业生基本上可以代表劳动力市场上的高技能劳动力，而且是一个更为同质化的群体，因此体现的工资差异相对较小。所以尽管根据本文的实证结果显示：女性大学生在劳动力市场上遭受到了严重的歧视，但仍然可能只代表了中国劳动力市场上性别歧视的一个相对低限证据。

# 第6章

# 新世纪城乡移民劳动力市场的转变

## 6.1 导　　论

经过三十多年的经济改革，中国的劳动力市场已经发生了重大变化。自从经济改革，尤其是1988年之后，农村剩余劳动力转移到城市就业已经成为一个重要的经济社会现象。伴随着快速的经济增长，越来越多的农村移民离开家乡涌入城市。这些廉价的劳动力在沿海地区与全球资本相结合，使中国逐渐成为“世界工厂”，这是20世纪90年代以后，中国增长奇迹发生的重要机制。而中国的劳动力市场在进入新世纪，尤其是中国加入WTO以后，发生了重大变化。突出表现在劳动力供给长期大于需求的格局正在逐渐被逆转，城市化速度不断加快。根据国家劳动与社会保障部所估计的数字，2009年底中国城乡移民（俗称为“农民工”）的总量已经达到了2.2亿人，在城镇生活的城乡移民及其家属已经超过3亿人。这是人类现代历史上在一个国家内部发生的最大规模的迁移。即便如此，其数量依然无法全部满足劳动力市场对农民工需求的增加。近几年发端于沿海地区，并向全国蔓延的“民工荒”，是这一重大转折的直接表现（蔡昉，2008）。与此相对应，迁移到城市的农村劳动力也逐渐呈现出年轻化、女性化、高教育水平等等新的特征。这都对面临金融危机后全球经济调整，自身经济结构也处于高度失衡需要调整的中国经济带来的新的挑战和机遇。

## 6.2　新世纪农村劳动力转移基本态势的重大转变

### 6.2.1　新世纪以来农村劳动力转移基本态势的重大转变

进入新世纪以来，中国劳动力市场发生了较大变化。突出表现在劳动力供给长期大于需求的格局正在逐渐被逆转，城市化速度不断加快；农村剩余劳动力数量大幅减少，部分地区出现农民工的“结构性”短缺—民工荒；迁移到城市的农村劳动力也逐渐呈现出年轻化、女性化、高教育水平，在就业结构方面也发生了较大变化，与城市居民的收入差异逐渐缩小等等新的特征。这都代表着新世纪以来，中国农村劳动转移基本态势已经发生了较大的变化，这对中国的经济的未来提出了前所未有的挑战。

首先，从劳动力结构和总量来看，剩余劳动力数量大幅减少。长期以来，学术界和政府都广泛认为中国农村富有大量的剩余劳动力，最普遍的说法是农村的总劳动力数量中大致有1/3都是剩余的，其绝对数大致应该为1.5亿~2亿左右。但自从20世纪90年代后期以来，中国一方面城市化高速发展，农村剩余劳动力不断涌入城市；同时农村产业结构也不断调整，农业劳动生产率也大幅提升；另一方面由于计划生育政策的有效实施，每年新增的劳动年龄人口数量呈现出绝对减少的态势。这几方面都决定了农村的剩余劳动力数量从总量和结构方面都发生了较大的变化。从总量上看，虽然农村劳动力可能还有相当部分的剩余，但如果从年龄结构上看，真正属于“剩余”劳动力大多是40岁及以上的经济活动人口，而40岁以下的农村剩余劳动力中属于“剩余”的只有11.7%（蔡昉，2007）。

而得出农村剩余劳动力数量减少的论断更为直接的证据来自于新世纪以来，在广大沿海城市、甚至个别内陆地区出现的劳动力的“结构性”短缺现象，也就是我们俗称的“民工荒”。自2003年以来，东部经济沿海发达地区首次出现了普通劳动力短缺的现象；2004年的短缺更加凸显，尤其是在珠三角和长三角等加工制造业聚集的地区；2005年后，这种用工短缺现象开始向内地一些较发达地区蔓延。这些现象都充分表明，虽然从总量上看农村劳动力仍然是过剩的，但从结构上看，“熟练”或者说有经验的劳动力已经出现全面的供不应求的现象，青壮年劳动力正在逐步向供不应求转变(韩俊等，2007)。

其次，城乡移民群体从个人特征上也发生了较大的变化，他们更加年轻，有更高比例的女性，以及拥有更高的教育水平等等。长期以来，外出农民工大多以中青年男性为主，以婚者为大多数，这一局面在新世纪以来得以延续，但如果从时间的角度就会发现这一局面正在逐渐得到改变。根据2002年的“中国收入分配”调查和2007年的“中国城乡移民”调查的数据显示：在2002~2007年，城乡移民群体16~25岁的人口比例大幅上升，从2002年的不到3%上升到2007年的8%。与此相反其他年龄组的移民的比例相应减小，尤其是30~40岁年龄段的男性移民劳动力。这显示出移民群体正在越来越年轻化。从性别的角度看，年轻女性移民的增长幅度比相同年龄组的男性更高，16~20岁的年轻女性移民比例从2002年的3%增长到2007年的13%，21~25岁移民的比例从8%增长到22%。在教育水平方面，农村移民的教育水平也有了一定程度的提高。虽然农村移民的主体仍然是初中毕业生，但高中及以上文化程度的比例在逐渐提高。根据来自农业部农村固定观察点的数据显示，2003年外出劳动力的平均受教育年限为8年，而2009年为8.3年。在2003~2009年，外出劳动力中，小学及以下文化程度的劳动力所占比重由27.1%下降到20.6%，而高中文化程度比重从10.7%提高到13.2%（武志刚和张恒春，2010）。

最后，支持城乡移民劳动力市场发生重大变化的证据还表现为如下特征：农民工就业更加容易，就业结构也发生了一定的变化；同时收入不断增加，而与城市居民的差异不断缩小。根据2002年的“中国收入分配”调查和2007年的“中国城乡移民”调查所构成的数据显示，农民工的就业率在很高的水平上继续增加，从2002年的97%增加到2007年的98%。就业的行业种类也更为多样，并且一般居民服务业就业的比例有所下降，从2002年的25%下降为2007年的17%；而就业于一般工业即制造业、采矿业和建筑业的比例有所上升，从15%上升到22%左右。这与同时期，城市居民在一般工业部门就业比例的下降形成鲜明的对照。显示城市移民劳动力市场发生变化的最有力的证据是城乡移民的工资有了较大幅度的增长，并且重要的是，其增长速度明显高于同期的城市居民，也就是说，长期以来一直存在的农民工与城市居民的工资差异在这一时期首次开始缩小。这充分表明，在劳动力市场上，不管是主观还是客观原因，农村剩余劳动力的供给和需求的基本面发生了前所未有的变化。

### 6.2.2 人口转变、劳动力市场整合与刘易斯转折点

新世纪以来中国转移劳动力市场所发生的重大变化是一系列人口因素、市场因素和政策因素的合力所造成的必然结果。在这一重大变化标志着经济发展过程中的“刘易斯转折点”的提前到来，这对未来中国的经济发展方式提出了新的挑战（蔡昉，2008）。

#### 6.2.2.1 中国的人口转变

长期以来，人口问题一直被认为是制约中国经济发展的重要因素。“人口多，底子薄”是中国的基本国情。因此，从20世纪70年代，中国开始逐渐实施影响深远的计划生育政策。再加上改革开放以后，中国经济和社会的高速发展，使中国在短短三十年内完成了人口转变过程，从高生育率国家一下子变成了低生育率国家。人口出生率迅速大幅下降，并且在20世纪90年代正式进入了低生育时期。

在经历过了20世纪70年代的生育率大幅下降，以及波动徘徊的20世纪80年代之后，从20世纪90年代开始中国的生育率逐渐稳定在低生育水平上，总和生育率首次下降到更替水平（郭志刚，2010）。这意味着由于人口结构的因素，虽然人口总量将继续保持增长态势，但随着时间的推移，最终人口数量将趋于稳定，即实现零增长。在此期间，劳动年龄人口的数量持续增加，占总人口比重不断上升，人口抚养比因此而下降。这种人口结构特征，保证了经济增长过程中劳动力的充分供给，形成了“人口红利”。“人口红利”所形成的丰富的低价劳动力资源，进一步在沿海地区与全球资本相结合，充分发挥其比较优势，在参与经济全球化的过程中，极大地促进了中国经济的高速增长（蔡昉，2008）。相关的研究表明，在整个改革期间，人口总抚养比的下降对人均GDP增长的贡献率为27%（王德文等，2004）。

但计划生育政策的持续实施及经济社会的高速发展而导致人们生育意愿的不断下降都导致了中国人口出生率在20世纪90年代后期维持在较低的水

平上。最新公布的2010年全国第六次人口普查数据再次验证了之前多次人口普查和人口普查抽样调查的结论：中国人口总和生育率长期被高估。根据该数据推算，2000年以后，中国总和生育率大致维持在1.3～1.6左右，显著低于国家计生委和部分研究学者所一直坚持的1.8，远低于更替水平的2.1之下。根据这一最新的数据推测，劳动年龄人口占总人口的比率在2013～2015年左右达到峰值，之后劳动年龄人口比率将逐渐减少，也就意味着"人口红利"将逐渐消失（原新，2011）。

由于采取了严格的计划生育政策以及经济和社会的高速发展，使中国在短短三十年内完成了人口转变。这一人口转变过程及其所产生的"人口红利"既是过去三十年中中国经济增长的源泉之一，但同时也为新世纪以来，中国劳动力市场上的宏观劳动力供给由"无限供给"向"相对过剩"乃至"相对短缺"转变奠定了基础。在客观上造成了新世纪以来农村新生劳动力的数量逐渐减少的局面，进而导致农村剩余劳动力，尤其是青年剩余劳动力数量相对于需求大幅减少的局面。劳动力由"无限供给"到"相对短缺"，这是中国移民劳动力市场发生重大变化的不可逆转的基本因素。

#### 6.2.2.2 劳动力市场的一体化整合

中国在改革开放前，一直执行城乡二元的发展战略，人为地造成了城市与农村之间在经济和发展方面的巨大的差异。这一差异是农村剩余劳动力大规模迁移到城市的原始动力，但城市如何容纳如此庞大的新增人口也是不小的难题。由于以户口为代表的原有的劳动力市场体制及与其配套的一系列政策，如户籍、档案制度、住房、社会保障等方面并没有随之改变，因此农民工长期以来完全被排斥在城市福利体系之外，同时也被城市居民及其主导的社会体系所排斥，在整个20世纪90年代，农村迁移劳动力一直被称城市居民称为"盲流"就是一个证据。

从20世纪90年代末期至新世纪初，"盲流"们在城市中的规模越来越大。与此同时，政府面对经营日益困难的国有企业，采取了"大刀阔斧"式的改革，大量的城市职工被迫"下岗"。为了缓解城市居民的就业困难，农村外来劳动力首当其冲被当作"替罪羊"，被城市居民和政府管理者所排斥。除了原有的"暂住证"等与户籍相关的准入之外，地方政府为此还特地制定了一系列限制和排斥外来劳动力、带有歧视性的劳动力市场规定，如就业准入证和行业用工指南等（蔡昉、都阳和王美艳，2001）。虽然这些政策并没有大规模的影响到移民的就业，但显然加大了他们迁移的成本，人为制造了劳动力转移的障碍。在当今全世界范围内，外来移民遭受歧视的程度和范围如此之深之广，大概只有在美国生活的墨西哥裔非法移民可以与中国农民工相提并论（Roberts，2006）。但与墨西哥裔非法移民在美国所遭受的境遇相比，中国农民工显然要更差一些，至少他们无法享受到子女受教育福利和基本的医疗保险服务，更不要说在城市出生子女的身份转换问题。

2003 年，一起意外导致大学毕业生死亡的公共事件的爆发，使政府取消了已经实施多年，针对城市流浪和乞讨者的“城市收容遣送条例”。① 这为新世纪以来，政府部门实施新的针对农村转移劳动力的方针和政策定下了基本的基调。从那以后，政府部门和社会舆论逐渐（至少从表面上）改变了严重歧视农民工的态度。地方政府取消了大部分针对外来劳动力的歧视性规定，并且实施了部分有利于农民工就业的劳动力市场政策。这一段时期，尤其是加入 WTO 以后，既是城乡移民数量不断增长，城市化不断加速的时期，也是政府关注民生，各种社会政策和改革频出的时期。在这一时期中，政府实施了多项影响城乡移民的新政策或“改革”，例如，在许多大中城市推行了“户籍”制度改革；改革城市义务教育体制，解决农民工子女就学问题；在农村施行“税费改革”，进行“新农村”建设；针对农民工就业问题，启动“阳光工程”对农民工进行培训；在农村施行“新型农村合作医疗”；促进农村消费，启动“家电下乡”等社会福利项目。这些政策对长期以来农民工在子女教育、医疗和社会保障方面的所遭受的不公平对待采取了一定程度的纠正和改善，使农民工在城市劳动力市场上就业地位有所改善。虽然以户籍制度为代表的原有劳动力市场体制以及附着的诸如医疗、养老等社会福利体制仍然构成了农民工在城市就业的障碍，但显然其影响力在越来越弱化。

此外由于在这一时期农村移民劳动力供给的相对减少与企业劳动需求的

---

① 2003 年 3 月 17 日，在广州工作的武汉大学毕业生孙志刚由于没有暂住证而被拘留后被殴打致死，后该事件被《南方都市报》所披露，全国媒体竞相转载并跟踪报道，被称为“孙志刚事件”。该事件最终导致“收容遣送条例”被废止。长期以来该条例虽然名为“针对城市流浪和乞讨者”，但在具体的执法过程中往往被用来针对城市的外来移民，尤其是农村外来劳动力。如果缺乏有效的身份证明，他们有可能被罚款甚至被遣返回户口所在地。

相对扩大之间的矛盾也日益加深，进一步导致农民工在就业和工资中的谈判地位有所上升。此时期导致农民工工资连年增长，其增长速度甚至超过城市居民（Qu and Zhao，2014）。根据2005年的人口普查1%数据研究显示，农民工与城市职工之间的收入差距90%都来自于劳动者特征方面的差异，教育水平的差异是其中最关键的因素（邢春冰，2008）。与之前的众多研究相比，其不可解释的部分大幅下降，只有10%。再如，劳动力市场上出现了引起广泛关注的“大学毕业生与农民工工资趋同”的现象等。这些都从另外的侧面反映出外来劳动力与本地劳动力之间在劳动力市场上所获得的回报的差异越来越小。总体上说来，包含城市居民和城乡移民在内的城市劳动力市场一体化趋势正在中国逐渐浮现。

#### 6.2.2.3 刘易斯转折点——中国经济发展的新阶段

发展经济学中“刘易斯转折点”的最初含义是指一国农业部门的剩余劳动力被吸干以后，工资在市场机制的作用下出现上涨，最终成功实现二元经济向一元经济的转折点。刘易斯转折点出现的第一个标志性变化是完成人口转变过程。即从“高出生率、低死亡率，高增长率”的阶段，过渡到“低出生率、低死亡率和低增长率”的阶段。第二个标志性的变化是劳动力市场的一体化，具体表现为城乡劳动力市场逐渐统一，城乡移民工资与城市居民工资趋同。

从本质上来说，刘易斯转折点实际上是从理论模型中推演出来的，现实中的情况要比理论复杂得多。这决定了我们不能机械地照搬刘易斯转折点的含义，从而认为中国现阶段的状况还远远没有达到刘易斯转折点的阶段，而实际上刘易斯转折点不仅仅是对发展中国家劳动力无限供给特征消失的一个时点的表述，其背后更具有丰富的经济发展含义（2008，蔡昉）。

可以想象，在原有的发展模式中，无论是政府的政策制定和制度安排，还是企业的产业和技术选择，或者整体经济的产业结构形成，都是在劳动力无限供给的特征下进行的。而如今面临刘易斯转折点到来，劳动力无限供给特征逐渐消失，中国经济将进入一个崭新的阶段。这给未来的中国经济发展带来了前所未有的挑战。

### 6.2.3　前景展望：全球经济失衡与我国经济结构调整的挑战

在过去的三十多年里，全球化彻底改变了世界。越来越多的发达国家和发展中国家卷入到商品生产的国际贸易和分工体系中，大规模的跨国资本流动也成为国际经济中的常态。这一革命性的趋势导致了整个世界的分化与重新整合。在这一过程中，逐渐形成了发达国家和发展中国家在全球生产和贸易体系中的不同分工。中国恰恰也是在过去的三十多年里，抓住了这一历史性机遇，卓有成效地实行了对外开放战略，迅速实现了经济的起飞。这是过去三十多年，尤其是进入新世纪以来，中国经济保持高速增长最重要的原动力之一。全球化的资本在中国沿海地区与中国低成本的劳动力相结合是中国式增长“奇迹”得以发生的重要原因之一，以中国为代表的发展中国家凭借其巨大的劳动力成本优势，逐渐成了“世界工厂”（陆铭，2008）。

但发达国家与发展中国家之间的分工和贸易不平衡也逐渐造成全球经济不断失衡。2008年世界性的金融危机的爆发是一段时间以来全球经济失衡的一个“必然中的偶然”发生的产物。这场危机的发生既与以美国为代表的发达国家和中国为代表的新兴发展中国家的居民的储蓄和消费行为有关（陆铭，2010），也与中国和美国执行了扭曲的外汇和利率政策不无关系。

从居民的角度来说，主要的现象就是，普通中国人拼命工作赚钱进而储蓄，而发达国家居民一方面享受着超低价的日用消费品大量消费，另一方面却仍然扩大消费，甚至超前消费。由于长期实行有管理的浮动汇率政策，汇率机制缺乏灵活性，人民币币值没有随着经济增长的成长而增长而是长期被扭曲和压低，从而进一步导致外部经济失衡，突出表现为贸易顺差飙升、外汇储备扩大、人民币升值压力巨大、劳动力低成本优势不可长期持续。

另外，中国经济也面临着严重的内部经济失衡，突出表现为投资占GDP比重偏高、地区发展战略趋同重复建设、广义政府收入偏高。同时对货币利率实施管制政策，使其基本失去了调整投资市场的价格信号的作用。同时又长期实施货币超发的策略，客观上导致了通货膨胀和资产价格的不断飙升，高企的通货膨胀将进一步降低普通劳动者的实际购买力，并恶化居民收入分配格局。

综上所述，尽管中国经济的增长潜力仍然很大，短期内仍然有很大成长空间。但面临“内外失衡”的严重局面，劳动力结构性短缺逐渐成为劳动力市场上的常态之后，在可预见的未来，如果不及时调整政策，那么中国的经济很有可能会面临严重的困难。所以，调整产业结构，转变经济增长方式就成为中国经济保持增长的不二选择。那么在这个过程之中，进一步发挥城乡移民的作用，进一步推进科学的城市化，进一步消除移民在迁移和就业方面的制度性障碍和樊篱，促进公共服务的均等化，从而顺利地完成中国经济发展阶段从刘易斯转折点到库兹涅茨转折点的大转型，就成为完成中国经济转型的无法绕开的必由之路。

## 6.3 新世纪城乡移民劳动力市场的动态演变

新世纪以来，农村转移劳动力市场发生了重大变化，突出表现在农村剩余劳动力供给长期大于需求的基本格局正逐渐被逆转，城市化的速度不断加快；农村剩余劳动力数量大幅减少，部分地区出现了农民工的结构性短缺——“民工荒”。城乡迁移劳动力的群体特征显著发生了变化，越来越多的年轻人、女性和高教育水平的劳动者迁移到城市。同时城乡迁移劳动力的就业模式和特征也发生了变化，并且在收入上与城市居民的收入差异越来越小。这些都代表着新世纪以来，中国农村劳动力转移的基本态势已经发生了较大的变化，这对中国的经济发展的未来提出了前所未有的挑战。

### 6.3.1 新世纪以来城乡迁移劳动力群体特征的变化

新世纪以来，农村转移劳动力市场的变化首先体现在劳动力群体的年龄结构和教育水平都发生了较大的变化。从年龄结构的角度来看，移民群体表现为越来越年轻，16～25 岁群体比例大幅上升；从教育程度的角度来看，移民群体的教育水平也有了一定比例的上升。虽然初中毕业水平仍然占了移民群体的一半，但具有高中毕业文化水平的比例也有所增加，尤其是对女性移民而言，高中毕业水平移民比例显著增加。

#### 6.3.1.1　年龄结构

图 6－1 所表示的是城市居民和移民的年龄结构及其在 2002～2007 年的变化。首先，显然从总体上移民要比城市居民更加年轻，无论对于男性还是女性都是如此。在 20～40 岁的移民占总劳动力比例的一半还多，相反城市劳动力中 30～50 岁占有最高比例。

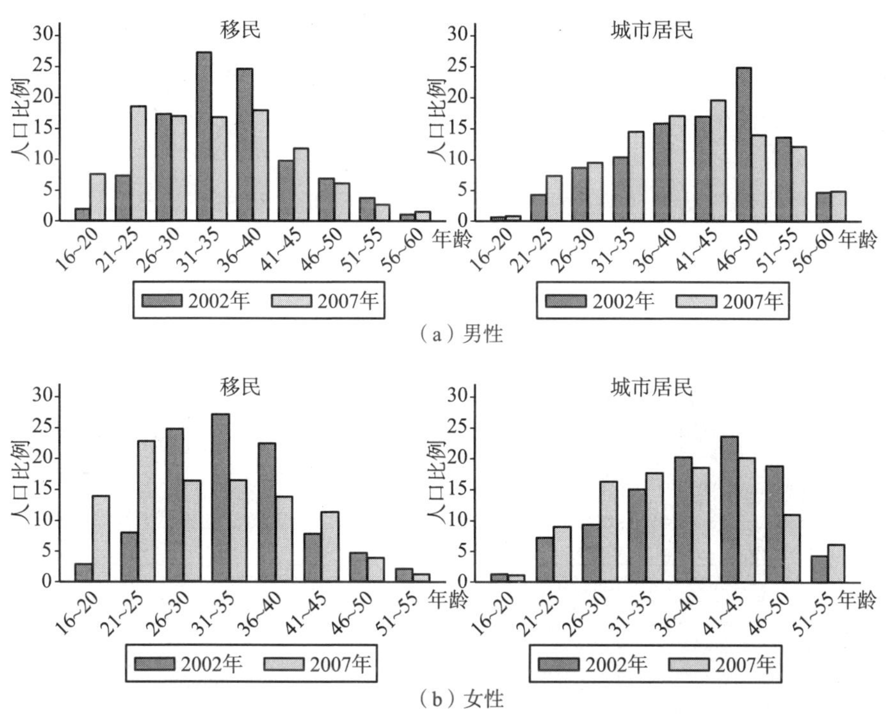


（a）男性

（b）女性

**图 6－1　移民与城市居民劳动力的年龄结构及其变化**

在 2002～2007 年，最值得注意的变化是在移民的总体样本中，16～25 岁的人口比例大幅上升，但相应的城市居民却只增加一点。这表示移民群体正在越来越年轻化，与此相反其他年龄组的移民的比例相应减小，尤其是 26～40 岁年龄段的移民劳动力。从性别的角度看，年轻女性移民的增长幅度比相同年龄组的男性更高，与此相对，城市中女性劳动力的比例没有大幅变化。

#### 6.3.1.2 教育水平

图6－2所显示的是城乡移民劳动力和城市居民劳动力教育水平及其变化。我们发现城乡移民劳动力和城市居民劳动力受教育程度存在重大的差别。对于城乡移民劳动力而言，初中文化程度占据了最大比重，其次是小学和高中文化程度者。而对于城市居民劳动力，高中文化程度者为最大比例，其次是初中和大学。

在2002～2007年，最大的变化发生在城乡移民中高中文化程度的比例有所增加，而小学文化程度的比例有所减少，尤其是对于女性移民。而同期，城市居民劳动力大学文化程度者的比例有所上升，高中和初中的比例都相应的减少。

总之，可以从上面的分析可以看出，自从新世纪以来，城乡移民群体的教育水平也有了相当程度的提高。

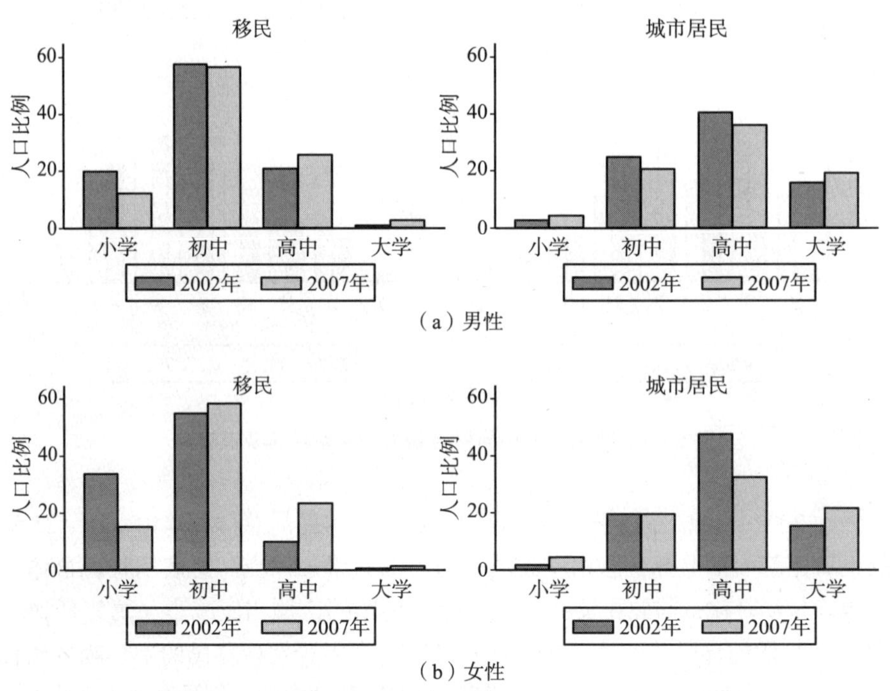


图6－2　城市居民与移民劳动力的教育水平及其变化

## 6.3.2　新世纪以来城乡迁移劳动力就业特征变化

### 6.3.2.1　总体就业率

就业率与失业率是衡量经济状况和劳动力市场绩效的重要指标。中国劳动力市场上一直所存在的城乡移民就业率与本地居民就业率之间存在差异主要是由于劳动力市场分割所带来的。从表6－1城乡移民劳动力的就业率仍然要高于城市居民的就业率，并且一直保持较高的就业水平。在2002～2007年，城市居民劳动力的就业率有较大比例上升，从86%上升到了91%时，而城乡移民劳动力的就业率在此期间基本保持不变。这表明城市居民的就业率与城乡移民的就业率存在趋向一致的趋势，说明城乡移民劳动力市场与城市居民的劳动力市场正在进一步融合。

表6－1　城市居民与城乡移民劳动力的就业率

| 年份 | | 城镇居民 | | 城乡移民 | |
|---|---|---|---|---|---|
| | | 数量 | 百分比 | 数量 | 百分比 |
| 2002 | 就业 | 5944 | 85.59 | 2179 | 97.89 |
| | 失业 | 1001 | 14.41 | 47 | 2.11 |
| | 总计 | 6945 | 100 | 2226 | 100 |
| 2007 | 就业 | 5724 | 91.25 | 3177 | 98.33 |
| | 失业 | 549 | 8.75 | 54 | 1.67 |
| | 总计 | 6273 | 100 | 3231 | 100 |

### 6.3.2.2　行业分布

由于劳动力本身特征的差异以及劳动力市场的体制性分割，在劳动力就业的行业分布上城市居民与城乡移民之间也存在较大的差异。与城市劳动力相比，城乡移民劳动力就业相对集中。从图6－3中可以发现，城乡移民劳动力的就业主要集中在如下行业：首先是批发、零售、住宿和餐饮等传统服务业占据最大的比例，几乎占总就业的一半左右。其次是以制造、建筑和采矿为主的传统工业，约占20%左右，以及包括信息咨询、居民服务业等一般服务业，约占20%。而城市居民除了工业中就业比例稍高之外，约占30%，在其他行业中就业的比例相对都比较平均，在10%~20%。

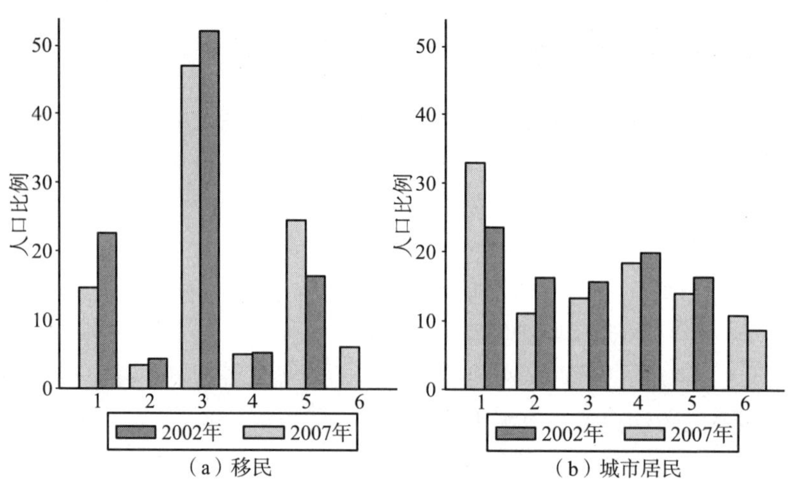


**图6-3 城市居民与移民劳动力就业的行业分布及其变化**

注：1-农业、采矿业、制造业和建筑业；2-电力、燃气和水业、交通运输业、通信和计算机制造业；3-批发和零售业、餐饮业和住宿业；4-金融业、房地产业，社会保障业、科教文卫；5-居民服务业；6-政府和公共组织及其他行业。

在2002~2007年，对城乡移民而言，其就业行业分布发生的最大变化在于就业于传统工业的比例大幅上升，从15%上升到22%，就业于传统服务业比例也有小幅增加，在总就业比例上已经超过50%，与此相反，就业于一般服务业的比例大幅下降。在同期，城市居民的就业分布上，最大的变化在于就业于传统工业的比例大幅下降，从32%下降到23%，而就业于电力、水和燃气，交通运输以及通信和计算机等为代表的公共服务业和高科技服务业比例相应增加，从10%增加到17%。

城市劳动力在制造业、建筑业和采矿业等传统工业中的比例减少与移民劳动力在这些行业内就业比例的增加，从侧面反映出城乡移民群体日益成为传统工业的主要劳动者。

### 6.3.2.3 劳动合同签订状况

长期以来由于体制性的劳动力市场分割，城乡移民在就业和社会保障方面遭受到歧视性的对待，大多数城乡移民劳动力很难与城市雇主签订正式的劳动合同，因为一旦签订了正式的劳动合同，移民劳动力就可以依法要求雇用单位就为其缴纳社会保险及承担其相关的劳动责任。因此，城市雇用单位为了减轻劳动成本，有意地不与城乡移民劳动力签订劳动合同，而劳动执法部门对这类违法违规行为采取默许的态度，客观上也助长了雇用单位的这类行为。从图6－4中可以看出，总体上城乡移民劳动力签订永久工作合同的比例非常少，相反城市居民劳动力中接近四成比例均为永久性工作合同。相反，自我雇用人员的比例是城乡移民中就业的主要形式，在2002年其比例超过60%；而城市居民自我雇用的比例只有6%。

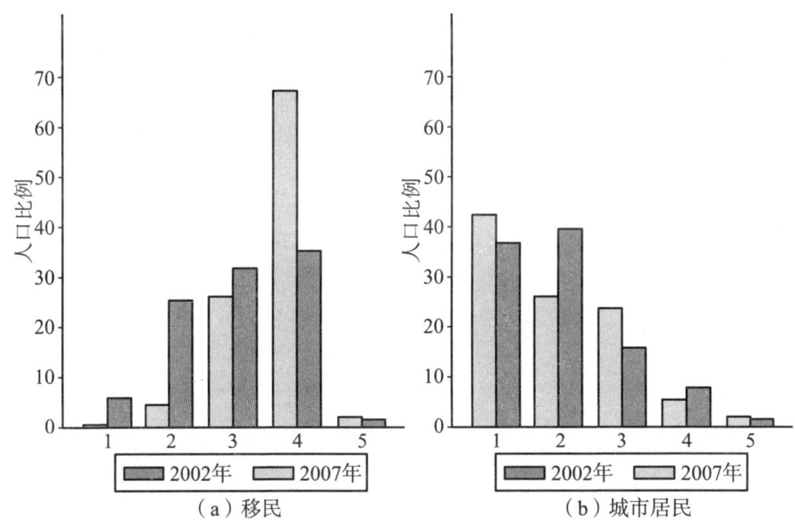


**图6－4　城市劳动力和城乡移民劳动就业合同签署状况**

注：1－永久性合同，2－长期性合同，3－短期暂时性合同或无合同，4－自我雇用，5－其他

在2002～2007年，对农村转移劳动力而言，就业形式发生的最大变化就是签订劳动合同的比例大幅增加，尤其是签订长期劳动合同的比例由2002年的不到5%增长到2007年的25%，而签订永久性合同的比例也由不足1%增长到5%左右，相反自我雇用的比例由67%下降到35%。同一时期，对城市劳动力而言，增幅最大的也是签订长期劳动合同的比例，而签订永久性劳动合同以及短期或者未签订合同的比例都有所下降。

城乡移民劳动力签订合同的比例有所增加，首先是与其就业模式的转变分不开的，越来越多的城乡移民进入以制造业为代表的传统工业中工作，而不是选择自我雇用。其次，劳动者的议价能力有所提高，在不断遭遇“用工荒”的情况下，雇主们不得不采取与劳动者签订劳动合同的方式来吸引劳动者前来工作。最后，政府及相关部门对外来农村劳动力在城市中就业采取了更为支持的态度，对包括城市劳动者在内的劳动者权益的保护的重视程度也由所加强。在上述几个方面的共同作用下，城乡移民劳动力签订合同的比例所有增加。

### 6.3.3 新世纪以来城乡迁移劳动力工资结构及其变化

长期以来，在城市中工作的城乡迁移劳动力不仅无法享受到城市劳动力所享有的社会保障，而且工资上也无法享受到与城市劳动力相应的待遇，一直处于比较低下的状况，甚至出现了“农民工十年工资未涨”的现象。但进入新世纪以来，尤其是2002年以后，城乡迁移劳动力的工资水平逐渐提高，增速逐年加快。根据赵长保和武志刚（2007）使用农业部固定观察点的数据所进行的分析显示，2003～2006年，农民工名义平均月工资由781元增加到953元，其增加速度也越来越快，由2003年的0.7%，增加到2006年的11.5%（见表6－4）。

表6－2　　农民工人均月工资水平及变化（2003～2006年）

| 年份 | 月工资（元） | 增长率（%） |
|---|---|---|
| 2003 | 781 | 0.7 |
| 2004 | 802 | 2.80 |
| 2005 | 855 | 6.50 |
| 2006 | 953 | 11.50 |

资料来源：赵长保，武志刚．农民工工资收入问题分析［M］//蔡昉，都阳．中国人口与劳动问题报告，No.8：刘易斯转折点及其政策挑战．北京：社会科学文献出版社，2007.

表6－3所显示的是城乡移民和城市居民在2002～2007年的月工资及其结构变化。首先，可以发现，城市居民劳动力的平均工资显著高于城乡移民的平均工资，城市居民的月工资在2002年和2007年分别为1173元和1883

元，而城乡移民的工资则分别只有874元和1412元。其次，在2002～2007年期间，无论是城乡移民还是城市居民的月工资都有了较大幅度的增加，城市居民的工资增长了60.53%，而同期城乡移民的工资增长了61.41%。这意味着虽然城乡移民的工资绝对数量上还低于城市居民，但其增长速度已经超过了城市居民，也就是说城市居民与城乡移民之间的工资差距在逐渐缩小，这是前所未有的一个重大变化。

**表6－3　城市居民与城乡移民的平均月工资和分布结构（2002～2007年）**

| 分位数 | 城市居民 | | | 城乡移民 | | |
|---|---|---|---|---|---|---|
| | 工资（元） | | 增长率（%） | 工资（元） | | 增长率（%） |
| | 2002年 | 2007年 | 2002～2007年 | 2002年 | 2007年 | 2002～2007年 |
| 均值 | 1172.8 | 1882.64 | 60.53 | 873.8 | 1411.82 | 61.41 |
| 10%分位 | 400 | 654.6 | 63.65 | 400 | 684.6 | 71.15 |
| 50%分位 | 973.63 | 1456.99 | 49.65 | 650 | 1166.53 | 79.47 |
| 90%分位 | 2166.67 | 3548.32 | 63.77 | 1500 | 2310.54 | 49.55 |
| 10%～90%比率 | 5.42 | 5.42 | 0 | 3.75 | 3.28 | －12.53 |
| 50%～90%比率 | 2.23 | 2.44 | 9.42 | 2.31 | 1.92 | －16.88 |
| 5%～10%比率 | 2.43 | 2.23 | －8.23 | 1.63 | 1.7 | 4.29 |
| 样本数 | 1848 | 2301 | | 1315 | 2209 | |

从工资结构的角度上看，工资增长的速度在不同收入群体之间存在一定的差异。对城乡移民而言，收入中低群体在这一时期增长的速度较快，具体说就是处于10%分位和50%分位的城乡移民工资分别增长了71%和79%，而处于90%分位的城乡移民只增长了50%；而对城市居民劳动力而言，高收入群体和低收入群体收入增长（均为64%）要高于中等收入的群体的收入增长（为50%）。

再分别从城市居民和城乡移民工资内部的分布的角度看其收入差距的来源及其变化。首先看城市居民，在2002年城市居民之间的工资差异比较平均，中等收入群体与低收入群体的差异比高收入群体与中等收入的群体之间的差异略高一些，具体说来就是50%与10%分位收入比为2.23，而90%与50%分位收入比为2.43。但这一趋势在2007年发生了逆转，50%与10%分位收入比增加为2.43，而90%与50%的收入比减少为2.23。这说明在2007

年的城市居民而言，中等收入群体与低收入群体的差异比高收入群体与中等收入的群体之间的差异要更低。

再看城乡移民，2002 年中等收入群体与低收入群体的差异比高收入群体与中等收入的群体之间的差异更低，具体说来就是 50% 与 10% 分位收入比为 2.31，而 90% 与 50% 分位收入比为 1.63。这一趋势在 2007 年继续保持，高收入群体与中等收入群体的差异大幅度减小，同时低收入群体与中等收入群体的差异却有所拉大，即 90% 与 50% 的收入比减少为 1.92，而 50% 与 10% 分位收入比增加为 1.7。这说明对 2007 年的城乡移民而言，中等收入群体与低收入群体的差异比高收入群体与中等收入的群体之间的差异要更低。

从工资结构的变化率上就可以更明显地看出，在 2002 ~2007 年，不同收入群体的收入变化所导致的城市居民与城乡移民内部的收入差异的变化。对于城市居民而言，高收入群体与中等收入群体的比值增加 9.4%，而中等收入与低收入群体的收入比值却减小了 8.23%，整体上，高收入群体与低收入群体之间的比值几乎没有变化。相反，对于城乡移民而言，高收入群体与中等收入群体的比值减小了 16.88%，而中等收入群体与低收入群体的收入比增加了 4.29%，因此整体上，高收入群体与低收入群体之间的比值减小了 12.5%。

表 6 -4 显示了使用小时工资衡量的城乡移民和城市居民在 2002 ~2007 年工资及其结构变化。首先，可以发现，城乡移民的小时工资增长速度比月工资增长速度更快，达到了 69.7%，而城市居民小时工资增长速度，与月工资增长速度相比，则下降为 55.2%。其次，从结构上来看，工资增长的速度在不同收入群体之间仍然存在差异。对城乡移民而言，收入中低群体在这一时期增长的速度较快，具体说就是处于 10% 分位和 50% 分位的城乡移民工资分别增长了 96% 和 97%，也就是说接近翻了一倍，而处于 90% 分位的城乡移民增长略低，为 78%；对城市居民劳动力而言，仍然呈现为“两头高，中间低”的格局，即高收入群体和低收入群体工资增长（分别为 60% 和 57%）要高于中等收入的群体的收入增长（为 43%）。

表 6－4　　城市居民与城乡移民的平均小时工资和分布结构（2002～2007 年）

| 分位数 | 城市居民 | | | 城乡移民 | | |
|---|---|---|---|---|---|---|
| | 工资（元） | | 增长率（%） | 工资（元） | | 增长率（%） |
| | 2002 年 | 2007 年 | 2002～2007 年 | 2002 年 | 2007 年 | 2002～2007 年 |
| 均值 | 6. 76 | 10. 5 | 55. 19 | 3. 23 | 5. 49 | 69. 72 |
| 10% 分位 | 2. 07 | 3. 25 | 57. 18 | 1. 11 | 2. 19 | 97. 48 |
| 50% 分位 | 5. 47 | 7. 84 | 43. 42 | 2. 22 | 4. 36 | 96. 38 |
| 90% 分位 | 12. 72 | 20. 39 | 60. 3 | 5. 34 | 9. 54 | 78. 53 |
| 10% ～90% 比率 | 6. 16 | 6. 28 | 1. 99 | 4. 81 | 4. 35 | －9. 6 |
| 50% ～90% 比率 | 2. 33 | 2. 6 | 11. 77 | 2. 41 | 2. 19 | －9. 09 |
| 5% ～10% 比率 | 2. 65 | 2. 42 | －8. 75 | 2 | 1. 99 | －0. 56 |
| 样本数 | 1848 | 2301 | | 1315 | 2209 | |

利用小时工资数据，再分别从城市居民和城乡移民工资内部的分布的角度来分析收入差距的来源及其变化。对城市居民来说，在 2002 年中等收入群体与低收入群体的差异比高收入群体与中等收入的群体之间的差异略高一些，具体说来就是 50% 与 10% 分位收入比为 2. 33，而 90% 与 50% 分位收入比为 2. 65。同月工资一样，这一趋势在 2007 年发生了逆转，50% 与 10% 分位收入比增加为 2. 42，而 90% 与 50% 的收入比减少为 2. 6。这说明对 2007 年的城市居民而言，中等收入群体与低收入群体的差异比高收入群体与中等收入的群体之间的差异要更低。再看城乡移民的小时工资数据，2002 年中等收入群体与低收入群体的差异比高收入群体与中等收入的群体之间的差异更低，具体说来就是 50% 与 10% 分位收入比为 2. 31，而 90% 与 50% 分位收入比为 1. 63。这一趋势在 2007 年继续保持，高收入群体与中等收入群体的差异大幅度减小，同时低收入群体与中等收入群体的差异却有所拉大，即 90% 与 50% 的收入比减少为 1. 92，而 50% 与 10% 分位收入比增加为 1. 7。这说明对 2007 年的城乡移民而言，中等收入群体与低收入群体的差异比高收入群体与中等收入的群体之间的差异要更低。

上述工资结构分析充分表明，在 2002～2007 年间，对城市居民而言，低收入群体和高收入群体的收入增长都超过了中等收入群体；而对于城乡移民而言，低收入群体和中等收入群体的收入增长都很快，相反高收入群体的收入增长最少，这说明城乡移民的高收入群体遭遇到了“天花板效应”，即工资收入达到一定水平之后就再也增长不上去了。

表 6－5 表示的是分别根据城乡移民和城市居民的月工资和小时工资计算得到的不平等指数：基尼系数和泰尔指数。可以发现 2002 年使用月工资计算的城市居民的工资基尼系数为 0.36，而城乡移民的基尼系数与城市居民完全相同，也是 0.36；但到 2007 年，城市居民的工资基尼系数上升 0.01，为 0.37，而城乡移民的基尼系数却下降了 0.05 为 0.031。这再次证明，在此期间城市居民的工资不平等程度有小幅上升，而城乡移民的工资不平等程度却大幅下降。

**表 6－5　　工资不平等指数（2002～2007 年）**

| 统计项 | | 城市居民 | | | 城乡移民 | | |
|---|---|---|---|---|---|---|---|
| | | 2002 年 | 2007 年 | 变化 | 2002 年 | 2007 年 | 变化 |
| 月工资 | 基尼系数 | 0.36 | 0.37 | 0.01 | 0.36 | 0.31 | －0.05 |
| | 泰尔指数 | 0.22 | 0.23 | 0.01 | 0.32 | 0.2 | －0.12 |
| 小时工资 | 基尼系数 | 0.38 | 0.4 | 0.02 | 0.43 | 0.33 | －0.09 |
| | 泰尔指数 | 0.25 | 0.28 | 0.03 | 0.44 | 0.2 | －0.22 |

究其原因，仍然是上面的工资结构分析的结论：对城乡移民而言，其高收入群体遭遇“天花板”效应，工资收入达到一定水平之后就无法继续保持原有的增长速度。这很有可能是因为移民中的高收入群体与城市居民之间是一种相互替代关系，而在于城市居民的竞争中由于制度性的障碍和社会网络的先天不足，因此处于相对不利的地位。所以工资收入增长到一定阶段就再也无法继续增长。而低收入群体和中等收入群体由于劳动力市场条件的改善和政府所实施的劳动公共政策，例如，“最小工资”政策的进一步实施，使其收入得到进一步改善，因此而导致整个分布上不平等程度进一步减少。

总之以上分析已经充分表明，新世纪以来中国城乡移民的工资水平和工资结构有了很大变化。其中最重要的一点是，城乡移民的工资在此期间的增长速度已经超过了城市居民的增长速度，城市居民与城乡移民之间的工资差距正在逐渐缩小，这是移民劳动力市场中前所未有的一个重要变化，直接验证了“刘易斯”转折点的到来。另一个重要的发现是，在城市居民不平等程度有小幅上升的同时，城乡移民的工资不平等程度却大幅下降。这是因为在工资分布上，对城乡移民而言，低收入群体和中等收入群体的收入大幅增长，而高收入群体的收入则遭遇“天花板”效应。

## 6.4　城乡移民劳动力市场变化所带来的机遇和挑战

新世纪以来中国农村转移劳动力市场发生的重大变化：农村剩余劳动力供给长期大于需求的基本格局正逐渐被逆转，城市化的速度不断加快；越来越多的年轻人、女性和高教育水平的劳动者迁移到城市。同时城乡迁移劳动力的就业模式和特征也发生了变化，并且在收入上与城市居民的收入差异越来越小。这对中国的经济发展的未来提出了前所有的机遇和挑战。

首先，在高速城市化的同时，农村剩余劳动力供过于求的基本态势正在逐渐发生逆转，这标志着中国劳动力市场上基本面正在发生重大变化。近年来在全国部分地区所出现了农民工的结构性短缺——“民工荒”是这一态势正在发生变化的直接反映。劳动力成本将不得不逐渐大幅上涨，虽然从国际比较的角度看，即使中国的劳动力成本大幅上涨，与其他发达国家甚至很多发展中国家相比，中国的劳动力成本仍然比较低。因此，从国际竞争的角度而言，中国的低端制造业在短期内的国际竞争中可能仍然会保持相当的竞争力。但是从另一个角度上说，2007 年中国的贸易依存度就已经达到了 65%，在人类历史上还从来没有过像中国这样大的国家如此依赖出口，像日本和德国等对外贸易额相对较高的大国，其外贸依存度也只有 20% ~30% 这样的水平。这意味着中国经济增长在对外贸易，尤其是出口方面的潜力已经被发挥殆尽，想进一步提高出口占 GDP 的比例是非常困难的。而与此同时，由于受到金融危机的影响，全世界尤其是发达国家对进口商品的需求正在减少，是否能够恢复到金融危机之前仍然是个问题，更不用说要继续扩大进而支持中国的出口进一步增长。所以，继续依靠简单的制造业出口来保持经济高速增长的方式正在面临严峻的挑战。

其次，农村转移劳动力的素质正在不断提高。这客观上为企业进一步提升技术能力进行技术创新提供了一定的人力资源基础。一直以来，影响中国企业创新的最主要的障碍并不是劳动力和资本，而是激励企业创新的整体环境。这并非是说企业缺乏具体的支持政策来推动企业创新，事实上各地政府都一直非常注重扶持企业进行创新，推出了很多相应的政策。但这些政策的效果却差强人意。因为企业都是很理性的，进行创新就不可避免要进行大笔投入，面临的风险也很高。所以企业更倾向于从国外购买技术，利用廉价的劳动力进行简单的制造来获利，而不是进行技术创新。尤其是在资产泡沫不断扩大，通货膨胀不断加深的时候，理性的企业就不会选择扩大再生产，而是将资本投入到金融和房地产市场上去，进一步造成产业的空心化，更妄谈进行技术创新。所以，要想促进产业结构转型和经济增长方式的转变，就必须进行全局性的经济结构的调整。

最后，尽管新世纪以来，农村转移劳动力的工资上涨速度超过了相应的城市居民，但这主要是由于中低端劳动力的收入高速增长所引起的，高收入群体收入增长乏力。中低端劳动力工资高速增长的原因主要是由于市场需求和政策调整的双重影响所导致的，带有一定的“恢复性”增长性质，即之前的工资收入实在太低，现在的上涨很大程度上是一种报复性上涨，这种上涨是否具有长期的持续性还有待观察。而高收入群体的收入增长乏力，更多的是受到了制度性歧视的影响，无法使自己与城市居民在同一水平线上进行竞争，进而致使其收入达到一定水平上之后就再也无法进一步增长了。所以政府应该进一步加强进行制度性创新，充分解决长期困扰农村转移劳动力在城市就业所面临的制度性障碍。

# 第7章

# 人力资本、城乡移民就业与收入分配

## 7.1 教育和培训对农村劳动力转移就业的影响

所谓人力资本，是个人、企业或者国家对普通劳动者的教育、培训、医疗和健康等等方面的投资所形成的资本，是个人所获得的知识、技能及与经济活动相关的能力。在人力资本的概念下，无论个人、企业还是国家，在教育、培训、医疗和健康等等方面的花费，都可以被看成是一种为了获得未来的经济回报的投资行为。这些投资之所以能够获得回报，是因为它能够促进劳动生产率的提高，因此可以使个人在未来获得更高的工资，人力资本的多少和质量对农村劳动力转移就业有着决定性的影响，是影响农村剩余劳动力是否能够成功地在城市就业的首要因素。

### 7.1.1 导论

既有的大量经验研究表明，以教育、培训和工作经验等为代表的人力资本对农村劳动力转移的就业促进和工资提升都起到了重要作用。例如，Zhao（1997）通过改进的迁移期望来估计农村教育回报率得到教育对农村迁移劳动力的工资回报在8.29%，并认为教育对于减少进入城市就业的障碍起着很重要的作用。姚先国和赖普清（2004）研究了城乡工人在工资收入方面的差异，认为这种差异基本上可以归结于两个方面：一是人力资本水平的差异和工人就业企业的差异；二是农民工受到的户籍歧视。前者解释了两类工人工资收入差异的70%。这说明，人力资本和企业状况是决定工人收入差异的主要因素。张泓骏和施晓霞（2006）对农民工的教育和经验回报以及农民工的条件收入分布进行了实证研究，在纠正了选择性偏差后，得到农民工的教育回报率约为5.36%，零年经验回报率约为8.4%。de Brauw（2006）发现农村迁移劳动力的教育回报率在6.4%左右。刘林平和张春泥（2007）对影响农民工工资的因素进行了回归分析，他们认为人力资本是决定农民工工资的基本变量。他们得到的结果证实人力资本变量对工资的解释力占该模型解释力的46.5%。王德文等（2008）得到的教育回报率估计结果在5.3%~6.8%，尽管具体的回报率存在一定差异但都表明了教育对于农村迁移劳动力工资的正向作用。George Messinis（2009）的研究表明教育回报率对于低收入民工的贡献更大，即教育的影响是非线性的，而且周亚虹等（2010）的研究发现农村职业教育对于农村家庭收入有着显著的作用，年平均回报率9%。

对于农民工群体来说，在职培训的作用就显得更加重要。农民工群体的普遍受教育程度比较低，进城务工之前的主要经验积累集中在农业生产及相关服务业，缺乏适合制造业、建筑业以及城市服务业方面的相关技术和经验，因此在职培训可能会成为其人力资本积累的一个重要途径。此外，从现实来看，开展农村劳动力转移培训，也是加快农村劳动力转移、促进农民增收的重要环节，也是提高农民就业能力、增强我国产业竞争力的一项重要的基础性工作。国务院《2003~2010年全国农民工培训规划》对培训工作做出了具体部署，农业部、财政部、劳动和社会保障部、教育部、科技部、建设部从2004年起，共同组织实施农村劳动力转移培训阳光工程（简称为“阳光工程”）。因此，对于培训对农村迁移劳动力工资的影响分析不仅具有理论意义、更具有现实的政策评估价值。

学界对于农村迁移劳动力工资的影响因素大多集中在受教育程度，但对于培训尚未有深入的研究。当然，对于培训的关注也不是没有，例如，王德文等（2008）认为简单培训有助于农村迁移劳动力再流动，但其对技能提高和工资收入影响不大，而短期和正规培训则影响较大。高梦滔和姚洋（2006）的研究表明以教育和在职培训体现出的人力资本是拉大农户收入差距的主要原因。George Messinis（2009）得到的结果也表明工作培训的回报率是显著的。但是，文献对于培训对于工资的影响更多集中在二元变量，即是否参加培训所产生的工资差异，缺乏更细致的讨论。谢嗣胜和姚先国（2006）在分析农民工工资歧视时发现44.8%的工资差异是由个人特征不同形成的，55.2%的工资差异要归结于歧视性因素。个人特征差异主要是指农民工的人力资本存量与城市工人之间的差异，而培训作为人力资本形成的一个方面也对农民工工资收入存在影响。他们的研究是从歧视形成的原因出发的，对培训的解释还很不充分，也没有测量培训对农民工工资的贡献度。刘林平和张春泥（2007）对影响农民工工资的因素进行了回归分析，他们认为人力资本是决定农民工工资的基本变量。而在人力资本变量中，技能培训超过了教育成为最主要的因素。但他们的研究只是以珠江三角洲的农民工为样本，样本数为3086人，其中关于在职培训的调查也并不详细。曾旭晖（2004）在他的研究中指出非正式培训对农民工工资收入的贡献为2.8%。但他的研究中所指的非正式培训与我们所说的在职培训有很大差别，这种非正式培训更类似于工作经验的获得，因此不能很好地解释培训对农民工工资的影响作用。此外，他所使用的662个样本仅覆盖成都一市，数据不够全面。乐章和刘苹苹（2007）研究农民工人力资本和收入的关系时，从培训的角度进行了部分分析，但其数据来自2003年11月在湖北省9市县进行的400多户农民就农村剩余劳动力转移与培训的抽样调查，数据范围比较小，覆盖面很窄，数据处理方面也只进行了简单的线性回归，也没有很好地处理选择性偏差等因素。

此外研究的方法论也很重要，而其中所涉及的核心问题主要是对于样本存在自选择问题的处理，现流行的主要有以下四种处理方法：一是根据Heckman（1979）提出的Heckman两步法。张泓骏和施晓霞（2006）认为在用Heckman两步法纠正选择性偏差后会提高教育和经验的系数，同时打工收入的性别差异也相应消失。王德文、蔡昉和张国庆（2008）也使用了这一方法来解决自选择问题。然而Heckman的两步法也存在局限性：George Messinis和Enjiang Cheng（2009）认为很难发现仅仅进入选择性方程而对工资无影响的变量，另外Vella F.（1998）认为极大似然法基于的双变量正态分布假设是值得商榷的。二是采用Quantile Regression即分位数回归来控制遗漏变量，George Messinis和Enjiang Cheng（2009）认为迁移的参与率与教育回报都受到不可观测的潜在能力因素的影响，所以采用与 Buchinsky M.（1994）相同的方法来解决自选择偏误。三是在金融学中较广泛使用的 Copula Approach，这一方法直到近期 Genius M. 和 Strazzera E. （2008）才被学界采用来解决自选择偏误问题。然而这一方法的局限性在于在大量关于边缘分布的潜在解决方式和不确定性下选择合适的 Copula 并非易事。四是采用工具变量法（IV），王德文和蔡昉等（2008）采用家庭背景即父母的受教育年限来解决这种由于教育的内生性问题所导致的自选择，但家庭背景是否能够来作为工具变量处理内生性问题仍存在争论。

本节研究相对于其他文献的创新与贡献之处主要在于：第一，使用了“中国城乡移民调查”（The Rural to Urban Migration in China）中的城乡移民数据，时间新（2007 年）、样本大（总样本 8446 项），对于同样估计教育回报率能够控制更多的变量包括更广的户籍差异以及地区差异等。第二，重点考察并拓展培训内部不同因素对农村迁移劳动力工资水平的影响差异，基于样本数据的可获得性，考察不同培训种类、培训内部不同出资方对工资是否存在差异。第三，使用了更为前沿的计量方法，对于横截面数据可能存在的自选择问题导致估计的偏差，我们使用了 Probit 模型和平均处理效应模型（ATE）进行纠正。

### 7.1.2 数据来源和样本的统计性描述

我们所使用的数据来自“中国城乡移民调查”（The Rural to Urban Migration in China）2007 年入户调查中的城乡移民部分数据。该调查采用分层结合随机地图分块抽样方法，对中国 10 个省的 15 个城市中的外来移民进行详细的调查，获得了包括外来移民的个人及家庭在工作、收入、消费和日常生活等多方面的详细的信息。①

本数据有以下优点：一是外来务工人员样本量较大（总样本 8446 项）、调查时间较新（2007 年），且样本分布城市范围较广（15 个城市），由此可以反映农村迁移劳动力总体的情况。二是包括了个人基本特征、健康状况、

① 具体的城市包括，蚌埠、成都、东莞、广州、杭州、合肥、洛阳、南京、宁波、上海、深圳、无锡、武汉、郑州、重庆等。有关于该项目的详细信息，请参考 http：//rumici. anu. edu. au/。

教育和培训经历、就业状况、家庭及社会关系、子女的教育等信息，尤其是对外来务工人员的培训经历也有比较详细的记录，为本章的研究主题提供了比较好的数据支持。

在选取本章所需要研究的数据之后，我们对数据进行了进一步的清理：包括对信息缺失如被调查者核心变量的拒答、未汇报等核心参量的缺失，信息自相矛盾如虚报上学初始年龄导致潜在经验为负值的样本，以及上学初始年龄与受教育年龄之和大于被调查者真实年龄等，最终得到本章所使用数据样本总数为6380项。表7-1汇报了使用样本的基本情况。被调查者的平均月工资为1605.3元，其中男女性别相差较大，男性月平均工资是女性月平均工资的1.23倍。周平均工作时间反映在性别上的差异较小，由此得到的平均小时工资男性仍是女性平均小时工资的1.2倍。而从受教育年限来看，男性仍然略高于女性。

**表7-1　城乡移民劳动力统计性描述与培训**

| 统计量 | | 总样本 | | | 接受培训者 | | | 未接受培训者 | | |
|---|---|---|---|---|---|---|---|---|---|---|
| | | 总 | 男 | 女 | 总 | 男 | 女 | 总 | 男 | 女 |
| 月工资 | 均值 | 1605.3 | 1731.4 | 1404.8 | 1655.5 | 1767.7 | 1412.2 | 1587.8 | 1716.7 | 1402.8 |
| | 标准差 | 1232.9 | 1335.9 | 1017 | 1154.8 | 1173.9 | 1073.7 | 1258.6 | 1396 | 1001.5 |
| 周工作时间 | 均值 | 68.1 | 68.7 | 67.2 | 64.8 | 65.2 | 63.9 | 69.3 | 70.2 | 68.1 |
| | 标准差 | 70.9 | 70 | 72.1 | 66.7 | 64 | 72.3 | 72.2 | 72.3 | 72.1 |
| 小时工资 | 均值 | 6.2 | 6.6 | 5.5 | 6.7 | 7 | 5.9 | 6.1 | 6.5 | 5.5 |
| | 标准差 | 4.7 | 5.1 | 4 | 4.9 | 5 | 4.6 | 4.6 | 5.1 | 3.8 |
| 受教育年限 | 均值 | 9.1 | 9.2 | 8.9 | 9.7 | 9.8 | 9.7 | 8.8 | 8.9 | 8.7 |
| | 标准差 | 2.4 | 2.4 | 2.4 | 2.2 | 2.2 | 2.3 | 2.4 | 2.4 | 2.4 |
| 经验 | 均值 | 15 | 15.6 | 14.1 | 11.6 | 12.3 | 10 | 16.2 | 16.9 | 15.3 |
| | 标准差 | 10.8 | 11 | 10.4 | 9 | 9.1 | 8.5 | 11.1 | 11.4 | 10.6 |
| 样本数 | | 6380 | 3913 | 2467 | 1652 | 1127 | 525 | 4728 | 2786 | 1942 |

当我们将总样本根据是否接受培训这一标准进行分类描述，可以看到接受培训者占总体的比例仅有26%。接受培训者的总体平均月工资以及小时

工资都要高于未接受培训者，从总体来看接受培训者的月平均工资比未接受培训者的月平均工资高 4.26%，男性的增幅比女性的增幅更多。而在考虑了周工作时间之后，从平均小时工资数来看，接受培训者比未接受培训者的均值增加 9.84%，因此我们有理由认为培训有利于增加农村迁移劳动力的工资水平。但同时值得注意的是，与未接受培训者相比，男性接受培训的农村迁移劳动力工资增幅（7.69%）同样大于女性接受培训的农村迁移劳动力的工资增幅（7.27%）。因此，在是否接受培训对农村迁移劳动力工资水平的影响过程中，性别因素所导致的差异仍然值得关注。

从接受培训者的农村迁移劳动力样本内部来看，所接受培训种类中 65% 的农村迁移劳动力接受的是企业内部生产培训，接受社会上的非农业培训占总体的 32%，而接受农业生产培训的仅有 3%（见图 7－1）。

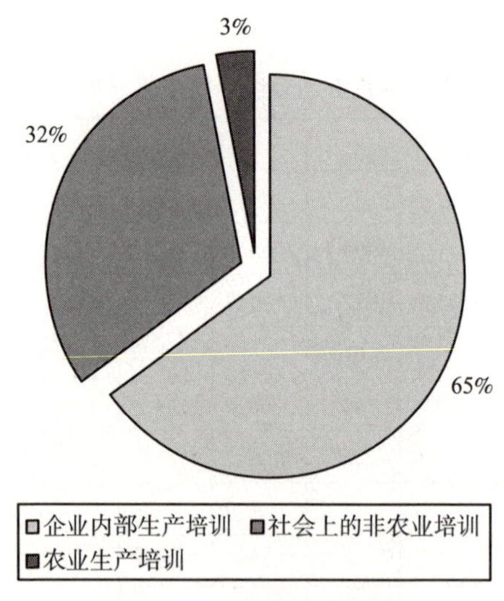


**图 7－1　接受培训的种类**

本次调查问卷还调查了受访者最近一次接受培训的类型，其中 85% 接受的都是与工作相关的技能培训，12% 接受的是与工作无关的一般技能培训，仅有 3% 的被调查者表示接受了一般性培训，如维护工人权益等（见图 7－2）。

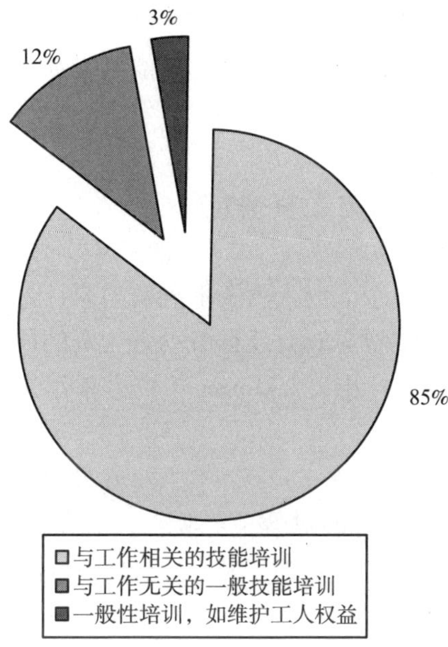


图7－2 最近一次接受培训的类型分析

而从最近一次接受培训的天数来看，可以发现大部分农村迁移劳动力所接受的培训天数仍然集中在短期内，一周到一个月之间占总比例的62.15%，在一个月到三个月之间的有18.02%，而超过三个月的长期受训者仅占到总比例的10.12%，由此可见目前农民所接受的培训时间仍然以一个月内的短期培训为主（见图7－3）。

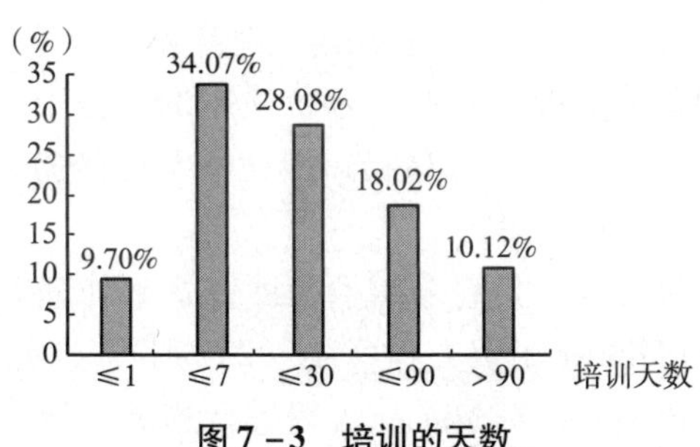


图7－3 培训的天数

综上所述，可以得出结论：农村迁移劳动力所接受的培训主要以企业内部生产培训为主，培训类型与工作相关、技能型较强且培训周期较短，多以一个月以内的短期培训为主。

### 7.1.3 教育、培训与工资决定

根据人力资本理论，个人的人力资本投资与累计差异是导致个人收入差异的两大决定性因素，本章对农村迁移劳动力工资的研究从最基本的 Mincer 工资方程（Mincer，1974）出发。Mincer 工资方程作为经验性的方程，一般采用如下形式：

$$Ln(W_i) = \alpha + \gamma S_i + \beta_1 E_i + \beta_2 E_i^2 + \varepsilon_i \quad (7-1)$$

其中，$W_i$ 表示第 i 个劳动者的对数工资收入，$\alpha$ 表示常数项，$S_i$ 代表受教育程度，$E_i$ 代表劳动者的工作经验，$E_i^2$ 代表经验的平方项，$\varepsilon$ 代表误差项。而在方程拟合所得到的系数中，$\gamma$ 即 Mincer 教育回报，$\beta_1 + 2\beta_2 \times E_i$ 代表经验的回报。

在对变量的处理中 $W_i$ 即农村迁移劳动力的工资收入，我们采用的是平均小时工资数，是根据被调查者的月平均工资和周平均工作小时计算得到的，许多文献中采用的是日收入，甚至是月收入、年收入，但我们认为相对于小时工资，日收入包括了日劳动时间的差异，无法作为农村迁移劳动力工资报酬的精确度量，而相比月收入、年收入则更是要精确地多。受教育程度 S 的衡量，我们采用平均受教育年限，这是调查中受访者直接给出的数据。经验我们采用潜在经验度量，相比其他文献而言在这里并没有简单地用年龄减去受教育年限再减去 6，因为尽管法定入学年龄为 6 岁但农村迁移劳动力的实际入学年龄却并非如此，好在本章所使用的数据中包括“您几岁开始上小学”这一初始上学年龄统计口径，因此本章的经验采用年龄减去受教育年限再减去初始上学年龄得到。

在本章的实证分析中，我们采用了四种方式来处理 Mincer 方程（具体见表 7 -2）简单的 Mincer 工资方程（第（2）列）。二是引入性别、婚姻、户口状况、城市等控制变量对 Mincer 方程进行拓展（第（3）列）。三是加入培训这一控制变量后，以此来观察培训对农村迁移劳动力工资的影响作用（第（4）（5）列）。四是分别对男性、女性农村迁移劳动力重复第 4 列中所

进行的回归，以此观察不同变量对不同性别的直接影响效果。在此处及下文的所有回归分析中，除非有特殊说明，否则城市虚拟变量都是以重庆市为控制变量，户口都是以本地农业户口为控制变量。

表7-2　　农村迁移劳动力的教育、培训回报

| 统计项 | (1) | (2) | (3) | (4) | (5) | (6) |
|---|---|---|---|---|---|---|
| 受教育年限 | 0.059***<br>(15.90) | 0.050***<br>(13.30) | 0.058***<br>(15.49) | 0.049***<br>(12.97) | 0.048***<br>(9.55) | 0.049***<br>(8.26) |
| 经验 | 0.026***<br>(12.02) | 0.019***<br>(7.24) | 0.027***<br>(12.25) | 0.020***<br>(7.32) | 0.024***<br>(7.09) | 0.012**<br>(2.60) |
| 经验平方项 | -0.001***<br>(-12.29) | -0.001***<br>(-9.59) | -0.001***<br>(-12.31) | -0.001***<br>(-9.53) | -0.001***<br>(-9.10) | -0.000***<br>(-3.61) |
| 性别（女性=1） |  | -0.162***<br>(-11.10) |  | -0.157***<br>(-10.75) | 男性 | 女性 |
| 培训（是=1） |  |  | 0.075***<br>(4.46) | 0.070***<br>(4.14) | 0.065**<br>(3.03) | 0.079**<br>(2.92) |
| 婚姻（是=1） |  | 0.061**<br>(2.79) |  | 0.062**<br>(2.87) | 0.095***<br>(3.49) | 0.019<br>(0.53) |
| 户口（本市非农户口=1） |  | 0.073<br>(0.88) |  | 0.0713<br>(0.87) | -0.017<br>(-0.17) | 0.257<br>(1.85) |
| 户口（外地非农户口=1） |  | -0.161<br>(-0.85) |  | -0.161<br>(-0.85) | -0.0950<br>(-0.72) | -0.198<br>(-0.53) |
| 户口（外地农业户口=1） |  | 0.017<br>(0.67) |  | 0.012<br>(0.57) | -0.0022<br>(-0.08) | 0.037<br>(1.20) |
| 蚌埠 |  | 0.064<br>(1.48) |  | 0.068<br>(1.56) | 0.053<br>(1.02) | 0.017<br>(0.22) |
| 成都 |  | 0.071*<br>(1.97) |  | 0.065<br>(1.82) | 0.045<br>(1.02) | 0.080<br>(1.50) |
| 东莞 |  | 0.155***<br>(4.46) |  | 0.164***<br>(4.69) | 0.071<br>(1.60) | 0.309***<br>(5.48) |
| 广州 |  | 0.435***<br>(13.62) |  | 0.447***<br>(13.90) | 0.433***<br>(9.97) | 0.463***<br>(9.67) |
| 杭州 |  | 0.380***<br>(10.40) |  | 0.384***<br>(10.49) | 0.368***<br>(7.80) | 0.399***<br>(6.90) |

续表

| 统计项 | (1) | (2) | (3) | (4) | (5) | (6) |
|---|---|---|---|---|---|---|
| 合肥 | | 0.161 ***<br>(4.37) | | 0.161 ***<br>(4.37) | 0.140 **<br>(3.08) | 0.142 *<br>(2.36) |
| 洛阳 | | -0.095 *<br>(-2.17) | | -0.089 *<br>(-2.02) | -0.145 **<br>(-2.60) | -0.010<br>(-0.14) |
| 南京 | | 0.334 ***<br>(9.41) | | 0.335 ***<br>(9.47) | 0.276 ***<br>(5.96) | 0.409 ***<br>(7.49) |
| 宁波 | | 0.277 ***<br>(5.79) | | 0.280 ***<br>(5.87) | 0.195 **<br>(3.04) | 0.389 ***<br>(5.65) |
| 上海 | | 0.408 ***<br>(11.45) | | 0.410 ***<br>(11.53) | 0.352 ***<br>(7.78) | 0.486 ***<br>(8.55) |
| 深圳 | | 0.435 ***<br>(12.12) | | 0.414 ***<br>(11.40) | 0.357 ***<br>(7.73) | 0.501 ***<br>(8.62) |
| 无锡 | | 0.606 ***<br>(15.75) | | 0.620 ***<br>(15.93) | 0.498 ***<br>(9.09) | 0.739 ***<br>(13.25) |
| 武汉 | | 0.154 ***<br>(4.91) | | 0.163 ***<br>(5.20) | 0.128 **<br>(3.10) | 0.201 ***<br>(4.16) |
| 郑州 | | -0.086 *<br>(-2.36) | | -0.085 *<br>(-2.32) | -0.105 *<br>(-2.20) | -0.072<br>(-1.31) |
| 截距项 | 0.936 ***<br>(21.38) | 0.871 ***<br>(17.51) | 0.922 ***<br>(21.07) | 0.856 ***<br>(17.17) | 0.882 ***<br>(14.11) | 0.707 ***<br>(9.54) |
| 观察值 | 6380 | 6380 | 6380 | 6380 | 3913 | 2467 |
| R-squared | 0.0672 | 0.1807 | 0.0700 | 0.1829 | 0.1587 | 0.2123 |

注：①括号中为t统计量*，**，***，分别表示在5%，1%，0.1%的水平上显著。②除非特殊说明，此处及下文中所有的t值均为Robust t统计量。

基本的Mincer工资方程回归结果来看，所有解释变量的回归系数都达到了0.1%的显著性水平，并且在方向上和理论解释也是一致的，由此得到的教育回报率为5.9%。这与其他人的研究相比相对偏低、但仍接近。

在加入了性别、城市、户口、婚姻的控制之后，第（2）列中教育回报减少到5%，下降了0.9%，证明之前的教育回报是被高估的。同时性别的回归系数为-16.2%，即在控制了其他所有变量之后女性的平均工资要低于男性约16%，表明农村迁移劳动力中男性与女性工资差距仍较为明显。婚姻控制变量的系数为6.1%，表明农村迁移劳动力的婚姻状况也会对工资产生影响。户口因素的检验结果无法通过显著性水平，因此认为对工资没有影响。而对于城市的控制变量可以发现，在控制其他变量之后，相对于农村迁移劳动力迁入地为重庆而言，如果迁入地为蚌埠，统计上没有显著性差异，如果迁入地是洛阳和郑州，则平均小时工资会降低9.5%和8.6%，但相反如果迁入地是其他城市，则会增加迁移者的工资收入水平，其中以无锡最盛，增幅达到60.6%，深圳、广州、上海的增幅都超过了40%，杭州、南京也可以有超过30%的增幅，而如果迁入地为重庆的邻近城市成都则工资只能增加7.1%。通过这一系列数据也可以发现农村迁移劳动力的迁入地对其工资也有显著性影响水平，而这种影响往往又和迁入地的经济发展水平呈现出一定的正相关，即相对迁入地的经济越发达，农村迁移劳动力的工资增加幅度越大。

本章的关注焦点在于培训对农村迁移劳动力的工资的影响，在加入培训后，在没有控制城市的情况下，参加培训的农村迁移劳动力对工资的贡献程度为7.5%，在控制住迁移者的迁入地差异之后，第（4）列显示教育回报率与最简单的Mincer方程相比降低了1%，而培训的作用降低为7%，并且在统计上极为显著。我们可以认为，培训对农村迁移劳动力的工资回报有显著积极作用。在第（5）列和第（6）列中，我们对男性、女性农村迁移劳动力分别进行了观察，结果表明男性的教育回报率略低于女性，经验对于男性农村迁移劳动力的工资回报更高，而培训对女性农村迁移劳动力的工资回报远高于对男性的影响——达到1.4%；而婚姻对工资的影响在男性农村迁移劳动力中表现更为突出，已婚者相对未婚者增加9.5%，而婚姻对女性群体的影响则统计上不显著。同时相对于男性而言，女性迁入地对工资的改善作用更为明显：当迁入地为无锡时，女性工资增幅比男性工资增幅要多25.8%，宁波达到了19.1%，上海也达到16%。因此可以认为，培训对女性农村迁移劳动力的作用要更大于男性，同时迁入地的变化（从欠发达地区迁往经济发达地区）更有利于女性工资的改善，同时婚姻状况（已婚）对男性农村迁移劳动力群体的工资有明显改善作用。

综合表7-2的回归结果我们可以得出以下结论：不同变量包括受教育程度、经验、培训、迁入地城市对农村迁移劳动力的回报存在显著性性别差异，男性教育回报略低于女性但经验回报明显高于女性，培训对男性与女性农村迁移劳动力的工资提高都有显著性作用，但对女性影响更大；户口差异对于总体及男性、女性都无显著影响；婚姻状况会显著改变男性群体的工资；而迁入地经济条件的改善对于工资的增加在女性群体上更为明显与有效。

### 7.1.4 培训的类型和出资方式对工资的影响

前文已经表明培训对于农村迁移劳动力的工资改善作用是显著的，学界关于培训对农村迁移劳动力影响的研究大多止于此，因而本章在这一部分试图深入接受培训的农村迁移劳动力内部，分别观察不同培训类型，以及不同培训出资方对于培训回报的影响作用。

在本章所使用的调查数据中，图 7－1 显示了不同农村迁移劳动力即使都接受了培训，但所接受的培训种类仍有不同，其中约 65% 接受的是企业内部生产培训，而 32% 接受的是社会上的非农业培训，仅有 3% 接受的是农业生产培训。因此，在前文观察了培训回报的基础上，表 7－3 显示了分拆的培训：即将接受培训的样本分别根据农业生产培训、社会上的非农业培训和企业内部的非农业培训进行分拆，运用虚拟变量进行回归（见表 7－3 第（1）（2）（3）列），并同时将性别拆分成不同的样本分别进行回归（见表 7－3 第（4）（5）列），本章对城市虚拟变量的控制同前文一致。

表 7－3　　农村迁移劳动力的不同种类培训及回报

| 统计项 | (1) | (2) | (3) | (4) | (5) |
|---|---|---|---|---|---|
| 受教育年限 | 0.060***<br>(7.69) | 0.060***<br>(7.69) | 0.060***<br>(7.67) | 0.056***<br>(6.11) | 0.067***<br>(4.15) |
| 经验 | 0.033***<br>(4.44) | 0.033***<br>(4.44) | 0.033***<br>(4.45) | 0.035***<br>(4.19) | 0.024<br>(1.75) |
| 经验平方项 | −0.001***<br>(−4.16) | −0.001***<br>(−4.16) | −0.001***<br>(−4.19) | −0.001***<br>(−3.96) | −0.000<br>(−1.54) |
| 性别（女性=1） | −0.123***<br>(−4.37) | −0.123***<br>(−4.37) | −0.123***<br>(−4.39) | 男性 | 女性 |
| 婚姻（是=1） | 0.059<br>(1.37) | 0.059<br>(1.38) | 0.059<br>(1.36) | 0.109*<br>(2.42) | −0.036<br>(−0.39) |

续表

| 统计项 | (1) | (2) | (3) | (4) | (5) |
|---|---|---|---|---|---|
| 农业生产培训 | -0.050<br>(-0.53) | -0.042<br>(-0.44) | | | |
| 企业内部的非农业培训 | -0.010<br>(-0.35) | | 0.007<br>(0.09) | 0.014<br>(0.13) | 0.016<br>(0.17) |
| 社会上的非农业培训 | | 0.006<br>(0.21) | 0.015<br>(0.19) | -0.000<br>(-0.01) | 0.074<br>(0.77) |
| 截距项 | 0.756***<br>(6.85) | 0.747***<br>(6.88) | 0.739***<br>(5.83) | 0.814***<br>(5.30) | 0.543*<br>(2.51) |
| 观察值 | 1652 | 1652 | 1652 | 1127 | 525 |
| R-squared | 0.2009 | 0.2008 | 0.2007 | 0.1788 | 0.2541 |

注：①括号中为t统计量*，**，***，分别表示在5%，1%，0.1%的水平上显著。②为了简洁，户口的虚拟变量与城市虚拟变量的估计值略去。

表7-3的回归结果表明，在将培训类型进行分拆之后，如果以农业生产培训为默认变量，社会上的非农业培训相比会改善工资1.5%，而企业内部的非农业培训则会增加工资0.7%，一方面这种变化在经济含义上微乎其微，更重要的是这种影响在统计上并不显著，即使在更换了控制变量之后从第（2）（3）列中我们都发现，这种拆分后的不同类型的培训对工资的影响都不显著，而同样的情况也发生在对性别进行拆分的第（4）（5）列回归结果中。可能考虑到一方面农村迁移劳动力原本从事的工作就是相对劳动密集型、低附加价值的工作，因此，我们认为：对于农村迁移劳动力而言，不同的培训种类对于工资的改善作用不显著，即相对不同种类而言、农村迁移劳动力是否参加过培训显得更为重要。同时我们注意到，在接受培训的子样本内部婚姻对工资的影响被消除了，同时性别对工资造成的差异也得以减弱。

在对接受不同类型培训的效果进行观察的基础上，我们进一步试图分析不同培训的出资方对于最终的工资收入是否会有影响作用。根据调查数据表明，关于培训资费的出资方主要包括：自费、本人与雇主分担、现雇主出资、前雇主出资、政府出资和其他出资方。表7-4中第（1）列选取其他出资方为控制变量，由此观察其他出资方对农村雇佣劳动力的工资是否会产生影响。第（2）列将现雇主与前雇主两项样本进行合并——合并为雇主出资，仍然选用其他出资方为控制变量。第（3）列将雇主出资与政府出资合并为雇主与政府出资，即观察是否有本人出资参与对工资的影响。第（4）列将是否由雇主完全承担作为控制变量，第（5）列与第（6）列为在第（4）列的基础上根据性别对样本进行分拆得到的结果，城市虚拟变量的控制与上文相同。

从表7-4的回归结果我们可以看到在第（1）列至第（5）列中不同的出资方对于工资的影响都不显著，因此可以认为对于总体以及男性农村迁移劳动力而言，培训的出资方不同并不会对最终的工资收入有明显差异，但是在第（6）列中相对雇主出资这一控制变量而言，本人自费的培训将会使工资提高13.4%，而本人与雇主分担的培训将使工资提高15.2%，政府出资将使工资提高34.8%，而且尽管自费和分担费用在统计上不显著，但政府出资通过了5%的显著性水平。由此可以认为：不同培训的出资方对于总体以及男性而言其工资回报并不明显，然而对于女性而言，相对于雇主出资，政府出资将大幅度提高女性农村迁移劳动力的潜在工资水平。

表7-4　　不同培训出资方对工资的影响

| 统计项 | （1） | （2） | （3） | （4） | （5） | （6） |
|---|---|---|---|---|---|---|
| 受教育年限 | 0.060*<br>(7.58) | 0.060*<br>(7.56) | 0.060*<br>(7.60) | 0.060*<br>(7.56) | 0.055**<br>(6.04) | 0.064**<br>(3.86) |
| 经验 | 0.033**<br>(4.43) | 0.033**<br>(4.43) | 0.033**<br>(4.43) | 0.033**<br>(4.43) | 0.035*<br>(4.13) | 0.021<br>(1.52) |
| 经验平方项 | -0.001***<br>(-4.15) | -0.001***<br>(-4.15) | -0.001***<br>(-4.17) | -0.001***<br>(-4.15) | -0.001***<br>(-3.83) | -0.000<br>(-1.38) |
| 性别（女性=1） | -0.123***<br>(-4.43) | -0.123***<br>(-4.42) | -0.124***<br>(-4.42) | -0.123***<br>(-4.42) | 男性 | 女性 |
| 婚姻（是=1） | 0.058<br>(1.36) | 0.058<br>(1.36) | 0.058<br>(1.35) | 0.058<br>(1.36) | 0.109*<br>(2.43) | -0.021<br>(-0.22) |
| 自费 | 0.023<br>(0.59) | 0.023<br>(0.58) | 0.023<br>(0.58) | 0.036<br>(0.77) | -0.006<br>(-0.13) | 0.134<br>(1.40) |
| 本人与雇主分担 | 0.012<br>(0.26) | 0.012<br>(0.26) | 0.012<br>(0.26) | 0.025<br>(0.48) | -0.032<br>(-0.58) | 0.152<br>(1.42) |
| 前雇主出资 | 0.020<br>(0.27) | | | | | |

续表

| 统计项 | (1) | (2) | (3) | (4) | (5) | (6) |
|---|---|---|---|---|---|---|
| 现雇主出资 | -0.023<br>(-0.36) | | | | | |
| 雇主出资 | | -0.013<br>(-0.23) | | | | |
| 雇主与政府出资 | 0.013<br>(0.15) | 0.013<br>(0.15) | | 0.025<br>(0.29) | | |
| 政府出资 | | | -0.0058<br>(-0.11) | | -0.093<br>(-0.86) | 0.348*<br>(2.51) |
| 其他出资 | | | | 0.013<br>(0.23) | -0.080<br>(-1.23) | 0.179<br>(1.67) |
| 截距项 | 0.738***<br>(6.66) | 0.739***<br>(6.65) | 0.737***<br>(6.66) | 0.726***<br>(6.71) | 0.858***<br>(6.23) | 0.479**<br>(2.89) |
| 观察值 | 1652 | 1652 | 1652 | 1652 | 1127 | 525 |
| R-squared | 0.2011 | 0.2010 | 0.2010 | 0.2010 | 0.1807 | 0.2650 |

注：①括号中为t统计量，*，**，***，分别表示在5%，1%，0.1%的水平上显著。②各列均控制了城市虚拟变量。

### 7.1.5 纠正培训行为的自选择

利用Mincer方程估计教育回报率时，根据Heckman（1974）认为如果样本仅包括了选择迁移的农村迁移劳动力的样本，那么通过OLS回归所得到的教育回报和经验回报是存在偏误的——即经典的自选择问题。李雪松和詹姆斯·赫克曼（2004）在考虑异质性和选择偏差的基础上估计了20世纪末中国的教育回报率，结果表明当存在异质性和选择问题时，普通最小二乘法OLS和工具变量法IV都难以对教育回报率给出一致的估计。

之前的所有文献有所不同的是，以往的Heckman两步法主要是为了纠正农村劳动力是否选择迁移存在的自选择问题，但本书的重点并不在于农村劳动力是否选择迁移，而是着眼于已经迁移至城市的劳动力是否参加培训会对其工资产生怎样的影响，但如果选用培训这一变量同时放入Heckman两步法的工资方程与选择方程就会存在多重共线性的问题。因此，本章考虑使用由 Heckman 两步法拓展而来的平均处理效应模型（Average Treatment Effects Model）来纠正培训的自选择行为。实际上，平均处理效应模型已经普遍应用在政策评估等研究中，如 Lalonde R.（1986）和 Hahn J.（1998），另外，根据王德文等（2008）也使用这种模型来估计培训的回报率。

首先，我们对影响农村迁移劳动力是否选择参加培训进行概率模型估计，回归结果如表 7－5 所示，通过 Probit 模型我们可以看到性别、受教育年限、初次迁移的年龄、子女数目、户口状况都对是否选择参加培训有显著性影响，而婚姻状况对培训的选择无影响。然而通过 Wooldridge（2009），Probit 估计的回归系数没有直接经济含义，需要转换成边际效应，通过 Probit 模型的边际效应可见，女性要比男性低 6.4% 的可能性选择参与培训，受教育年限的边际效应为 2.4%，初次迁移的年龄仅有 0.7% 的负边际效应，子女数目也会对是否选择参加培训产生 3.3% 的负效应，而户口因素内部相对本地农业户口而言，外地农业户口会有 3.5% 的边际效应使农村迁移劳动力选择参加培训。

**表 7－5　　农村迁移劳动力培训选择（Probit 模型，接受培训者 =1）**

| 统计项 | 系数值 | 边际效应 |
|---|---|---|
| 性别（女性 =1） | −0.211***<br>（−5.63） | −0.064<br>（−5.75） |
| 婚姻状况（已婚 =1） | 0.003<br>（0.05） | 0.001<br>（0.05） |
| 受教育年限 | 0.077***<br>（9.45） | 0.024<br>（9.49） |
| 初次迁移的年龄 | −0.021***<br>（−7.68） | −0.007<br>（−7.73） |
| 子女数目 | −0.107**<br>（−2.99） | −0.033<br>（−3.00） |
| 户口（本市非农户口 =1） | 0.052<br>（0.24） | 0.016<br>（0.24） |
| 户口（外地非农户口 =1） | 0.093<br>（0.29） | 0.030<br>（0.28） |

续表

| 统计项 | 系数值 | 边际效应 |
| --- | --- | --- |
| 户口（外地农业户口=1） | 0.115*<br>(2.06) | (0.035)<br>(2.12) |
| 截距项 | -0.691***<br>(-5.91) | |
| 观测值 | 6380 | |
| Pseudo R-Squared | 0.1014 | |

注：①括号中为z统计量，*，**，***，分别表示在5%，1%，0.1%的水平上显著。②各列均控制了城市虚拟变量。

在估计了培训决定的Probit模型的基础上，我们使用平均处理效应模型（Average Treatment Effects Model）来进一步纠正培训中是否存在自选择的问题，平均处理效应模型的一般设定形式如下（Wooldridge，2002）：

$$y_i = X_j\beta + \delta z_j + \varepsilon_j \quad (7-2)$$

其中，$z_j$ 表示由0或1组成的决策变量，这个变量是由一系列潜在变量（Latenet Variable）决定的，即：

$$z_j^* = W_j\gamma + \mu_j \quad (7-3)$$

那么，农村迁移劳动力是否选择参加培训，就将按照以下规则来执行：$z_j=1$，如果 $z_j^*>0$，否则 $z_j=0$。由此根据前文Probit模型得到的结果，选取受教育年限、初次迁移的年龄、性别、子女数目、户籍状况、城市作为潜在变量，得到的处理效应模型见表7-6。其中第（1）列前文运用OLS方法得到的教育、培训回报情况，方程（2）为处理效应模型，方程（7-3）为决策变量回归模型。从估计的结果来看，教育回报率下降至3.4%，经验回报率增加至2.4%，性别的差异也得以缩小，并且这些变量的系数都在统计上显著。此外，风险值Hazard的系数达到了0.1%的显著性水平，说明培训的决策存在显著的自选择，所以必须使用平均处理模型进行纠正。最终我们发现纠正自选择后的培训的回报率高达92.3%，远高于回归方程（7-1）中的7.0%的回报率，说明培训将极大地提高农村迁移劳动力的人力资本存量从而提高其工资水平，另外，也证明了使用OLS估计方法存在较大偏误。

**表 7-6　　培训的处理效应模型**

| 统计项 | OLS 估计 | 处理效应模型 | |
|---|---|---|---|
| | (1) | (2) | (3) |
| 受教育年限 | 0.049 ***<br>(12.97) | 0.034 ***<br>(6.97) | 0.079 ***<br>(9.45) |
| 经验 | 0.020 ***<br>(7.32) | 0.024 ***<br>(8.54) | |
| 经验平方项 | -0.001 ***<br>(-9.53) | -0.001 ***<br>(-9.11) | |
| 培训（是=1） | 0.070 ***<br>(4.14) | 0.923 ***<br>(6.06) | |
| 初次迁移的年龄 | | | -0.021 ***<br>(-7.68) |
| 性别（女性=1） | -0.157 ***<br>(-10.75) | -0.099 ***<br>(-4.95) | -0.211 ***<br>(-5.63) |
| 婚姻（是=1） | 0.062 **<br>(2.87) | 0.078 ***<br>(3.49) | |
| 子女数目 | | | -0.106 ***<br>(-3.99) |
| 户口（本市非农户口=1） | 0.0713<br>(0.87) | 0.054<br>(0.54) | 0.052<br>(0.25) |
| 户口（外地非农户口=1） | -0.161<br>(-0.85) | -0.172<br>(-1.12) | 0.094<br>(0.29) |
| 户口（外地农业户口=1） | 0.012<br>(0.57) | -0.012<br>(-0.47) | 0.115 *<br>(2.06) |
| 截距项 | 0.856 ***<br>(17.17) | 0.661 ***<br>(10.31) | -0.691 ***<br>(-5.95) |
| Hazard | | | |
| lambda | | -0.504 ***<br>(-5.65) | |
| 观察值 | 6380 | 6380 | 6380 |
| R-squared | 0.1829 | | |

注：①括号中为 z 统计量，*，**，***，分别表示在 5%，1%，0.1% 的水平上显著。②各列均控制了城市虚拟变量。

### 7.1.6　结论

本章通过利用“中国城乡移民调查”2007 年入户调查中的样本数据，首先通过描述性统计分析发现农村迁移劳动力是否接受培训其工资水平存在明显差异，同时在接受培训的样本种类主要以企业内部生产培训为主，培训类型与工作相关、技能型较强，培训周期较短、以一个月以内的短期培训为主。

在实证研究部分，我们从基本的 Mincer 工资方程出发，估计得到的教育回报率为 5.9%，当加入培训这一解释变量以及一系列其他控制变量之后，我们得到教育回报率降为 4.9%，并且男性教育回报略低于女性但经验回报明显高于女性，培训的回报率为 7.0%，我们可以认为，培训对农村迁移劳动力的工资回报有显著积极作用，并且考虑性别差异之后得到培训对女性农村迁移劳动力的作用要更大于男性。与此同时，户口差异对于总体及男性、女性都无显著影响；婚姻状况会显著改变男性群体的工资；而迁入地经济条件的改善对于工资的增加在女性群体上更为明显与有效。

其次，本章通过对培训内部的样本进行深入分析，发现对于农村迁移劳动力而言，不同的培训种类对于工资的改善作用不显著，即相对不同种类而言、农村迁移劳动力是否参加过培训显得更为重要。同时我们注意到，在接受培训的子样本内部婚姻对工资的影响被消除了，同时性别对工资造成的差异也得以减弱。另外，不同培训的出资方对于总体以及男性而言其工资回报并不明显，然而对于女性而言，相对于雇主出资，政府出资将大幅度提高女性农村迁移劳动力的潜在工资水平。

最后，我们通过概率响应模型发现性别、受教育年限、初次迁移的年龄、子女数目、户口状况都对是否选择参加培训有显著性影响，而婚姻状况对培训的选择无影响——即培训的选择存在内生性，通过平均处理效应模型对培训的自选择进行纠正之后得到修正后的培训回报率高达 92.3%，说明培训将极大地提高农村迁移劳动力的人力资本存量从而提高其工资水平，另外，也证明了前文使用 OLS 估计方法存在较大偏误。

综上所述，本章的研究表明与教育相比，培训对于改善农村迁移劳动力的工资水平有着更为重要的积极意义。而且，对于农村迁移劳动力而言、培训种类并不会对工资造成显著影响，因此政府的支持培训政策应该更多关注“面”而非不同的“点”；同时本章也发现政府出资对于提高女性培训回报率有着极为重要的影响，而这种对于女性的政策倾斜显然也有利于减轻社会就业中的性别歧视现象。

## 7.2 语言能力对农村劳动力转移就业的影响

随着中国经济的发展和经济活力的提高，劳动力的流动与迁徙成为一种普遍现象。由于我国幅员辽阔，各个地区拥有各自不同的方言，而语言在人们生活与工作的沟通交流中起着重要的作用，因此语言能力对迁移的劳动力收入水平可能有着不可忽视的影响。

普通话作为我国的官方语言，在各地广为推行，但由于地区及教育水平限制，并非所有人，特别是年龄稍大的劳动者，都能掌握标准的普通话，这点可能对外来劳动力的求职和工作效率造成影响。另外，当前中国就业市场上存在要求求职者掌握工作地方言的现象，因此是否会当地方言可能会影响劳动者的工作机会，同时，一些地区社会经济活动偏好于使用当地方言进行交流，因而掌握流入地方言可能会提高劳动者的劳动效率，进而对工资产生影响。此外，本地居民出于心理上的认同感，也即通过语言来区分异己的行为，也会导致外来劳动者在工作生活中面临语言上的窘境。

### 7.2.1 语言能力对工资的影响

从人力资本理论的角度看，语言（无论是母语，还是其他语言）是一种人力资本（Breton，1998；Pendakur and Pendakur，1998），因为它属于知识和技能的范畴。作为一种技能，语言满足人力资本定义的三个标准：

第一，要花费代价（成本）才能获得。尽管获取语言技能需要花费成本，但一旦形成投资，人们会有更多的交际可能，从而得到较高的收入或更好的职位（Lazear，1999）。

第二，具有生产性。无论是在消费者身上，还是在厂商（劳动服务的提供者）身上，语言都体现出生产性。例如，那些缺乏语言技能的人在购买产品和服务时，为搜寻最低价格或是在既定价格下寻找最佳质量的产品要面临更多的困难（花费更多的成本）。相反，语言知识能带来很大的消费利益，因为语言本身就可以是一种直接的消费品，或者语言作为交流工具可以扩大他们的消费集合。

第三，依附于人体。由语言能力带来的工资差异可能是歧视的结果。所谓的歧视，可以认为是人们对那些与之工作、监管或买卖的具有某种不同特性的人群报以某种不同态度。一些人不愿意和他们不喜欢的人一起共事，除非他们获得某种补偿。劳动力市场上，如果一个群体对另一个群体有着共同的歧视心态，被歧视的群体将被给予较低的工资，以补偿歧视群体成员的心理损失。

Arrow（1974）进而假设被歧视群体的生产水平是低下的；Lundberg 和 Startz（1983）则认为被歧视群体对人力资本投资不足。但调查研究发现，劳动收入差距与这些假设往往背道而驰。Lang（1986）发现劳动力市场上存在的收入差距往往在不同语言群体之间。他结合人力资本理论和贝克尔——阿罗歧视理论发展了语言歧视模型，解释了为什么不同语言群体间成员的收入存在差距。Lang 的模型分三种情况：所有企业只雇用工人、以同比例既雇用工人又雇用管理者、按不同比例雇用工人和管理者。通过比较雇用不同语言群体成员的企业成本函数，计算出了不同语言群体成员的工资差。语言的学习成本导致了“语言歧视”，这意味着不同的语言会造成劳动力市场的某种隔离。

对普通话和当地方言的掌握可以看成是一种人力资本，因此是否具有这一人力资本会造成工资的差异。一方面，客观来讲，这种人力资本可能导致工作能力和效率的差异，另一方面，本地人群可以很容易地利用口音和语言来辨别异己，形成某种偏好，导致非主体语言（不会本地方言）群体的成员在劳动力市场上边缘化，使之就业机会减少，进而收入上产生差别。

### 7.2.2　数据来源及说明

本文实证研究所使用的数据来自中国调查数据网（CSDN）提供的《中国城市劳动力市场研究》，该研究于2001年11月至2002年1月在中国的上海、沈阳、武汉、西安和福州展开。该调查由中国社会科学院发起，并在当地统计局的辅助下进行。本章采用的实证数据来自该研究中的外来劳动力问卷调查，该调查根据2000年人口普查数据，一共抽取了60个社区调查记录在案的外来劳动力，即本章的研究对象不包括未经注册的短期外来劳动力，有效样本量为2864项。

本章使用劳动力年收入的对数作为衡量工资的被解释变量，重点考察劳动力的语言能力对劳动力工资的影响，本章采用了普通话水平和当地语言水平衡量语言能力，其他控制变量还有性别、受教育程度、年龄、户籍、工作单位类型、工作行业、职业、来源地和在当地的生活时间等等。具体变量及含义见表7－7。

表7－7　变量及其含义

| 变量 | 含义 |
| --- | --- |
| wage | 年收入＝当前工作的月收入＊12＋每年不按月发放的奖金、补贴和过节费（元） |
| mandarin | “普通话水平标准”＝1；“不标准或不会”＝0 |
| lang | “现在会说当地话”＝1；“其他”＝0 |
| lang1 | “刚来时会说当地话”＝1；“其他”＝0 |
| lang2 | “刚来时不会说当地话，现在会说”＝1；“其他”＝0 |
| male | “男性”＝1；“女性”＝0 |
| urban | “城镇户口”＝1；“农村户口”＝0 |
| edu1 | 受教育水平：“高中及中专文化程度”＝1；“其他”＝0 |
| edu2 | 受教育水平：“大专、大学及以上文化程度”＝1；“其他”＝0 |
| age | 年龄 |
| ownership | 当前工作单位类型：“党政机关、国家企事业单位、国企、集体企业及国有或集体控股企业”＝1；“其他”＝0 |
| ind | 当前工作行业分类：“第二产业”＝1；“其他”＝0 |
| service | 当前工作行业分类：“第三产业”＝1；“其他”＝0 |
| job | 当前工作职业：“工人”＝1；“其他”＝0 |
| west | 来源地：“西部省市”＝1；“其他”＝0 |
| mid | 来源地：“中部省市”＝1；“其他”＝0 |
| liveyear | 在当地的生活时间（年） |

对变量进行的描述性统计如表7－8所示，可见全体样本中，平均年收入为12655.1元，普通话标准的人平均年收入为13480.32元，高出普通话

不标准的人1398.49元，会当地语言的比不会的要多115.51元；在总体中，普通话标准的人占到了40.99%，会当地语言的占54.43%，其中刚来时就会说当地话的有32.05%，余下的22.38%是后来学会的；样本中男性占了较大部分，为60.90%，普通话标准的男性比女性要少，会当地语言的男性比女性多；仅有16.41%的外来劳动力拥有城镇户口，并且语言能力较好的人中城镇户口比例略高；样本中21.19%的劳动力拥有高中及中专文化程度，大专、大学及以上的比例为4.12%，同样也是在语言能力较高的人群中，受教育水平较高；样本平均年龄为30岁，普通话标准的群体比不标准的群体年轻4岁左右，是否会当地语言的样本年龄差距小些；外来劳动力中在国企工作的占30.44%，普通话不标准的人群中在国企工作的比例要高于普通话标准的，是否会当地语言的差别较小；绝大多数外来劳动力在第三产业工作，占到了80.60%，余下的有17.57%在第二产业工作，第三产业中普通话标准的比例略高，其他方面语言能力的差距不大；当前是工人的比例为22.13%；样本中39.09%的外来劳动力来自中部地区，18.56%来自西部地区，绝大多数都是东部地区流动的外来劳动力；最后，样本中的外来劳动力平均在当地生活了5年左右，并且会当地语言的在当地生活时间更久。①

**表7-8　　变量描述性统计**

| 变量 | 样本 | 平均值 | | | | | 标准差 |
|---|---|---|---|---|---|---|---|
| | | 总体 | 普通话标准 | 普通话不标准 | 会当地语言 | 不会当地语言 | |
| wage | 2864 | 12655.1 | 13480.32 | 12081.83 | 12707.73 | 12592.22 | 13938.47 |
| mandarin | 2864 | 0.4099 | | | | | 0.4919 |
| lang | 2864 | 0.5443 | | | | | 0.4981 |
| lang1 | 2864 | 0.3205 | | | | | 0.4668 |
| lang2 | 2864 | 0.2238 | | | | | 0.4169 |
| male | 2862 | 0.6090 | 0.5894 | 0.6226 | 0.6200 | 0.5959 | 0.4881 |
| urban | 2864 | 0.1641 | 0.2274 | 0.1201 | 0.1713 | 0.1556 | 0.3704 |
| edu1 | 2864 | 0.2119 | 0.2726 | 0.1698 | 0.2239 | 0.1977 | 0.4088 |

① 除此以外，由于调查问卷中的数据缺失，工作单位的类型和当前工作职业样本量较小，因此包含这两个变量的回归结果仅作为参考，对其可信度持谨慎态度。

续表

| 变量 | 样本 | 平均值 | | | | | 标准差 |
|---|---|---|---|---|---|---|---|
| | | 总体 | 普通话标准 | 普通话不标准 | 会当地语言 | 不会当地语言 | |
| edu2 | 2864 | 0.0412 | 0.0767 | 0.0166 | 0.0423 | 0.0398 | 0.1988 |
| age | 2864 | 30.013 | 27.8424 | 31.5213 | 29.4650 | 30.6682 | 9.1667 |
| ownership | 1728 | 0.3044 | 0.2747 | 0.3318 | 0.3079 | 0.2999 | 0.4603 |
| ind | 2789 | 0.1757 | 0.1859 | 0.1686 | 0.1738 | 0.1779 | 0.3806 |
| service | 2789 | 0.8060 | 0.8010 | 0.8095 | 0.8123 | 0.7986 | 0.3955 |
| job | 1726 | 0.2213 | 0.2814 | 0.1650 | 0.2582 | 0.1737 | 0.4153 |
| west | 2845 | 0.1856 | 0.1511 | 0.2095 | 0.2026 | 0.1654 | 0.3888 |
| mid | 2845 | 0.3909 | 0.3270 | 0.4351 | 0.2861 | 0.5154 | 0.4880 |
| liveyear | 2856 | 5.2124 | 4.7446 | 5.5376 | 5.8934 | 4.3962 | 5.2547 |

### 7.2.3 语言能力与工资收入

根据 Mincer（1974），我们设定工资回归方程如下：

$$\ln y_i = \alpha_{1i} + \beta_1 mandarin_i + \beta_2 lang_i + \gamma X_i + \varepsilon_i \quad (7-4)$$

其中，lny 代表对数工资，mandarin 为普通话说的是否标准，lang 为说是否会说当地方言。X 代表教育水平、年龄、就业行业、所有制等一系列人力资本和就业特征变量。

首先检验在不控制其他因素的情况下，选取的语言变量对劳动力工资是否存在显著影响。表 7-9 展示了基本的回归结果。在不控制其他变量时，普通话水平是否标准对外来劳动力收入有显著影响。平均而言，普通话水平标准的人群比不标准的人群收入要高 17.1%。第（2）列的结果表明当前是否会说当地话对劳动力收入没有显著影响，这表明不存在通过当地话掌握情况对外来劳动力进行工资歧视的证据。使用“刚来时会当地话”和“刚来时不会，现在会”这两个变量代替了第（2）列中的“当前是否会当地话”，这两个变量将样本中的劳动力分为三类，对比组是一直不会当地语言的外来劳动力，从回归结果可以看到，刚来时就会当地语言的人群反而比一直不会当地话的人群平均收入少 8.43%，而后来学会的人群比一直不会的人群平均收入高 9.85%。我们可以猜测，刚来时就会当地话的人群大多来自本地周边地区，而不会当地话的一般来自较远的地区，与前者相比，后者转移成本较大，可能需要更高的收入才能弥补其较高的转移成本，因此平均而言这些远距离迁移的外来劳动力的收入比近距离迁移的外来劳动力收入要高。而刚来时不会当地话但后来学会，表明了劳动力的学习能力、适应能力较强，是劳动力内在能力的体现，因此这部分人群比一直不会当地话的人群平均收入要高。

**表 7－9　　基本回归结果**

| 变量 | (1) | (2) | (3) | (4) | (5) | (6) |
|---|---|---|---|---|---|---|
| | lwage | lwage | lwage | lwage | lwage | lwage |
| mandarin | 0.171 ***<br>(0.0296) | | | 0.173 ***<br>(0.0298) | 0.191 ***<br>(0.0298) | 0.168 ***<br>(0.0296) |
| lang | | −0.00914<br>(0.0294) | | −0.0257<br>(0.0294) | | |
| lang1 | | | −0.0843 **<br>(0.0337) | | −0.114 ***<br>(0.0338) | −0.122 ***<br>(0.0332) |
| lang2 | | | 0.0985 ***<br>(0.0377) | | 0.0972 ***<br>(0.0374) | 0.0874 **<br>(0.0368) |
| male | | | | | | 0.218 ***<br>(0.0293) |
| urban | | | | | | 0.282 ***<br>(0.0389) |
| Constant | 9.080 ***<br>(0.0190) | 9.155 ***<br>(0.0217) | 9.155 ***<br>(0.0216) | 9.093 ***<br>(0.0241) | 9.087 ***<br>(0.0240) | 8.921 ***<br>(0.0300) |
| 样本量 | 2864 | 2864 | 2864 | 2864 | 2864 | 2862 |
| R-squared | 0.011 | 0.000 | 0.007 | 0.012 | 0.021 | 0.056 |

注：括号中为稳健标准误，*，**，***，分别表示在 10%，5%，1% 的水平上显著。

第（4）列和第（5）列将普通话水平和当地语言水平同时放入回归，与前面的基本结果类似，普通话能力对收入有显著影响，但当前是否会当地话没有明显作用，一开始就会当地语言的人群比一直不会的人群收入水平要低，而后来学会当地语言的比一直不会的收入水平高。从作用大小来看，普通话水平的影响提高了两个百分点，一开始就会当地语言的比一直不会的收入低了11.4%，体现劳动力能力的学会当地语言的影响大小基本不变。

第（6）列在第（5）列的基础上加入了一些基本的劳动力特征，控制了性别和户籍的因素。在控制了语言水平和户籍以后，男性平均而言比女性收入高21.8%，而城镇户口的劳动力比农村户口的要高28.2%。这点也可能是城镇户口的劳动力受到了更好的教育，人力资源禀赋较高的缘故。本章重点关注的语言变量影响没有太大变化。

表7-10控制了一些其他的可能影响因素。各列中我们重点关注的语言水平影响与上表变化不大，在最后一列控制了较多变量以后，普通话标准的外来劳动力平均收入高13.1%，刚来时就会当地语言的比一直不会的收入低16.2%，在控制了在当地的生活时间以后，后来学会当地语言的人群与一直不会的人群工资差异不明显，这表明该变量带来的工资差异随着对当地熟悉度的提高而逐渐消失，是否会当地方言本身并不对劳动力工资产生影响。

**表7-10　拓展回归结果**

| 变量 | (1) | (2) | (3) | (4) | (5) | (6) |
|---|---|---|---|---|---|---|
| | lwage | lwage | lwage | lwage | lwage | lwage |
| mandarin | 0.171***<br>(0.0298) | 0.178***<br>(0.0297) | 0.194***<br>(0.0313) | 0.182***<br>(0.0309) | 0.183***<br>(0.0296) | 0.131***<br>(0.0294) |
| lang1 | -0.0813**<br>(0.0326) | -0.101***<br>(0.0327) | -0.135***<br>(0.0343) | -0.152***<br>(0.0340) | -0.120***<br>(0.0329) | -0.162***<br>(0.0338) |
| lang2 | 0.0979***<br>(0.0359) | 0.0916**<br>(0.0358) | 0.0210<br>(0.0402) | 0.00141<br>(0.0398) | 0.0589<br>(0.0363) | 0.0393<br>(0.0357) |
| male | 0.181***<br>(0.0289) | 0.185***<br>(0.0293) | 0.212***<br>(0.0318) | 0.202***<br>(0.0314) | 0.175***<br>(0.0292) | 0.165***<br>(0.0287) |
| urban | 0.199***<br>(0.0397) | 0.188***<br>(0.0397) | 0.154***<br>(0.0400) | 0.129***<br>(0.0396) | 0.182***<br>(0.0396) | 0.182***<br>(0.0390) |
| edu1 | 0.145***<br>(0.0352) | 0.151***<br>(0.0351) | 0.185***<br>(0.0359) | 0.141***<br>(0.0361) | 0.155***<br>(0.0351) | 0.173***<br>(0.0346) |
| edu2 | 0.437***<br>(0.0740) | 0.433***<br>(0.0746) | 0.541***<br>(0.0686) | 0.397***<br>(0.0702) | 0.441***<br>(0.0744) | 0.465***<br>(0.0730) |
| age | 0.0801***<br>(0.00804) | 0.0788***<br>(0.00802) | 0.0831***<br>(0.00896) | 0.0803***<br>(0.00879) | 0.0714***<br>(0.00816) | 0.0707***<br>(0.00801) |

续表

| 变量 | (1) | (2) | (3) | (4) | (5) | (6) |
|---|---|---|---|---|---|---|
| | lwage | lwage | lwage | lwage | lwage | lwage |
| agesq | -0.00104 *** (0.000115) | -0.00102 *** (0.000115) | -0.00113 *** (0.000131) | -0.00110 *** (0.000129) | -0.000953 *** (0.000116) | -0.000950 *** (0.000113) |
| ind | | 0.497 *** (0.109) | 0.208 (0.154) | 0.199 (0.156) | 0.482 *** (0.109) | 0.453 *** (0.107) |
| service | | 0.545 *** (0.105) | 0.178 (0.151) | 0.159 (0.154) | 0.528 *** (0.105) | 0.495 *** (0.103) |
| ownership | | | -0.0811 ** (0.0339) | | | |
| job | | | | 0.267 *** (0.0388) | | |
| liveyear | | | | | 0.0138 *** (0.00288) | 0.0128 *** (0.00286) |
| west | | | | | | -0.384 *** (0.0383) |
| mid | | | | | | -0.232 *** (0.0319) |
| Constant | 7.512 *** (0.136) | 6.998 *** (0.174) | 7.245 *** (0.208) | 7.277 *** (0.209) | 7.116 *** (0.175) | 7.375 *** (0.174) |
| 样本量 | 2862 | 2787 | 1709 | 1707 | 2779 | 2763 |
| R-squared | 0.106 | 0.115 | 0.183 | 0.204 | 0.122 | 0.158 |

注：括号中为稳健标准误，*，**，***，分别表示在10%，5%，1%的水平上显著。

从第（1）列可以看到，在控制了受教育水平和用年龄代表的经验以后，户籍因素的影响有所降低，从28.2%降到了19.9%，但仍然十分显著，高中中专及以上的人群比对比组收入高14.5%，大专大学级以上的要高43.7%，可见受教育水平是影响劳动力收入的重要因素。劳动力经验的影响也同经典文献一致，随劳动力年龄的上升，劳动力收入水平先上升，后下降。

第（2）列加入了劳动力所处的行业，第二、第三产业的收入水平显著高出第一产业50%左右，并且第三产业比第二产业收入更高。第（3）列和第（4）列分别加入了当前工作单位的类型和职业，由于这两个变量数据缺失较多，因此该结果仅作参考。从回归结果可见，处于国有单位的外来劳动力收入水平平均比其他单位的低 8.11%，而工人比其他职业的收入高 26.7%。第（5）列加入了在当地的生活时间，该变量影响显著但作用较小，在控制了其他因素以后，在当地生活的时间每上升一年，平均来说收入提高 1.38%左右。第（6）列加入了外来劳动力的来源地。与来自东部的劳动力相比，在控制了其他因素以后，来自西部的劳动力收入水平要低 38.4%，中部的要低 23.2%。

### 7.2.4 语言能力对工资影响的地区差异

为了考察在不同的样本城市，这种语言歧视情况是否存在差异，表 7-11 加入了代表抽样城市的虚拟变量，以及这些虚拟变量同语言水平的交互项。样本城市虚拟变量的对比组为上海。从表 7-11 的回归结果可以看到，各个样本城市的平均收入水平有显著差异，但城市虚拟变量同语言变量的交互项均不显著，这说明在各个样本城市，语言歧视的情况没有显著差异。

**表 7-11　　地区差异回归结果**

| 变量 | (1) | (2) |
|---|---|---|
| | lwage | lwage |
| mandarin | 0.0889***<br>(0.0302) | 0.114*<br>(0.0603) |
| lang1 | -0.0954***<br>(0.0364) | -0.0551<br>(0.0725) |
| lang2 | 0.00642<br>(0.0357) | 0.0356<br>(0.0601) |
| male | 0.143***<br>(0.0285) | 0.141***<br>(0.0286) |
| urban | 0.153***<br>(0.0385) | 0.153***<br>(0.0385) |
| edu1 | 0.180***<br>(0.0341) | 0.178***<br>(0.0342) |
| edu2 | 0.492***<br>(0.0717) | 0.494***<br>(0.0722) |

续表

| 变量 | (1) | (2) |
|---|---|---|
| | lwage | lwage |
| age | 0.0676 ***<br>(0.00789) | 0.0685 ***<br>(0.00790) |
| agesq | -0.000911 ***<br>(0.000112) | -0.000918 ***<br>(0.000112) |
| ind | 0.392 ***<br>(0.105) | 0.399 ***<br>(0.105) |
| service | 0.418 ***<br>(0.101) | 0.428 ***<br>(0.101) |
| liveyear | 0.0139 ***<br>(0.00285) | 0.0133 ***<br>(0.00286) |
| west | -0.250 ***<br>(0.0463) | -0.234 ***<br>(0.0489) |
| mid | -0.119 ***<br>(0.0366) | -0.114 ***<br>(0.0372) |
| shenyang | -0.460 ***<br>(0.0475) | -0.437 ***<br>(0.0638) |
| wuhan | -0.273 ***<br>(0.0478) | -0.155 *<br>(0.0906) |
| xian | -0.336 ***<br>(0.0455) | -0.465 ***<br>(0.0816) |
| fuzhou | -0.418 ***<br>(0.0502) | -0.376 ***<br>(0.0687) |
| shenyang * mandarin | | -0.00618<br>(0.0982) |
| wuhan * mandarin | | -0.134<br>(0.0863) |
| xian * mandarin | | 0.132<br>(0.0891) |
| fuzhou * mandarin | | -0.0538<br>(0.0893) |
| shenyang * lang | | -0.0469<br>(0.0879) |

续表

| 变量 | (1) | (2) |
|---|---|---|
| | lwage | lwage |
| wuhan * lang | | -0.0798<br>(0.108) |
| xian * lang | | 0.0706<br>(0.0952) |
| fuzhou * lang | | -0.0676<br>(0.0884) |
| Constant | 7.742 ***<br>(0.174) | 7.688 ***<br>(0.178) |
| 样本量 | 2763 | 2763 |
| R-squared | 0.194 | 0.197 |

注：括号中为稳健标准误，*，**，***，分别表示在10%，5%，1%的水平上显著。

### 7.2.5 结论

本节探讨了语言歧视对外来劳动力收入的影响，主要分析了普通话水平和当地方言的掌握情况的作用。语言能力作为一种人力资本，可能带来劳动力工资的差异。基于全国范围内的五个省会和大城市调查数据，采用OLS回归方法的研究结果表明：普通话是否标准对外来劳动力工资水平起到了显著的影响，标准的人群比不标准的平均收入要高13%～17%左右，但当地方言的掌握情况并没有带来工资上显著的差异。不存在通过方言进行语言歧视的证据，外来劳动力迁移的距离和对当地的熟悉程度才是造成工资差异的原因。

## 7.3 人力资本与农村转移劳动力创业

### 7.3.1 导论

创业作为职业选择中的一种重要形式，无论在发达国家还是发展中国家劳动力市场中都占有重要地位。自从我国改革开放以来，随着经济体制从计划经济向市场经济转型，市场机制取代行政指令成为配置劳动力资源的主要机制。而城镇劳动力市场也从单一化逐步向多元化发展，选择创业的居民群体在劳动力市场中占有越来越重要的地位。2013 年我国城镇个体就业人数达 6142 万人，占城镇就业总人数 16.1%，2002 ~ 2012 年十年间城镇个体就业人数年均增长率达 9.5%①。特别是中共中央第十八届三中全会提出形成政府激励创业、社会支持创业、劳动者勇于创业新机制，仅 2013 年一年即分批取消下放了 416 项行政审批事项，新注册企业数量高速增长。

中国经济的发展进入“新常态”，经济增长的速度从高速向中高速换挡，经济增长的驱动力从物质资源的投入向创新拉动转变。经济增速的放缓虽没有造成严重的失业问题，但也给劳动力市场带来了空前的压力，经济增速的放缓与新增就业人口的增多共同困扰着中国经济。居民选择创业可以缓解劳动力市场就业压力，并进一步激发创新行为，促进经济增长，但相关的落后制度又使居民难以顺利完成对创业的选择。如何从制度创新、社会环境的营造上改善劳动力市场质量，促进居民选择创业，从而形成大众创业、万众创新的新局面对解决这一民生问题意义重大。在经济面临下行的新环境下，如何创造更多的就业机会、营造更好的创业氛围，需要我国对就业创业政策进行新的规划，同时也需要对就业创业问题开展新的研究。因此，本章研究结合中国国情，研究居民在就业与创业两种职业状态之间的选择，并对创业的不同形式展开进一步的探讨，无论在理论还是现实上都有重要意义。

从数量上看，我国城镇居民中创业者群体的总量越来越多、占城镇劳动力总人口的比重越来越大，但创业者群体的质量究竟如何？这些居民选择创业是结合自身优势的主动选择还是无法找到工作岗位的无奈之举？这些居民在进行职业选择时受到了非市场化因素诸如户籍、家庭背景怎样的限制，同时又受到了企业家精神等主观偏好怎样的影响？这些都是国内研究没有详细解决的问题，本章研究尝试予以回答。Reynolds 等（2002）在全球年度创业报告中将创业者分为“机遇驱使型”和“需要驱使型”两类，前者主要因抓住商业机遇而选择创业，后者则因无法得到满意的工资就业机会而被迫成

---

① 2013 年我国城镇个体就业人数摘自国家统计局《中国统计年鉴 2014》，比例和年均增长率由《中国统计年鉴 2014》中相关数据计算得到。

为创业者。Bhola 等（2006）评价其为繁荣的创业机会产生的“拉力”作用和失业威胁产生的“推力”作用两种效应。就中国现实情况来看，创业者群体中有很多是城镇的个体经营者，这些个体经营者可能因找不到满意的工资就业机会而选择创业，其职业选择受明显的“推力”作用，只有少部分创业者可以被看作熊彼特意义上的“企业家”，他们能通过雇佣员工为别人创造就业机会，并通过创新促进经济社会发展。本文比较就业者群体与创业者群体间的差异，并结合中国相关制度，探究中国居民在进行职业选择时受到的“推力”和“拉力”。本文发现“推力”中不仅有受教育程度等市场化因素的作用，户籍歧视等非市场化因素更是主要原因，“拉力”中主观的企业家精神并不促进居民选择创业，但却有利于创业者成为企业家。

本节潜在贡献可以归结为以下三个方面：第一，以中国综合社会调查 CGSS2008 数据库为样本，研究城镇居民在就业和创业两种职业状态之间的选择，着力对户籍、企业家精神等因素的作用进行了考察；第二，使用非线性 Oaxaca – Blinder 分解模型对户籍因素进行深入探究，分析为什么不同户籍居民选择创业的比例会有所不同，研究户籍出身这一最重要因素如何影响居民的职业选择，证实是否有歧视的存在；第三，关注创业者内部不同形式间的差异性，进一步研究户籍以及企业家精神因素如何决定创业者群体中谁能够成为企业家。

### 7.3.2 文献回顾

西方发达市场经济国家劳动经济学方面的研究中，创业问题得到了广泛的关注，其中一部分研究着力探讨居民在就业与创业两种职业状态之间的选择。学者们习惯上将选择这两种职业状态的群体称为工资雇佣者（employee）与自我雇佣者（self-employment），并分析影响这一选择过程的主要因素。已有文献表明，个人社会经济特征在影响居民做出职业选择时发挥着重要的作用。Rees 等（1986）运用英国 1978 年家庭调查的数据发现，受教育年限增多将增大居民选择创业的可能，而年龄会对其职业选择产生非线性的影响。Evans 等（1989b）利用美国 NLS 数据则发现居民选择创业可能性的大小并不受前二十年工作经验的影响，而这期间财富的积累可能起着关键的作用。此外，性别、种族等特征也会作用于居民的职业选择（Fairlie,

2006；Borjas et al，1989），研究者们发现歧视是导致差异的重要原因。

在探究个人特征对职业选择影响的基础上，更多学者将研究范围拓展到家庭层面，在影响因素中包含有关家庭的信息。事实上，家庭背景因素在居民教育、就业等问题中起重要作用，在职业选择这一问题上也不例外，已有研究发现代际传递、家庭财富等家庭背景因素都会显著影响居民的职业选择。Dunn等（2000）使用美国NLS数据研究代际传递（intergenerational links）对子女职业选择的影响。他们发现，如果父母曾经创业，子女选择创业的可能性将显著增大，创业行为有着很强的代际相关性。Lentz等（1990）以美国独立企业联合会（NFIB）为样本发现53%的选择创业者的父母曾有创业经历，由此带来的经验等人力资本起着重要作用。Evans等（1989a）则发现家庭更富有的人更可能选择创业，资金约束（liquidity constraints）成为限制很多居民职业选择的一个主要原因。

那么，我们关心的是，这些家庭层面的因素对我国城镇居民职业选择的影响是怎样的，其中我国特有的家庭背景因素：户籍，发挥着怎样的作用?户籍作为中国的一项基本社会管理体制，与劳动力市场分割的形成有密切联系，虽然历经改革，但仍然在资源配置和利益分配方面发挥重要作用。事实上，城镇居民中拥有农村户籍的外来人口在工资、就业等方面都会受到不公正待遇。学者们研究发现，城镇户籍居民与农村外来劳动者在工资收入方面存在差异，差异中有很大部分是户籍歧视这一原因造成的（姚先国等，2004；王美艳，2005）；户籍歧视还会影响居民的社会阶层地位，陆益龙（2008）使用CGSS2003数据发现，户口级别与职业阶层地位之间有显著的正相关性，拥有越高的户口级别，就越有可能进入高层的职业，户籍影响着社会的分层与流动；陈钊等（2009）则发现城市户籍有利于就业者进入高收入行业。那么，城镇中农村家庭出身的居民在进行职业选择时是否同样会受户籍歧视的影响，本研究将着重对此进行考察。另外，其他家庭背景因素如家庭政治资本等近年来也成为国内很多学者的考察对象。例如，周群力等（2009）发现父母更多的人力资本和政治资本会增加子女择校的机会，从而有助于子女人力资本的积累；杨瑞龙等（2010）探究父亲政治身份与子女收入的关系，证实权利的寻租效应的存在。因而，本书在研究户籍出身对职业选择的同时，也控制了父母亲创业经历和父母在国企或国有单位的工作经历，其中后者可以转化为家庭政治资本，进而对子女的职业选择产生影响。

此外，家庭背景中的家庭财富也会影响居民在创业与就业之间的选择（Hurst 等，2004），不过由于很难确定是拥有更多的财富导致居民选择创业，还是因为选择创业而带来了更多的财富，这一变量的内生性不易解决。有学者使用获得的遗产作为初始资产的代理变量（Blanchflower et al，1998）来减弱这一问题，但相关数据针对中国样本很难获取，因此我们未将这一变量作为主要考察对象。

以上研究主要讨论居民在就业与创业之间的职业选择，那么，接下来我们要问，创业者群体中为什么只有部分人成为企业家，哪些因素决定了创业者形式上的差异，这其中是否也有户籍歧视的作用？实质上，创业者包含企业家与个体经营两种形式，虽然同为“创业”，但性质却可能有着很大不同。Earle 等（2000）使用 1993 年六个东欧经济转型国家[①]成年就业者的调查数据，实证分析发现雇有员工的雇主和个体经营者这两种创业形式间差异显著，市场化因素如人力资本水平与非市场化因素如歧视等都会对创业形式的决定产生影响。Van－Praag 等（2001）使用雇佣员工的数量来衡量创业的成功程度，研究发现个人能力与企业家精神中的风险偏好都会显著影响创业行为的成功与否，成功的创业者往往对风险的厌恶程度（risk aversion）更低。因而在本章研究中，我们进一步将创业者划分为个体经营者和企业家两类群体，分析哪些因素决定创业者成为企业家。我国同样作为经济转型国家，正经历着更深度的市场化改革，户籍歧视会不会同样关乎创业者群体中不同创业形式的决定，创业者为人称道的企业家精神起着怎样的作用？本研究对此作出解答，在我国提倡创新创业的时代背景下有着现实的意义。

针对中国居民创业行为所做的研究，现有的文章比较有限。其中 Yeuh（2009a）发现社会网络对居民选择创业起促进的作用。Lu 等（2010）探究财产保护、合同法实施等制度环境对居民在就业与创业间选择的影响。解垩（2012）利用中国健康与营养调查（CHNS）面板数据，对我国非农自雇的转换进入进行研究，证实了代际人力资本传递的重要作用，并发现由工资雇佣（就业）转入自我雇佣（创业）和由失业转入自我雇佣在决定因素上存在的不同。吴晓瑜等（2014）则研究国内高房价与创业行为的关系，揭示

① 20 世纪 90 年代末的东欧剧变使相关国家的经济迅速向市场化转型，由此带来了自我雇佣的出现与迅速发展，涉及的国家包括保加利亚、捷克、匈牙利、波兰、俄罗斯以及斯洛伐克。

了房价上涨对有房和无房人群影响的不同。此外，宁光杰（2012）使用RUMIC2008数据研究农村外出劳动力在自我雇佣、长期工和短期工三者间的职业选择，Djankov等（2006）研究了中国企业家的决定因素，黄志岭（2012）使用CHIP2002数据探究了城乡男性职工自我雇佣的差异，都与本研究的思路有着相似之处，但在研究对象、数据和方法上有所不同。综上所述，既有研究中较少深入考察户籍出身等家庭背景因素对创业行为的影响，而且对不同形式创业者间的差异性也关注不够。所以本研究在上述研究的基础上，使用非线性Oaxaca - Blinder分解模型，详细研究不同户籍居民选择创业比例不同的原因，证实户籍歧视的存在。其次，本章研究哪些因素决定创业者成为企业家，户籍出身、企业家精神等因素有着怎样的影响。

### 7.3.3 数据来源与统计描述

本研究数据来源于“中国综合社会调查”（Chinese General Social Survey，CGSS）数据库。该数据库由中国人民大学调查与数据中心组织，通过在对不同人群开展大规模随机抽样调查获得，目前已得到2003～2010年间5年的调查数据①。根据所要考察变量的需要，本研究使用2008年调查中的城镇样本子数据库，包含3982个城镇居民的家庭人口信息，构成了本研究实证分析的原始样本。本研究基于如下原则进行了样本筛选：（1）由于研究的对象为城镇居民的职业选择问题，所以仅保留目前从事非农工作的个体，删除退出劳动力市场的样本，如离退休、待业失业人员等。（2）去除了采用工资雇佣（就业）和自我雇佣（创业）两种职业类型之外的样本，如“在自己家中的企业工作、帮忙”等有酬或无酬的家庭劳动者。（3）同时，删除了部分其他变量观察值缺失的样本。在经过严格的数据清理后，我们最终得到961个样本。

在本研究中，模型的被解释变量是一个职业类型二元虚拟变量，如果职业选择为创业，我们将其定义为“1”，如果为就业，则定义为“0”。我们根据调查问卷中的C5问题“下列各种情形，哪一种更符合您目前工作的状况？”来对居民的职业选择进行识别，选项中“受雇于他人（有固

① 2003～2010年进行调查的年份分别为2003年、2005年、2006年、2008年及2010年。

定雇主)[①]”代表就业者（工资雇佣者），创业者（自我雇佣者）则包含“个体户[②]”、“自己是老板（或者是合伙人），雇有雇员”两类选项。经过初步统计我们发现，961 个城镇就业样本中，22.79%的居民选择创业，其余77.21%则为就业者。样本的个体特征中，我们选取了如下变量：性别(Gender)，党员身份（Party），婚姻[③]（Married），年龄（Age），受教育年限（Education），男性、党员、已婚分别定义为“1”。

户籍在影响居民职业选择方面可能发挥重要作用，本研究首先对居民最重要的家庭背景因素“户籍”进行控制。在全部的样本中，我们将农村户籍[④]居民定义为“1”，城镇户籍居民定义为“0”。在其他家庭背景因素的衡量上，本研究选取调查问卷 A 卷“B 部分：家庭基本情况”中的部分指标。根据问卷问题“您 14 岁时，您父亲（母亲）那时候工作（或之前最后一份工作）的单位或公司所有制性质”以及“您 14 岁时，您父亲（母亲）那时候工作（或之前最后一份工作）的单位或公司类型”，我们定义“父母国企或国有单位工作经历（parental state-employee)”和“父母创业经历（parental self-employment)”两个二值虚拟变量。将父母中至少一人曾在国有性质的单位或公司工作以及父母中至少一人曾有创业经历分别定义为“1”。“父母国企或国有单位工作经历”可被视为拥有更多的家庭政治资本。此外，我们还加入了父亲受教育程度[⑤]（father educ）和母亲受教育程度（mother educ）进行进一步的控制。

在对企业家精神进行衡量时，本研究使用问卷 B 卷有关态度与偏好等方面的问题。创业者特别是企业家群体对工作、风险可能有着更大的偏好，而这种偏好反过来可能也会影响居民对创业的选择。问卷中“在人生发展中，努力工作的重要程度如何”和“充满风险和机会的生活比平凡而稳定

---

① 就业者没有包含选项中“劳务工、劳务派遣人员”和“零工、散工（无固定雇主的受雇者)”对应的群体。这两类就业者虽然依靠工资收入，但其雇佣关系并不稳定，在人力资本、工资收入方面都与有着固定雇主的长期雇员存在较大差异。根据国际劳工组织（ILO）的定义，这类就业者属于工资雇佣中的非正规就业人群，故本文在分析中没有将其包含在内。

② 这里个体户同样包含了选项中少量“自由职业者”对应的群体。

③ 这里“已婚”包括问卷选项中“初婚有配偶”和“再婚有配偶”两类。

④ 问卷选项中出现的“集镇或自理口粮户口”是我们国家曾有过的一种特殊户口形式，在待遇上与城镇户籍仍有较大差距，本研究将其包含于农村户籍。

⑤ 本研究将父亲高中及高中以上学历定义为“1”，母亲受教育程度采用了同样的定义方式。

的生活更令人向往”两个问题均为多值程度变量，本研究将选择“非常重要”和“非常同意”的样本分别定义为拥有“努力工作偏好（work effort）”和“风险偏好（risk preference）”。关于风险偏好的衡量，Djankov 等（2006）在探究中国企业家的决定因素时采用了类似的方法。

另外，我们也控制了职业选择中可能起重要作用的社会网络，借鉴已有文献采用亲友间互相帮助或密切来往人数的处理方式（陈钊等，2009；章元等，2009），我们根据问卷问题“在今年春节期间，以各种方式与您互相拜年、交往的亲属、亲密朋友和其他人大概有多少”，定义“拜年交往总人数”为社会网络变量（social network）。我们关注就业者和创业者在基本统计描述上的差异，在表7－12中对两类职业类型的基本统计分别进行列示。

**表7－12　　变量的基本统计描述**

| | 变量名称 | 问卷问题 | 全部样本 | 就业者群体 | 创业者群体 |
|---|---|---|---|---|---|
| 第一部分：个人社会经济特征 | 性别 | A1 | 0.579<br>(0.494) | 0.582<br>(0.494) | 0.566<br>(0.497) |
| | 党员 | A10 | 0.159<br>(0.366) | 0.190<br>(0.393) | 0.0550<br>(0.228) |
| | 已婚 | A24 | 0.785<br>(0.411) | 0.761<br>(0.426) | 0.863<br>(0.345) |
| | 年龄 | A2 | 37.01<br>(10.52) | 36.70<br>(10.69) | 38.09<br>(9.883) |
| | 教育年限 | A3c | 11.31<br>(3.500) | 11.75<br>(3.439) | 9.799<br>(3.287) |
| 第二部分：家庭背景 | 城市户口 | A14a | 0.229<br>(0.420) | 0.174<br>(0.379) | 0.416<br>(0.494) |
| | 父母就职国有企事业单位 | B12g，B13h | 0.440<br>(0.497) | 0.495<br>(0.500) | 0.256<br>(0.437) |
| | 父母是否自我雇佣 | B12h，B13i | 0.0990<br>(0.299) | 0.0880<br>(0.283) | 0.137<br>(0.345) |
| | 父亲教育水平 | B12b | 0.223<br>(0.416) | 0.252<br>(0.434) | 0.123<br>(0.330) |
| | 母亲教育水平 | B13b | 0.0960<br>(0.294) | 0.112<br>(0.315) | 0.0410<br>(0.199) |

续表

| | 变量名称 | 问卷问题 | 全部样本 | 就业者群体 | 创业者群体 |
|---|---|---|---|---|---|
| 第三部分：企业家精神与社会网络 | 风险偏好 | GD5 | 0.0590<br>(0.236) | 0.0570<br>(0.231) | 0.0680<br>(0.253) |
| | 工作进取心 | F1e | 0.390<br>(0.488) | 0.395<br>(0.489) | 0.374<br>(0.485) |
| | 社会网络 | E1 | 26.21<br>(24.56) | 26.02<br>(25.15) | 26.86<br>(22.49) |
| 第四部分：地区变量 | 省份 | V3 | — | — | — |

注：括号内为标准差。全部样本、就业者群体、创业者群体的样本数分别为961、742、219。

从表7－12中可以发现就业者群体与创业者群体在很多变量的分布上存在明显不同。例如，创业者在党员比例、受教育年限等方面与就业者存在较大差距，就业者的平均受教育年限要比创业者高2年左右，党员比例也要高出15%。再观察户籍与企业家精神方面的因素，可以发现创业者中农村户籍居民的比例要比就业者中这一比例高两倍还多，而创业者与就业者群体在企业家精神因素的衡量上差别不大，创业者的风险偏好稍高一点。另外，就业者有着更多的家庭政治资本①以及更高的父母亲受教育程度。我们分析其中的原因，认为这是创业者群体中存在众多的个体经营者所致，这些个体经营者可能因人力资本不足而难以找到合适的工资就业工作，他们受失业"推力"的作用而被动选择创业。那么，本研究关心的是，除了可能受人力资本的影响，非市场化因素户籍与主观偏好如企业家精神等在其中起着怎样的作用。我们已发现居民就业创业选择与户籍之间直观的关系，后文的实证分析将对其中的因果关系展开探讨，并证实户籍歧视的存在。

户籍差异是最重要的家庭背景差异，从表7－12中还发现就业者与创业者的户籍比例上有较大不同：就业者群体中农村户籍出身的比例要远低于创业者群体中的这一比例。这意味着城镇户籍居民与农村户籍居民选择创业的可能性有所不同。进一步根据原始数据计算得出，尽管全部城镇样本居民中

① 根据前文定义，就业者"父母国企或国有单位工作经历"的比例更高，代表就业者拥有更多的家庭政治资本。

选择创业的比例为22.79%，但拥有农村户籍的城镇居民选择创业的比例更高，达到41.36%，而这一比例在城镇户籍居民中仅为17.27%。

对两类户籍居民进行比较会发现，无论是在城镇户籍居民还是农村户籍居民内部，就业者群体都要在党员比例、受教育年限及家庭政治资本等方面高于创业者群体，而创业者群体中父母亲曾经创业的比例更高，与之前针对全部样本的发现相符。两类户籍居民之间的比较中发现，农村户籍居民在受教育年限、家庭政治资本以及父母亲受教育程度等方面都明显偏低。因此可以认为人力资本、家庭背景等方面的不同可能导致了农村户籍居民更高的创业比例。两类户籍居民选择创业比例的差异中有多少可以被这些因素解释，又有多少是难以解释的歧视成分，我们将在实证分析中进行讨论。在表7-13中，我们对城乡两类户籍居民的基本信息进行了列示。

**表7-13　　城乡户籍居民的基本统计分类比较**

| 变量名称 | 城镇户籍居民 | | | 农村户籍居民 | | |
|---|---|---|---|---|---|---|
| | 整体 | 就业者 | 创业者 | 整体 | 就业者 | 创业者 |
| 男性 | 0.602 | 0.605 | 0.586 | 0.500 | 0.473 | 0.538 |
| 党员 | 0.190 | 0.217 | 0.063 | 0.055 | 0.062 | 0.044 |
| 已婚 | 0.799 | 0.791 | 0.836 | 0.736 | 0.620 | 0.901 |
| 年龄 | 37.703 | 37.545 | 38.461 | 34.691 | 32.659 | 37.571 |
| 教育年限 | 11.841 | 12.145 | 10.383 | 9.514 | 9.891 | 8.978 |
| 父母就职国有企事业单位 | 0.536 | 0.569 | 0.375 | 0.118 | 0.140 | 0.088 |
| 父母是否自我雇佣 | 0.103 | 0.091 | 0.156 | 0.086 | 0.070 | 0.110 |
| 父亲教育水平 | 0.252 | 0.272 | 0.156 | 0.123 | 0.155 | 0.077 |
| 母亲教育水平 | 0.116 | 0.129 | 0.055 | 0.027 | 0.031 | 0.022 |
| 风险偏好 | 0.061 | 0.059 | 0.07 | 0.055 | 0.047 | 0.066 |
| 工作进取心 | 0.391 | 0.396 | 0.367 | 0.386 | 0.388 | 0.385 |
| 社会网络 | 26.745 | 26.695 | 26.984 | 24.414 | 22.814 | 26.681 |
| 样本数 | 741 | 613 | 128 | 220 | 129 | 91 |

### 7.3.4 计量模型与经验结果

#### 7.3.4.1 就业还是创业——户籍的作用

在对城镇居民的职业选择进行估计时，本研究使用二元 Logit 离散选择模型，被解释变量是取值为 0 或 1 的二值因变量，分别代表就业和创业两种职业选择。居民选择就业还是创业，受到居民的个人特征、家庭背景、主观态度与偏好等因素的影响，这些解释变量都包含在向量 X 中。模型可以表示为：

$$Pr(y_i = j \mid X) = F(X\beta) = \frac{\exp(X'\beta)}{\exp(X'\beta) + 1} \tag{7-5}$$

模型中，j = 1 表示居民选择成为创业者，j = 0 表示居民选择成为就业者。X 为一组影响选择的解释变量，β 为一组待估系数，F 为 Logistic 累积分布函数。

二元 Logit 模型为非线性模型，故采用最大似然法（MLE）进行估计，这时估计量 $\hat{\beta}$ 并非边际效应[①]，而是“对数概率比”（log-odds ratio）的边际变化（陈强，2010）。这是因为，如果令居民选择创业的概率为 p，则居民选择就业的概率为 1 - p，由式（7 - 5）可知 $p = \frac{\exp(X'\beta)}{1 + \exp(X'\beta)}$，$1 - p = \frac{1}{1 + \exp(X'\beta)}$，进一步计算得到：

$$\frac{p}{1-p} = \exp(X'\beta)$$

$$\ln \frac{p}{1-p} = X'\beta \tag{7-6}$$

其中，$\frac{p}{1-p}$被称为“概率比”（odds ratio），如果概率比为 2，则意味着居民

① Logit 模型中的估计系数并非边际效应，边际效应可以通过微分的锁链法则（chain rule）进一步算出，直接汇报估计系数或者汇报边际效应并不会影响显著性。有的研究需要与 OLS 估计的回归系数进行比较，故进一步计算 Logit 模型的边际效应。本文不涉及这一问题，故直接汇报估计系数，代表“对数概率比”的边际变化。

选择创业的概率是选择就业概率的两倍。可见，$\hat{\beta}$ 表示解释变量增加一单位将引起“对数概率比”的边际变化。

在二元 Logit 模型的解释变量中，本研究首先控制了最重要的家庭背景因素户籍和其他一些个人社会经济特征，主要包括性别、婚姻状况、是否为党员、年龄以及受教育年限。受教育年限作为表征个体人力资本的因素影响着职业选择，实证结果见表 7－14。在第（2）列中本研究进一步控制了其他家庭背景因素，包括“父母国企或国有单位工作经历”“父母亲创业经历”以及父母亲分别的受教育程度。简单的组间均值比较已经告诉我们，的确是在就业者群体中，父母亲在国企或国有单位工作的比例更大，而在创业者群体中则正好相反。我们将其加入模型，以考察这其中存在的因果关系。另外，考虑到雇佣关系由劳动力市场的供求共同决定，需求方面的因素也会对其产生很大作用，如宏观经济增长速度和产业结构（吴要武，2009）。在第（3）列中我们加入了省份虚拟变量，以便对地区差异加以控制。

比较表 7－14 中第（1）列至第（3）列回归我们发现，变量的系数符号和显著性均未发生实质性的变化。拥有农村户籍会增大居民选择创业的可能，户籍变量一直在 1% 的水平上显著。加入其他家庭背景因素的影响之后，户籍的系数有所下降，这说明户籍对职业选择的影响一部分是通过父母亲创业经历、家庭政治资本等因素来发生的。这些家庭背景因素同样在居民的职业选择中发挥着重要作用，如果父母曾有创业经历，子女选择创业的可能性将显著增大，而父母在国企或国有单位工作的经历会显著降低子女选择创业的可能。这其中创业行为的代际传递性与 Dunn（2000）根据美国 NLS 数据得到的发现相类似，但这里面的作用机制可能有所不同。样本中创业者在平均受教育年限、党员比例等方面不及工资就业者，同时还在家庭政治资本上处于劣势，我们分析创业者更可能因无法找到合适的工资就业机会而选择创业，受到失业“推力”的作用，父母亲创业经历也成了家庭政治资本缺失的表征。父母亲受教育程度并未表现出显著性，考虑到可能因与受访者本身受教育年限相关所致，我们将其去掉进行估计，发现父母亲受教育程度仍无显著作用。基于回归（1）（2）（3）的发现表明，城镇劳动力市场的职业选择中，户籍因素有着重要的影响，农村户籍会限制居民对就业的选择，这在一定程度上解释了为什么农村户籍居民选择创业的比例要远高于城镇户籍居民。

表 7-14　　城镇居民职业选择的决定因素分析

| 变量 | 户籍出身家庭背景 | | | 调查省份企业家精神社会网络 | |
|---|---|---|---|---|---|
| | (1) | (2) | (3) | (4) | (5) |
| 城镇户口 | 1.016***<br>(0.185) | 0.848***<br>(0.197) | 0.780***<br>(0.210) | 0.779***<br>(0.210) | 0.781***<br>(0.211) |
| 父母国有企事业单位就业 | — | -0.612***<br>(0.195) | -0.569***<br>(0.206) | -0.574***<br>(0.206) | -0.573***<br>(0.206) |
| 父母自我雇佣 | — | 0.765***<br>(0.266) | 0.620**<br>(0.283) | 0.625**<br>(0.283) | 0.628**<br>(0.284) |
| 父亲教育 | — | -0.175<br>(0.253) | -0.137<br>(0.264) | -0.125<br>(0.264) | -0.126<br>(0.264) |
| 母亲教育 | — | -0.118<br>(0.397) | -0.010<br>(0.408) | -0.022<br>(0.409) | -0.025<br>(0.410) |
| 男性 | 0.170<br>(0.168) | 0.174<br>(0.170) | 0.231<br>(0.178) | 0.228<br>(0.178) | 0.226<br>(0.178) |
| 党员 | -1.260***<br>(0.335) | -1.295***<br>(0.340) | -1.394***<br>(0.353) | -1.382***<br>(0.353) | -1.382***<br>(0.353) |
| 已婚 | 0.709***<br>(0.241) | 0.784***<br>(0.248) | 0.674***<br>(0.260) | 0.686***<br>(0.261) | 0.684***<br>(0.261) |
| 年龄 | 0.009<br>(0.010) | 0.013<br>(0.010) | 0.016<br>(0.010) | 0.016<br>(0.010) | 0.016<br>(0.010) |
| 教育 | -0.096***<br>(0.027) | -0.079***<br>(0.027) | -0.062**<br>(0.029) | -0.062**<br>(0.029) | -0.062**<br>(0.029) |
| 风险偏好 | — | — | — | 0.274<br>(0.368) | 0.270<br>(0.369) |
| 工作进取心 | — | — | — | -0.033<br>(0.188) | -0.034<br>(0.188) |
| 社会网络 | — | — | — | — | 0.001<br>(0.004) |
| 常数项 | -1.328**<br>(0.548) | -1.521***<br>(0.561) | -2.497***<br>(0.856) | -2.516***<br>(0.858) | -2.528***<br>(0.862) |

续表

| 变量 | 户籍出身家庭背景 | | | 调查省份企业家精神社会网络 | |
|---|---|---|---|---|---|
| | (1) | (2) | (3) | (4) | (5) |
| 是否控制省份 | 否 | 否 | 是 | 是 | 是 |
| 准 $R^2$ | 0.106 | 0.128 | 0.181 | 0.181 | 0.181 |
| 极大似然值 | -461.277 | -449.824 | -421.988 | -421.712 | -421.699 |
| 样本数 | 961 | 961 | 958 | 958 | 958 |

注：括号内为标准误。*，**，*** 分别表示系数在10%，5%和1%显著性下显著。

在回归第（4）列中，我们控制企业家精神的作用，这样进一步减少了模型可能存在的遗漏变量偏误。考虑拥有农村户籍的所有居民中，更偏好风险、更具有企业家精神的人将更有可能来到城市创业，选择成为创业者，从而使户籍变量存在自选择的偏误。本研究通过加入“风险偏好”和“努力工作偏好”两个变量来减弱这一问题，观察回归结果发现户籍的系数基本没有发生变化，这一自选择问题并不严重。同时，这两个变量均不显著，表明企业家精神在此没有显著的作用，居民对创业的选择不受商业机遇等“拉力”的影响，这在个体经营者占创业者主体的情况下并不难理解。在回归（5）中本研究进一步加入了可能影响职业选择的社会网络（Yeuh，2009a），变量系数均未发生较大变化，户籍依旧显著影响职业选择，企业家精神则没有明显的作用。

一些其他变量的系数也值得我们关注。婚姻变量一直高度显著，已婚者更有可能选择创业而非就业，与宁光杰（2012）的发现相一致。本研究认为可能由于家庭支持的存在，已婚居民经商的欲望会高于单身的个人，宁光杰（2012）文中的解释是家庭劳动的需要也许会使他们需要更加灵活的职业形式。相比于普通群众来说，党员更有可能选择工资就业工作，这在我们看来并不奇怪。不过由于无法控制党龄，无法排除居民因为选择工资就业工作才成为党员的情况，这一变量的衡量并不准确。受教育年限显著负向影响居民对创业的选择，与 Yeuh（2009b）使用2000年中国城市居民调查数据得到的结果一致。受教育年限越高的个体越有可能选择工资就业工作，反映了劳动力市场激烈的竞争使得更高的人力资本成为必备条件，部分居民是因人力资本欠缺而选择创业以谋出路，再次体现了居民职业选择中所受的

"推力"作用。

总之，在控制了个体特征、人力资本、家庭背景等诸多变量的作用后，户籍始终显著影响城镇居民对创业的选择，且户籍出身的影响会通过家庭政治资本，父母亲创业经历等其他家庭背景因素进行传导。而与一般的研究结论不同，代表企业家精神的风险偏好在居民职业选择中作用并不显著。

#### 7.3.4.2 户籍歧视：非线性 Oaxaca – Blinder 分解

在研究户籍等家庭背景因素如何影响居民职业选择的基础上，本研究接下来深入探究户籍因素的作用机制，使用非线性 Oaxaca – Blinder 分解解释为什么农村户籍居民选择创业的比例更高，户籍出身这一因素如何发挥作用。

本研究将全部样本按照户籍的不同分为两类，分别为城镇户籍居民和农村户籍居民。由于本研究采用非线性的二元 Logit 离散选择模型进行回归估计，被解释变量为取值 0 或 1 的二值因变量，传统的 Oaxaca – Blinder 分解方法不再适用。本研究利用 Fairlie（1999，2005）提出的非线性 Oaxaca – Blinder 模型，来对本研究涉及的组间差异进行分解，从而深入探究户籍因素的作用。黄志岭（2012），高梦滔等（2007）在对户籍、性别差异进行研究时也采用了这一方法。

非线性 Oaxaca – Blinder 模型也是将组间差异分解为"禀赋"部分（可解释部分）和不可解释部分。本研究在实际进行操作时分为两个阶段，第一阶段分别估计两类户籍居民各自在就业创业间职业选择的二元 Logit 模型，第二阶段以估计的结果为基础展开进一步分解。分解模型可以写成：

$$\overline{Y^R} - \overline{Y^U} = \left[ \sum_{i=1}^{N^R} \frac{F(X_i^R \beta^U)}{N^R} - \sum_{i=1}^{N^U} \frac{F(X_i^U \beta^U)}{N^U} \right] + \left[ \sum_{i=1}^{N^R} \frac{F(X_i^R \beta^R)}{N^R} - \sum_{i=1}^{N^R} \frac{F(X_i^R \beta^U)}{N^R} \right] \qquad (7-7)$$

等式左边为农村户籍居民与城镇户籍居民选择创业的比例的差异。其中 $N^R$、$N^U$ 为农村户籍居民和城镇户籍居民各自的样本量，F 为 Logistic 累计分布函数。等式右边第一项代表选择创业比例的差异中全部可观测变量的贡献，是差异中的可解释部分。等式右边第二项是代表选择创业比例的差异中可观测变量系数及其他不可观测变量的贡献，是差异中的不可解释部分。更进一步在可解释部分中，任何一个变量如 $X_1$ 对差异的贡献可以表示为：

$$\frac{1}{N^U}\sum_{i=1}^{N^U} F(X_{1i}^R\beta_1^U + Other_i^U\beta_{Other}^U) - F(X_{1i}^U\beta_1^U + Other_i^U\beta_{Other}^U) \tag{7-8}$$

式（7－8）中的标准误采用 delta 方法通过 bootstrap 过程获得①。

扩展后的非线性 Oaxaca－Blinder 分解模型同样面临采用不同权重导致不同估计结果的问题，式（7－7）使用城镇户籍居民的估计系数为权重，当我们使用农村户籍居民的估计系数为权重时模型变为：

$$\overline{Y^R} - \overline{Y^U} = \left[\sum_{i=1}^{N^R}\frac{F(X_i^R\beta^R)}{N^R} - \sum_{i=1}^{N^U}\frac{F(X_i^U\beta^R)}{N^U}\right] + \left[\sum_{i=1}^{N^R}\frac{F(X_i^U\beta^R)}{N^U} - \sum_{i=1}^{N^R}\frac{F(X_i^U\beta^U)}{N^U}\right] \tag{7-9}$$

为了减小这种“权重问题”导致的估计结果的误差，本研究使用将两类户籍居民混合后得到的估计系数来代替式（7－7）中等号右侧第一项中的（Fairlie，1999），从而使分解后的结果更加准确。

我们首先对式（7－5）进行二元 Logit 回归，得到所有变量的估计系数，随后使用式（7－8）分解得到每个变量对总差异的贡献。

表7－15是分解后的结果，汇报了关键解释变量的系数与贡献程度。从表中我们可以发现，两类户籍居民选择创业比例的差异为24%左右，农村户籍居民的比例更高。其中，受教育年限的不同可以解释全部差异的9.34%。另外，父母国企或国有单位工作经历以及党员身份分别有着12.83%和8.61%的贡献。在全部的差异中，模型所包含的变量总共只可以解释其中的38.65%，其余的61.35%是模型中难以解释的部分，通常被称为“歧视”。虽然不能排除其中会有遗漏变量的影响，我们无法将这部分难以解释的差异完全归咎于户籍歧视。不过本文认为，模型在控制了个体特征、家庭背景、态度与偏好等诸多因素后这种遗漏变量的影响会大大减弱，也就是说，户籍歧视是农村户籍居民选择创业的主要原因。因此证实了居民在进行职业选择时受到的“推力”作用，这种“推力”不仅包含人力资本等市场化因素的作用，更包含户籍歧视等非市场化因素的影响。

---

① 模型的更详细的推导可以参见 Fairlie R. W.（2006）。

表 7 - 15　城乡户籍居民创业比例差异分解

| 解释变量 | 回归系数 | 解释程度（%） | 标准差 |
|---|---|---|---|
| 教育 | -0.023 | 9.34 | 0.011 |
| 父母国有单位就业 | -0.031 | 12.83 | 0.011 |
| 父母自雇 | 0.006 | -2.39 | 0.003 |
| 党员 | -0.021 | 8.61 | 0.005 |
| 其他解释变量 | — | 10.26 | — |
| 总解释比例 | — | 38.65 | — |
| 城镇户籍居民选择创业概率 0.173 | | | |
| 农村户籍居民选择创业概率 0.414 | | | |
| 差异 -0.241 | | | |
| 总解释部分 -0.093 | | | |

所以，城镇居民在就业与创业这两种职业状态的选择中，户籍出身发挥着重要的作用，户籍的影响会通过家庭政治资本等因素进行传导，而企业家精神在居民就业创业的选择中并未表现出显著影响。同时，户籍歧视是导致我国农村户籍居民选择创业的比例更高的最主要原因。

#### 7.3.4.3　稳健性检验

本研究发现了户籍出身等因素在城镇居民职业选择中发挥的作用，然而本研究的样本选取会不会有一定的特殊性呢？考虑到我国居民的户籍不是一成不变的，很多人正是由于在城镇找到固定的工资就业工作得以变更了户籍，也有人因升学、家属随转等原因由农村户籍改为城镇户籍。如果不考虑这种户籍身份的变更，模型的衡量可能会存在一定的内生性问题。我们根据问卷“您的非农户口是哪一年获得的?”、“您获得非农户口的原因是什么”两个问题，将原为农村户籍后因就业等原因变更为城镇户籍的样本予以去除，重新进行了估计。户籍依旧在1%的水平上高度显著，农村户籍出身会增大居民选择创业的可能。其他变量中，除父母国企或国有单位工作经历的显著性有所下降外，其他回归结果均没有较大变化，具体结果表 7 - 16 呈现。

表7-16 稳健性检验

| 变量 | 户籍出身家庭背景 | | | 调查省份企业家精神社会网络 | |
|---|---|---|---|---|---|
| | (1) | (2) | (3) | (4) | (5) |
| 城镇户口 | 1.124***<br>(0.208) | 0.952***<br>(0.233) | 0.878***<br>(0.247) | 0.871***<br>(0.247) | 0.874***<br>(0.248) |
| 父母国有单位 | — | -0.517**<br>(0.232) | -0.470*<br>(0.247) | -0.482*<br>(0.248) | -0.483*<br>(0.248) |
| 父母自我雇佣 | — | 0.814***<br>(0.308) | 0.747**<br>(0.325) | 0.747**<br>(0.326) | 0.756**<br>(0.326) |
| 父亲教育 | — | -0.064<br>(0.285) | -0.022<br>(0.300) | -0.016<br>(0.301) | -0.019<br>(0.301) |
| 母亲教育 | — | -0.074<br>(0.431) | 0.061<br>(0.447) | 0.031<br>(0.449) | 0.013<br>(0.451) |
| 男性 | 0.317<br>(0.194) | 0.326*<br>(0.196) | 0.357*<br>(0.208) | 0.354*<br>(0.208) | 0.347*<br>(0.209) |
| 党员 | -1.411***<br>(0.431) | -1.432***<br>(0.434) | -1.622***<br>(0.449) | -1.624***<br>(0.450) | -1.626***<br>(0.449) |
| 已婚 | 1.086***<br>(0.287) | 1.176***<br>(0.295) | 1.132***<br>(0.309) | 1.130***<br>(0.310) | 1.120***<br>(0.311) |
| 年龄 | 0.008<br>(0.011) | 0.013<br>(0.011) | 0.014<br>(0.012) | 0.014<br>(0.012) | 0.014<br>(0.012) |
| 教育 | -0.090***<br>(0.031) | -0.074**<br>(0.033) | -0.059*<br>(0.036) | -0.059<br>(0.036) | -0.059<br>(0.036) |
| 风险偏好 | — | — | — | 0.387<br>(0.426) | 0.388<br>(0.425) |
| 工作进取心 | — | — | — | 0.100<br>(0.217) | 0.095<br>(0.218) |
| 社会网络 | — | — | — | — | 0.002<br>(0.004) |
| 常数项 | -1.830***<br>(0.638) | -2.062***<br>(0.656) | -2.471**<br>(0.968) | -2.562***<br>(0.971) | -2.593***<br>(0.973) |
| 是否控制省份 | 否 | 否 | 是 | 是 | 是 |
| 准 $R^2$ | 0.131 | 0.149 | 0.201 | 0.202 | 0.202 |
| 极大似然值 | -346.672 | -339.390 | -317.773 | -317.236 | -317.137 |
| 样本数 | 722 | 722 | 718 | 718 | 718 |

注：表中的数值分别对应于变量的系数和标准误（括号内为标准误）。*，**，***分别表示系数在10%，5%和1%显著性下显著。表格略去了省份虚拟变量的回归系数。

## 7.3.5 创业形式的差异：企业家与个体户

### 7.3.5.1 不同形式创业者间的差异性

前两小节在探究城镇居民的职业选择时，沿用多数国内已有研究的做法，本研究没有将创业者中“个体经营者”与“企业家”这两类群体加以区分，但我们不能忽视这两种不同形式创业者间的差异性。企业家通过雇佣员工，为他人创造就业机会，还可通过创新来促进经济社会的发展，不同于个体经营者只满足自身的职业需要。在发现了户籍出身等因素对居民职业选择的影响后，我们自然想知道，这些因素会不会同样作用于创业者内部企业家的决定，既然农村户籍出身会增大居民选择创业的可能，这一因素会同样有利于创业者成为企业家么？刚刚在职业选择中未表现出显著影响的企业家精神，会不会在创业者内部企业家的决定中发挥着作用？接下来本研究针对选择创业的样本，使用二元 Logit 模型，尝试回答谁能够成为企业家这一问题。我们根据调查问卷中的问题“下列各种情形，哪一种更符合您目前工作的状况?”，使用选项“个体户①”、“自己是老板（或者是合伙人），雇有雇员”分别定义个体经营者和企业家。从表 7 - 17 中可以发现两类群体在户籍出身、人力资本、家庭背景等方面均有较大不同。城镇个体经营者中，有接近 50% 比例的居民为农村户籍出身，而企业家群体中的这一比例不足二成。另外企业家群体无论在受教育年限、家庭政治资本还是企业家精神等方面都明显优于个体经营者。

表 7 - 17　　两种不同形式创业者间的基本统计比较

| 变量 | 个体经营者 | | 企业家 | |
|---|---|---|---|---|
| | 均值 | 标准差 | 均值 | 标准差 |
| 城镇户口 | 0.472 | (0.501) | 0.171 | (0.381) |
| 教育水平 | 9.489 | (3.244) | 11.150 | (3.167) |
| 父母国有单位 | 0.208 | (0.407) | 0.463 | (0.505) |

① 这里个体户同样包含了选项中少量“自由职业者”对应的群体。

续表

| 变量 | 个体经营者 | | 企业家 | |
|---|---|---|---|---|
| | 均值 | 标准差 | 均值 | 标准差 |
| 父母自我雇佣 | 0.163 | (0.370) | 0.024 | (0.156) |
| 父亲教育 | 0.118 | (0.323) | 0.146 | (0.358) |
| 母亲教育 | 0.034 | (0.181) | 0.0730 | (0.264) |
| 风险偏好 | 0.045 | (0.208) | 0.171 | (0.381) |
| 工作进取心 | 0.354 | (0.480) | 0.463 | (0.505) |
| 社会网络 | 25.03 | (21.55) | 34.81 | (24.92) |
| 样本数 | 179 | | 41 | |

在对企业家群体进行界定时，学者们通常采用雇员人数这一变量，如Djankov等（2006）在分析中国企业家群体时将样本限制在雇用5人或5人以上，Lu等（2010）则使用8人为分界点。本研究在进行回归分析时还根据问题“雇员人数”对两种职业类型进行修正，借鉴Djankov（2006）一文的做法，将选择“个体户”但填写了雇员人数并大于5人的样本划归于企业家群体，使结果与已有文献更具可比性，同时也可验证结论是否稳健。

#### 7.3.5.2　谁能够成为企业家——户籍与企业家精神的作用

估计结果在表7-18中。首先控制了户籍出身、家庭背景以及其他一些个人社会经济特征。在回归结果中我们再次发现户籍因素的显著作用，户籍的系数显著为负，意味着拥有农村户籍会极大减小创业者成为企业家的可能。同时“父母国企或国有单位工作经历”和“父母亲创业经历”均在5%的水平上显著。在对结果展开进一步讨论之前，我们有必要先对“父母亲创业经历”这一变量进行详细的说明。考虑到长期以来我国创业者群体以个体经营者为主，企业家群体直到20世纪80年代末“下海潮”后才开始涌现，但数量依旧远不及个体经营者。这里“父母亲创业经历”主要是“父母亲个体经营经历”，而非父母是企业家，因此本研究会发现这一变量的负向影响。

表 7－18　　不同形式创业者的决定因素分析

| 变量 | (1) | (2) | (3) | (4) |
|---|---|---|---|---|
| | 家庭背景 | 企业家精神 | 社会网络 | 全部控制 |
| 城镇户口 | -1.267***<br>(0.482) | -1.572***<br>(0.609) | -1.723***<br>(0.654) | -1.609***<br>(0.613) |
| 父母国有单位 | 0.820**<br>(0.410) | 0.947*<br>(0.537) | 0.970*<br>(0.562) | 1.374**<br>(0.554) |
| 父母创业经历 | -2.445**<br>(1.083) | -2.651**<br>(1.191) | -2.732**<br>(1.288) | -1.744*<br>(0.938) |
| 父亲教育 | -0.561<br>(0.631) | -0.602<br>(0.775) | -0.573<br>(0.801) | -0.716<br>(0.763) |
| 母亲教育 | -0.043<br>(0.937) | 0.234<br>(1.115) | 0.205<br>(1.124) | -0.118<br>(1.140) |
| 风险偏好 | — | 2.635***<br>(0.960) | 2.462**<br>(1.033) | 1.991**<br>(0.971) |
| 工作进取心 | — | 0.203<br>(0.502) | 0.095<br>(0.514) | 0.091<br>(0.498) |
| 社会网络 | — | — | 0.030***<br>(0.011) | 0.031***<br>(0.011) |
| 男性 | 0.356<br>(0.400) | 0.242<br>(0.488) | 0.040<br>(0.507) | 0.189<br>(0.482) |
| 党员 | 0.931<br>(0.801) | 0.941<br>(1.023) | 0.982<br>(1.064) | 1.322<br>(1.025) |
| 已婚 | -0.297<br>(0.558) | 0.265<br>(0.720) | 0.218<br>(0.746) | 0.370<br>(0.735) |
| 年龄 | -0.021<br>(0.023) | -0.005<br>(0.030) | -0.009<br>(0.031) | -0.031<br>(0.030) |
| 教育 | 0.093<br>(0.064) | 0.100<br>(0.083) | 0.128<br>(0.088) | 0.134<br>(0.086) |
| 常数项 | -1.291<br>(1.237) | 0.163<br>(2.253) | -0.386<br>(2.338) | -0.593<br>(2.119) |
| 是否控制省份 | 否 | 是 | 是 | 是 |
| 准 $R^2$ | 0.162 | 0.302 | 0.339 | 0.341 |
| 极大似然值 | -88.463 | -67.064 | -63.459 | -67.655 |
| 观察值 | 219 | 178 | 178 | 181 |

注：括号内为标准误。*，**，*** 分别表示系数在 10%，5% 和 1% 显著性下显著。

企业家精神预期会对创业者成为企业家产生重要影响，已有文献曾探究风险偏好、工作努力程度等因素的作用。所以我们进一步控制“风险偏好”和“努力工作偏好”两个变量，并加入省份虚拟变量以控制宏观创业环境。结果发现，“风险偏好”在1%的水平上显著为正，意味着更具冒险精神的人更有机会成为企业家，Djankov 等（2006）针对中国企业家群体的调查也曾得到风险偏好的这一作用。而另一变量“努力工作偏好”并未表现出显著影响。为进一步减少遗漏变量的偏误，在回归（3）进一步加入社会网络，在回归（4）估计了根据雇员人数修正后的结果进行稳健性检验。结果发现“风险偏好”一直高度显著：这说明在中国是否能够成为企业家的决策中，勇于冒险的精神确实发挥着重要的作用。此外户籍变量的回归结果一直保持稳健，是重要的影响因素。

综合以上回归结果，本研究认为，中国企业家的决定是多方面的，既有企业家精神等主观因素的作用，也受到户籍出身等非市场因素的影响。尽管农村户籍出身会增大居民选择创业的可能，但这一因素却不利于创业者成为企业家，换句话说，拥有城镇户籍的创业者成为企业家的可能性更大。另外，尽管受户籍歧视等的限制，主观的企业家精神因素也在决定创业者成为企业家的过程中发挥着关键的作用。创业者中更愿意冒险、更具企业家精神中风险偏好的人将更可能成为企业家，体现了这部分创业者所受的“拉力”作用，他们是熊彼特意义上真正的创业者。

### 7.3.6　结论与启示

本研究基于2008年中国综合社会调查数据（CGSS2008），探究户籍出身与企业家精神如何影响我国城镇居民在就业与创业之间的职业选择。研究发现，农村户籍出身将增大居民选择创业的可能，且户籍出身的影响会通过家庭政治资本等因素进行传导，而企业家精神并无显著影响。我们分析其中的原因，认为这是创业者群体中存在众多个体经营者所致，这些个体经营者受户籍歧视等非市场因素的影响难以找到合适的工资就业机会，他们受失业“推力”的作用而被动选择创业。为深入探究户籍因素的影响，本文还使用非线性 Oaxaca – Blinder 分解解释为什么农村户籍居民选择创业的比例更高。研究发现，两类户籍居民选择创业比例的差异中，有60%无法得到解释，研究证实了户籍歧视的存在。

本研究进一步探讨了创业者内部不同形式（个体经营与企业家）的决定，研究再次发现户籍因素的重要作用，且发现企业家精神中风险偏好的显著影响。二元 Logit 回归结果表明，城镇户籍有利于创业者成为企业家，同时，对职业选择影响并不显著的企业家精神在这里也有着显著的影响，拥有更大风险偏好的创业者更有可能成为企业家。在决定我国的创业者成为企业家的过程中，既有企业家精神等主观因素的作用，也受户籍出身等非市场因素的影响。

本研究的政策含义是：如果要形成更加公平竞争的劳动力市场，要形成更加富有活力的企业家群体，就需要打破职业选择中户籍出身等非市场因素的障碍。我国的创业者以个体经营者为主，这部分创业者受户籍歧视、家庭政治资本不足等因素的限制难以选择成为工资就业者，同时也难以成长为企业家。如果能够降低劳动力市场的分割，摒弃歧视与壁垒，使人力资本与企业家精神等主观偏好在决定职业选择时发挥更大的作用，劳动力市场资源将会得到更加合理的配置，我国也将形成更富活力的企业家群体，党的十八大提出的政府激励创业、社会支持创业、劳动者勇于创业新机制也将会得到更加健康的发展。

# 第8章

# 结　　语

历经近四十年的中国经济改革，创造了举世瞩目的奇迹。然而奇迹的背后却是收入差距扩大，以及人口老化、城乡差距、全球化失衡和劳动力市场分割等等诸多问题与困难。它们既是“中国奇迹”能够出现的秘诀，但同时又构成了中国经济、社会进一步发展的障碍。收入分配差距过大，本身就是旧的发展模式所带来的一个恶果。要想超越过去的发展模式，跳出路径依赖的束缚，就必须要求政府和决策部门有壮士断腕般改革的勇气和决心。

增长与分配是现代经济学的两大根本命题，也是衡量经济绩效和经济政策的基准点。所以评价一种发展战略或者经济增长模式的优劣或成败，并不能只从增长的速度和规模上来判断，收入分配的结果同样甚至更重要。因为归根结底还是要看普通劳动者是否从中获益、获益多少（蔡昉，2008）。从这角度上说，我们对过去发展模式的总结和反思还远远不够。

收入分配的结果不平等只是一个实证命题，本身并不具有规范的含义。但在探究收入差距扩大的原因和过程之时，就一定会涉及规范的判断：收入差距大到什么程度才是合适的？在促使收入差距拉大的因素中，到底有哪些因素是合理的？哪些因素是不合理的？哪些是人们所能够接受的？哪些又是容易引起人们所不满的甚至产生抱怨和仇恨的？

正如赵人伟、李实和卡尔·李思勤（1999），李实、史泰丽和别雍·古斯塔夫森（2008）在其序言中反复所强调的：“中国收入分配的结果不平等的背后是权利和机会的不平等”。而权利和机会的不平等已经不再是单纯的经济问题，而是一个社会价值判断和政治秩序伦理的根本性问题。权利和机会不平等所引起的收入分配不平等带来的危机，不仅仅会阻碍经济发展，更会危及一个社会所存在的本质价值和意义。

因此，消除人们在权利和机会的不平等才是真正解决收入分配不平等问题的根源之道。这就要求我们必须进一步深化改革，最终把改革深入到社会和政治领域（李实、史泰丽和古斯塔夫森，2008）。

# 参考文献

1. Acemoglu Daron. Technical Change, Inequality and Labor Market [J]. Journal of Economic Literature, 2002, 1 (40): 7 –72.

2. Acemoglu Daron, Simon Johnson, James A. Robinson, Pierre Yared. From Education to Democracy [J]. American Economic Review, 2004, 95 (2): 44 –49.

3. Albrecht James, Anders Bjorklund, Susan Vroman. Is there a glass ceiling in Sweden? [J]. Journal of Labor Economics, 2003, 21: 145 –177.

4. Altonji J. G., Blank R. M. Race and gender in the labor market [J]. Handbook of labor Economics, 1999, 3: 3143 –3259.

5. Joshua D. Angrist, Jörn – Steffen Pischke. Mostly Harmless Econometrics: An Empiricist's Companion [M]. Princeton University Press, NJ, USA, 2009.

6. David H. Autor, Lawrence F. Katz, Melissa S. Kearney. Rising wage inequality: the role of composition and prices [R]. NBER Working Paper No. 11628, 2005.

7. Badi H. Baltagi. Econometric Analysis of Panel Data [M]. 4th ed. John Wiley & Sons, 2005.

8. Becker Gary S. A Theory of the allocation of time [J]. The Economic Journal, 1965, 75 (2): 493 –517.

9. Benjamin Dwayne, Loren Brandt, John Giles. The Evolution of Income Inequality in Rural China [J]. Economic Development and Cultural Change, 2005, 53 (4): 769 –824.

10. Roy Thurik, Ingrid Verheul, Isabel Grilo, Reena Bhola. Explaining engagement levels of opportunity and necessity extrepreneurs [J]. EIM Business and Policy Research, 2006: H200610.

11. A. S. Blinder. Wage discrimination: Reduced form and structural variables [J]. Journal of Human Resources, 1973 (8): 436 –455.

12. Blanchflower D. G., Oswald A. J. What Makes an Entrepreneur [J]. Journal of Labor Economics, 1998, 16 (1): 26 –60.

13. Borjas G. J., Bronars S. G. Consumer Discrimination and Self – Employment [J]. Journal of Political Economy, 1989: 581 –605.

14. L. Brandt, C. A. Holz. Spatial price differences in China: estimates and implications [J]. Economic Development and Cultural Change, 2006, 5 (1): 43 –86.

15. Cai Hongbin, Yuyu Chen, Li – An Zhou. Consumption inequality in urban China: 1992 – 2003 [M]. Peking University, unpublished manuscript, 2007.

16. Cameron A. Colin, Pravin K. Trivedi. Microeconometrics: Methods and Applications [M]. Cambridge University Press, New York, USA, 2005.

17. Cameron A. Colin. Pravin K. Trivedi. Microeconometrics: Using Stata [M]. Stata Press, USA, 2009.

18. Chi W., Li B. Glass ceiling or sticky floor? Examining the gender earnings differential across the earnings distribution in urban China, 1987 –2004 [J]. Journal of Comparative Economics, 2008, 36 (2): 243 –263.

19. Cutler David, Lawrence Katz. Rising Inequality? Changes in the Distribution of Income and Consumption in the 1980's [J]. American Economic Review, 1992, 82 (2): 546 –551.

20. Deaton Angus. Understanding Consumption [M]. Cambridge University Press, New York, USA, 1992.

21. Deaton Angus. The Analysis of Household Surveys: A Micro-econometric Approach to Development Policy [M]. the Johns Hopkins University Press, Baltimore, USA, 1997.

22. Deaton Angus, Christina Paxson. Intertemporal Choice and Inequality [J]. Journal of Political Economy, 1994, 102 (3): 437 –467.

23. Deaton Angus, Christina Paxson. Saving, Inequality and Aging: an East Asian Perspective [J]. Asia – Pacific Economic Review, 1995, 1 (1): 7 –9.

24. Deaton Angus, Christina Paxson. The Effects of Economic and Population Growth on National Saving and Inequality [J]. Demography, 1997, 34 (1): 97 – 114.

25. S. Démurger, J. D. Sachs, W. T. Woo, S. Bao, G. H. Chang, A. Mellinger. Geography, Economic Policy and Regional Development in China [R]. Harvard Institute of Economic Research Discussion Paper No. 1950, 2002.

26. Demurger Sylvie, Martin Fournier, Shi Li, Zhong Wei. Economic Liberalization with Rising Segmentation on China Urban Labor Market [J]. Asian Economic Papers, 2006a, 5 (3): 58 – 101.

27. Demurger Sylvie, Martin Fournier, Shi Li. Urban income inequality in China revisited (1988 – 2002) [J]. Economic Letters, 2006b, 93: 354 – 359.

28. William T. Dickens, Kevin Lang. A Test of Dual Labor Market Theory [J]. American Economic Review, 1985a, 75: 792 – 805.

29. William T. Dickens, Kevin Lang. Testing Dual Labor Market Theory: A Reconsideration of the Evidence [R]. NBER Working Paper, No. 1670, 1985b.

30. William T. Dickens, Kevin Lang. Labor Market Segmentation and the Union Wage Premium [R]. NBER Working Paper, No. 1883, 1986.

31. William T. Dickens, Kevin Lang. A Goodness of Fit Test of Dual Labor Market Theory [R]. NBER Working Paper, No. 2350, 1987b.

32. William T. Dickens, Kevin Lang. The Reemergence of Segmented Labor Market Theory [J]. American Economic Review, 1988, 78 (2): 129 – 134.

33. William T. Dickens, Kevin Lang. Labor Market Segmentation Theory: Reconsidering the Evidence [R]. NBER Working Paper, No. 4087, 1992.

34. DiNardo J., N. Fortin, T. Lemieux. Labor market institutions and the distribution of wages, 1973 – 1992: A semi-parametric approach [J]. Econometrica, 1996, 64: 1001 – 1044.

35. Donald Stephen, David A. Green, Harry H. Paarsch. Differences in wage distributions between Canada and the United States: An application of a flexible estimator of distribution functions in the presence of covariates [J]. Review of Economic Studies, 2000, 67: 609 – 633.

36. Dunn T., Holtz – Eakin D. Financial Capital, Human Capital and the

transition to Self – Employment: Evidence from Intergenerational Links [J]. Journal of Labor Economics, 2000 (18): 282 – 305.

37. Earle J. S. , Sakova Z. Business start-ups or disguised unemployment? Evidence on the character of self-employment from transition economies [J]. Labour Economics, 2000: 575 – 601.

38. Evans D. S. , Leighton L. S. Some Empirical Aspects of Entrepreneurship [J]. The American Economic Review, 1989, 79 (3): 519 – 535.

39. Evans D. S. , Jovanovic B. An Estimated Model of Entrepreneurial Choice under Liquidity Constraints [J]. Journal of Political Economy, 1989, 97 (4): 808 – 827.

40. Fairlie R W. Entrepreneurship among Disadvantaged Groups: An Analysis of the Dynamics of Self-employment by Gender, Race and Education [J]. In: Parker S C. Acs Z J. Audretsch D R (Eds). Handbook of Entrepreneurship, 2006 (2).

41. Fairlie R. W. The Absence of the African – American Owned Business: An Analysis of the Dynamics of Self – Employment [J]. Journal of Labor Economics, 1999, 17 (1): 80 – 108.

42. Fairlie R. W. An extension of the Blinder – Oaxaca decomposition technique to logit and probit models [J]. Journal of Economic and Social Measurement, 2005: 305 – 316.

43. Figini Paolo, Holger Gorg. Does Foreign Direct Investment Affect Wage Inequality? An Empirical Investigation [R]. IZA Discussion Paper, No. 2336, 2006.

44. Firpo Serigo, Nicole Fortin, Thomas Lemieux. Decomposing wage distributions using recentered influence function regressions [R]. Working Paper, 2007.

45. Frölich M. Statistical treatment choice: an application to active labor market programs [J]. Journal of the American Statistical Association, 2008, 103 (482): 547 – 558.

46. Ge Ying. The Effect of Foreign Direct Investment on Urban Wages: An Empirical Examination [J]. The Urban Studies, 2006, 43 (9): 1439 – 1450.

47. Giles John, Kyeongwon Yoo. Precautionary Behavior, Migrant Networks and Household Consumption Decisions: An Empirical Analysis Using Household Panel Data from Rural China [J]. The Review of Economics and Statistics, 2007, 89 (3): 534 - 551.

48. Goldberg Pinelopi K., Nina Pavenik. Distribution Effects of Globalization in Developing Countries [J]. Journal of Economic Literature, 2007, 45 (1): 39 - 82.

49. Gronau R. Leisure, home production and work "the theory of the allocation of time" revisited [J]. Journal of Political Economy, 1977, 85 (6): 1099 - 1123.

50. Gustafsson Bjorn, Shi Li. Economic transformation and the gender earnings gap in urban China [J]. Journal of Population Economics, 2000, 13 (2): 305 - 329.

51. Gustafsson Bjorn, Shi Li. Income Inequality Within and Across Counties in Rural China 1988 and 1995 [J]. Journal of Development Economics, 2002, 69 (1): 179 - 204.

52. Djankov S., Qian Y., Roland G. Who are China's Entrepreneurs? [J]. The American Economic Review, 2006, 96 (2): 348 - 352.

53. Hale Galina, Cheryl Long. Are There Productivity Spillovers from Foreign Direct Investment in China? [R]. Federal Reserve Bank of San Francisco Working Paper Series, 2007.

54. Hale Galina, Cheryl Long. Did Foreign Direct Investment Put an Upward Pressure on Wages in China? [R]. Federal Reserve Bank of San Francisco Working Paper Series, 2008.

55. Hall Robert. Stochastic Implications of the Life Cycle - Permanent Income Hypothesis: Theory and Evidence [J]. Journal of Political Economy, 1978, 86 (6): 971 - 987.

56. Hornstein Andreas, Per Krusell, Giovanni L. Violante. The Effect of Technical Change on Labor Market Inequalities [M] //in Aghion, Philippe and Steven Durlauf. Handbook of Economic, Growth, 2005 (1): 1275 - 1370.

57. Hsiao Cheng. Analysis of Panel Data [M]. Cambridge University Press,

Cambridge, England, 2003.

58. Hurst E., Lusardi A. Liquidity Constraints, Household Wealth, and Entrepreneurship [J]. Journal of Political Economy, 2004, 112 (2): 319-347.

59. International Money Fund. World Economic Outlook: Globalization and Inequality [EB/OL]. http://www.imf.org/external/pubs/ft/weo/2007/02/index.htm, 2007.

60. Jalan Jyotsna, Martin Ravallion. Transient Poverty in postreform rural China [J]. Journal of Comparative Economics, 1998, 26 (2): 338-357.

61. Juhn Chinhui, Kevin Murphy, Pierce Brooks. Wage inequality and the rise in returns to skill [J]. Journal of Political Economy, 1993, 101: 410-442.

62. Kanbur Ravier, Xiaobo Zhang. Which Regional Inequality? The Evolution of Rural-Urban and Inland-Coastal Inequality in China from 1983 to 1995 [J]. Journal of Comparative Economics, 1999, 27: 686-701.

63. Knight John, Shi Li. Educational attainment and the rural-urban divide in China [J]. Oxford Bulletin of Economics and Statistics, 1996, 58: 83-117.

64. Knight John, Lina Song. The rural-urban divide: economic disparities and interactions in China [M]. Oxford University Press, Oxford and New York, 1999.

65. Koenker Roger, Bassett Gilbert. Regression quantiles [J]. Econometrica, 1978, 46: 33-50.

66. Khan Azizur Rahman, Carl Riskin. Income Inequality in China: Composition, Distribution and Growth of Household Income, 1988 to 1995 [J]. The China Quarterly, 1998 (154): 221-253.

67. Lentz B. F., Laband D. N. Entrepreneurial Success and Occupational Inheritance among Proprietors [J]. Canadian Journal of Economics, 1990, 23 (3): 563-579.

68. Li Hongbin, Junsen Zhang. Do High Birth Rates Hamper Economic Growth? [J]. The Review of Economics and Statistics, 2007, 89 (1): 110-117.

69. J. Y. Lin. Rural Reforms and Agricultural Growth in China [J]. American Economic Review, 1992, 82 (1): 34 -51.

70. Lu J., Tao Z. Determinants of entrepreneurial activities in China [J]. Journal of Business Venturing, 2010 (25): 261 -273.

71. J. A. F. Machado, J. Mata. Counterfactual decomposition of changes in wage distributions using quantile regression [J]. Journal of Applied Econometrics, 2005, 20 (4): 445 -465.

72. Machin S., Puhani P. A. Subject of degree and the gender wage differential: evidence from the UK and Germany [J]. Economics Letters, 2003, 79 (3): 393 -400.

73. Meng Xin. Unemployment, consumption smoothing, and precautionary saving in urban China [J]. Journal of Comparative Economics, 2003, 31: 465 - 485.

74. McDonald J. A., Thornton R. J. Do new male and female college graduates receive unequal pay? [J]. The Journal of Human Resources, 2007, 42 (1): 32 -48.

75. Morduch Jonathan, Terry Sicular. Rethinking Inequality Decomposition, with Evidence from Rural China [J]. Economic Journal, 2002, 112: 93 -106.

76. Binh T. Nguyen, James W. Albrecht, Susan B. Vroman, M. Deniel Westbrook. A quantile regression decomposition of urban-rural inequality in Vietnam [J]. Journal of Development Economics, 2007, 83: 466 -490.

77. Nopo N. Matching as a tool to decompose wage gaps [J]. The Review of Economics and Statistics, 2008, 90 (2): 290 -299.

78. Oaxaca Robert. Male-female wage differentials in urban labor markets [J]. International Economic Review, 1973, 14: 693 -709.

79. Oaxaca R. L., Ransom M. R. Identification in detailed wage decompositions [J]. Review of Economics and Statistics, 1999, 81 (1): 154 -157.

80. Ohtake Fumio, Makoto Saito. Population Aging and Consumption Inequality in Japan [J]. Review of Income and Wealth, 1998, 44 (3): 361 - 381.

81. Pisati Marizio. SPMAP: Stata module to visualize spatial data [EB/OL].

Software address: http: //econpapers. repec. org/software/bocbocode/s456812. htm, 2007.

82. Qu Zhaopeng, Zhong Zhao. Urban – Rural Consumption Inequality in China from 1988 to 2002: Evidence from Quantile Regression Decomposition [R]. IZA, Discussion Papers, No. 3659, 2008.

83. Ravallion Martin, Shaohua Chen. China's (uneven) progress against poverty [J]. Journal of Development Economics, 2007, 82: 1 –42.

84. Rees H., Shah A. An Empirical Analysis of Self-employment in the U. K. [J]. Journal of Applied Econometrics, 1986 (1): 95 –108.

85. Reynolds P. D., Bygrave W. D., Autio E. Global Entrepreneurship Monitor – 2002 Executive Report [J]. Babson College, Ewing Marion Kauffman Foundation and London Business School, 2002: 1 –47.

86. Riskin Carl, Renwei Zhao, Shi Li. China's Retreat from Equality: Income Distribution and Economic Transition [M]. Armonk Press, New York, 2001.

87. Roodman David. How to Do Xtabond2: An introduction to "Difference" and "System" GMM in Stata [R]. CGD Working Paper, No. 103, 2007.

88. Sicular Terry, Ximing Yue, Björn Gustafsson, Shi Li. The Urban – Rural Income Gap and Inequality in China [J]. Review of Income and Wealth, 2007, 53 (1): 93 –126.

89. Slesnick Denial. The Standard of Living in the United States [J]. Review of Income and Wealth, 1991, 37 (4): 363 –386.

90. Skinner G. William, Mark Henderson, Zumou Yue. Physiographic Macroregions [D]. Davis: University of California, Regional Systems Analysis Project, 2007.

91. Tsui Kai-yuen. Decomposition of China's Regional Inequalities [J]. Journal of Comparative Economics, 1993, 17, 6000 –627.

92. Verhoogen Eric A. Trade, Quality Upgrading and Wage Inequality in the Mexican Manufacturing Sectors [J]. Quarterly Journal of Economics, 2008, 123 (2): 489 –530.

93. Van – Praag C. M., Cramer J. S. The Roots of Entrepreneurship and Labour Demand: Individual Ability and Low Risk Aversion [J]. Economica, 2001:

45: 62.

94. Whalley John, Ximing Yue. Rural Income Volatility And Inequality in China [R]. NBER Working Paper, No. 12779, 2006.

95. Wan Guanhua, Ming Lu, Zhao Chen. Globalization and Regional Income Inequality: Evidence from within China [R]. WIDER Working Paper, 2004.

96. Wooldridge M. Jefferey. Econometrics Analysis of Cross Section and Panel Data [M]. MIT Press, 2010, 1 (2): 206 - 209.

97. World Bank. World Development Report 2000/2001: Attacking Poverty [M]. Oxford University Press, New York, 2000.

98. Wu Ximing, Jeffery M. Perloff. China's income distribution, 1985 - 2001 [J]. The Review of Economics and Statistics, 2005, 87: 763 - 775.

99. Yeuh L. Self-employment in urban China: Networking in a transition economy [J]. China Economic Review, 2009 (20): 471 - 484.

100. Yeuh L. China's Entrepreneurs [J]. World Development. 2009, 37 (4): 778 - 786.

101. Yue Ximing, Terry Sicular, Li Shi, Björn Gustafsson. Explaining Incomes and Inequality in China [M] //In Björn Gustafsson, Li Shi and Terry Sicular eds. , Inequality and Public Policy in China. Cambridge University Press, New York, 2008.

102. Yue Zumou, William G. Skinner, Mark Henderson. China W Dataset [J]. Davis: University of California, Regional Systems Analysis Project, 2007.

103. Zhao Yaohui. Foreign direct investment and relative wages: the case of China [J]. China Economic Review, 2001, 12 (1): 40 - 57.

104. Zhao Zhong. Migration, Labor Market Flexibility, and Wage Determination in China: A Review [J]. Developing Economies, 2005, 43: 285 - 312.

105. 蔡昉. 中国的二元经济与劳动力转移——理论分析与政策建议 [M]. 北京: 中国人民大学出版社, 1990.

106. 蔡昉. 城乡收入差距与制度变革的临界点 [J]. 中国社会科学, 2003 (5).

107. 蔡昉. 中国的收入差距与贫困研究, 我们知道什么, 应该知道什么？[M] //蔡昉，万广华．中国转轨时期的收入差距与贫困．北京：社会科学文献出版社，2006.

108. 蔡昉．刘易斯转折点——中国经济发展新阶段 [M]. 北京：社会科学文献出版社，2008.

109. 蔡昉，都阳，王美艳．户籍制度与劳动力市场保护 [J]. 经济研究，2001 (12).

110. 蔡昉，林毅夫中国经济 [M]. 北京：中国财政经济出版社，2003.

111. 蔡昉，王德文，都阳．中国农村改革与变迁：30 年历程和经验分析 [M]. 上海：上海人民出版社，2008.

112. 蔡昉，张展新．转型中的中国劳动力市场 [M]. 北京：中国人口出版社，2005.

113. 柴国俊，邓国营．行业选择与工资差异——来自大学毕业生劳动力市场的证据 [J]. 南开经济研究，2011 (1)：54 - 70.

114. 柴国俊．市场化改革中的大学毕业生性别工资差异及歧视 [J]. 南方经济，2011 (3)：3 - 15.

115. 陈金永．中国户籍制度改革和城乡人口迁移 [J]. 中国劳动经济学，2004 (1).

116. 陈钊，陆铭，金煜．中国人力资本和教育发展的区域差异 [J]. 世界经济，2004 (12).

117. 陈钊，万广华，陆铭．行业差异：日益重要的城镇收入差异成因 [D]. 复旦大学工作论文，2008.

118. 陈钊，陆铭，佐藤宏．谁进入了高收入行业——关系、户籍与生产率的作用 [J]. 经济研究，2009 (10)：121 - 132.

119. 高梦滔，张颖．教育收益率、行业与工资的性别差异：基于西部三个城市的经验研究 [J]. 南方经济，2007 (9)：46 - 59.

120. 葛玉好．部门选择对性别工资差距的影响 [J]. 经济学（季刊），2007a，6 (2).

121. 葛玉好．工资分布的性别差异：分位数分解 [J]. 上海经济研究，2007b (4).

122. 龚六堂，谢丹阳．我国省份之间的要素流动和边际生产率的差异分析 [J]. 经济研究，2004 (1).

123. 范言慧，段军山．外商直接投资与中国居民的收入分配［J］. 财经科学，2003（2）：102－106.

124. 范言慧、郑建明，李哲．FDI 流入与我国的工资差距［C］. 第八届中国经济学年会讨论稿，2008.

125. 葛苏勤．劳动力市场分割理论的最新进展［J］. 经济学动态，2000（12）：53－56.

126. 黄宗智．长江三角洲小农家庭与乡村发展［M］. 北京：中华书局，2000.

127. 黄志岭．城乡户籍自我雇佣差异及原因分析［J］. 世界经济文汇，2012（6）：111－119.

128. 赖德胜．论劳动力市场的制度性分割［J］. 经济科学，1996a（6）：19－23.

129. 赖德胜．分割的劳动力市场理论评述［J］. 经济学动态，1996b（11）：65－67.

130. 赖德胜．教育扩展与收入不平等［J］. 经济研究，1997（10）：46－53.

131. 赖德胜．教育、劳动力市场与收入分配［J］. 经济研究，1998（5）：42－49.

132. 赖德胜．欧盟一体化中的劳动力市场分割［J］. 世界经济，2001（4）：49－57.

133. 赖德胜．中国居民收入分配研究的新进展［J］. 经济研究，2008（12）：145－149.

134. 陆益龙．户口还起作用吗——户籍制度与社会分层和流动［J］. 中国社会科学，2008（1）：150－163.

135. 李实．中国个人收入分配研究回顾与展望［J］. 经济学（季刊），2003，2（2）：379－404.

136. 李实，马欣欣．中国城镇职工的性别工资差异与职业分割的经验分析［J］. 中国人口科学，2006（5）：2－13.

137. 李实，罗楚亮．城乡居民收入差距的重新估算［J］. 北京大学学报（哲学社会科学版），2007（2）.

138. 李实，史泰丽，古斯塔夫森．中国居民收入分配研究Ⅲ［M］. 北京：北京师范大学出版社，2008.

139. 李实，宋锦，刘小川．中国城镇职工的性别工资差距的演变［J］. 管理世界，2014（3）：53－65.

140. 李实，岳希明．中国城乡收入差距调查［J］.《财经》杂志，2004（3）.

141. 李实，张平，魏众，仲济银．中国居民收入分配实证分析［M］. 北京：社会科学文献出版社，2000.

142. 刘小玄．奠定中国市场经济的微观基础：企业革命30年［M］. 上海：上海人民出版社，2008.

143. 陆铭等．中国的大国经济发展道路［M］. 北京：中国大百科全书出版社，2008.

144. 马文华．贸易自由化与中国省内工资不平等［D］. 北京：社会科学院研究生院论文，2007.

145. 宁光杰．自我雇佣还是成为工资获得者？——中国农村外出劳动力的就业选择和收入差异［J］. 管理世界，2012（7）：54－66.

146. 乔明睿．劳动力市场分割、户口与城乡就业差异［J］. 中国人口科学，2009（1）：32－41.

147. 曲兆鹏．劳动力市场分割的理论与实证——以中国为例的研究［M］. 北京：北京师范大学论文，2006.

148. 曲兆鹏，赵忠．老龄化对我国农村消费和收入不平等的影响［J］. 经济研究，2008（12）：85－99.

149. 全国老龄工作委员会［R］. 中国人口老龄化发展趋势预测研究报告，2006.

150. 万广华．经济发展与收入不均等：方法和证据［M］. 上海：上海人民出版社，2006.

151. 王美艳．中国城市劳动力市场上的性别差异［J］. 经济研究，2005（12）：35－44.

152. 王美艳．城市劳动力市场上的就业机会与工资差异——外来劳动力就业与报酬研究［J］. 中国社会科学，2006（5）：36－46.

153. 吴晓瑜，王敏，李力行．中国的高房价是否阻碍了创业［J］. 经济研究，2014（9）：121－134.

154. 吴要武．非正规就业者的未来［J］．经济研究，2009（7）：91－106.

155. 解垩．中国非农自雇活动的转换进入分析［J］．经济研究，2012（2）：54－66.

156. 杨瑞龙，王宇峰，刘和旺．父亲政治身份、政治关系和子女收入［J］．经济学（季刊），2010（3）：871－890.

157. 姚洋．作为制度创新过程的经济改革［M］．上海，上海人民出版社，2008.

158. 姚先国，赖普清．中国劳资关系的城乡户籍差异［J］．经济研究，2004（7）：82－90.

159. 姚先国，张海峰．教育、人力资本与地区经济差异［J］．经济研究，2006（5）.

160. 张军，周黎安．为增长而竞争：中国增长的政治经济学［M］．上海：上海人民出版社，2008.

161. 张茵，万光华．全球化加剧了城市贫困吗？［J］．经济学（季刊），2006，6（1）：105－126.

162. 章元，陆铭．社会网络是否有助于提高农民工的工资水平？［J］．管理世界．2009（3）：45－54.

163. 赵人伟，格里芬．中国居民收入分配研究［M］．北京：中国财政经济出版社，1994.

164. 赵人伟，李实，李思勤．中国居民收入分配再研究［M］．北京：中国财政经济出版社，1999.

165. 赵忠．中国的城乡移民——我们知道什么，我们还应该知道什么？［J］．经济学（季刊），2004（3）.

166. 周黎安．转型中的地方政府：官员激励与治理［M］．上海：上海人民出版社，2008.

167. 周群力，陆铭．拜年与择校［J］．世界经济文汇，2009（6）：19－34.

168. 朱农．中国劳动力流动与三农问题［M］．武汉：武汉大学出版社，2004.

# 后　　记

这本著作是在我的博士论文的基础上进一步修改和添加内容汇集而成的。书中的部分内容也曾发表在 *China Economic Review*、*China Agricultural Economic Review*、《经济研究》《世界经济研究》《中国经济问题》《北京工商大学学报》等中外学术期刊上，似乎已经有了一定的基础，但实际上这本小书的出版其实一直拖了三四年。一方面，是因为自己惰性大，书稿的撰写时时提不上日程；另一方面，也是总觉得自己的这些研究还很不成熟，也许发表针对某个主题的论文还算勉强，但构成一本学术专著始终心里觉得有些诚惶诚恐。若不是迫于周遭环境的压力，真是有些不愿现在就将它成书。虽然书已经成稿，但我知道我的研究还有很多不足。对于转型期中国居民收入分配和劳动力市场这样一个宏大而又至关重要的主题，面对日益恶化的中国收入差距和复杂的劳动力市场的现实，这本小书也许什么都算不上。

本书能够成稿，首先，要感谢我的导师赖德胜教授。从硕士入学到博士毕业，赖老师一共指导了我六年。他是我学术之路上重要的引路人和指导者。正是在他的指导和帮助下，我才接触到了现代劳动经济学和收入分配理论，并且先后把劳动经济学和收入分配作为自己的主要研究领域。赖老师不仅在学术上对我悉心指导，在生活中也通过言传身教传授给我很多为人处世之道。这些都使我受益匪浅、终身难忘。其次，我还要特别感谢现在中国人民大学任教的赵忠教授。赵老师是我在德国劳动研究所（IZA）做学术访问时的合作导师。事实上本书的第 2 章、第 3 章和第 6 章的主要内容都是我在德国访问期间，在赵老师的直接指导下甚至合作帮助下完成的。赵老师学术上非常严谨，但生活中却又非常平易近人、善解人意，能跟赵老师相识，是我人生的一大幸运，对于赵老师对我的宽容和帮助，我永远心存感激！同时北京师范大学的李实教授和北京大学的赵耀辉教授也是我要特别感谢的，他们算是我学术之路上的“贵人”，一直对我关怀照顾有加。事实上我获得的好几次学术上的机遇都直接得益于两位老师的帮助和推荐。本书中的若干章节的思路和想法，有不少也都起源于两位老师的课堂上。

我还要感谢德国劳动研究所（IZA）的“访问奖学金”项目、加拿大CIGI和IDRC的“中国青年学者贫困研究网络”项目、贫困与经济政策研究网络（PEP）的“贫困动态监测”研究项目，以及国家哲学社会科学基金项目（13CJY091）和教育部人文社科规划项目（10YJC790209）对本书的资助。其中尤其是“青年学者贫困研究”项目的两位指导老师——中国人民大学的岳希明教授和加拿大西安大略大学的John Whalley教授，也曾对我的研究提出了诸多宝贵建议，显著地提高了本书中若干研究的质量，在此衷心表示感谢。

我还要感谢以下几位：杨蔚、蒋涵晨、郭四维和顾兆廷，他们都曾经是我课堂上的优秀学生，他们的工作对我的研究以及本书的顺利成稿至关重要。在我到南京大学商学院工作之后，得到了诸位领导和同事的关心和照顾，在此也一并谢过！

我还要特别感谢我的父母，感谢他们在我学习和工作的生涯中，始终默默无闻、含辛茹苦、无私地给予了我无尽的爱和永远的支持。我最后特别感谢我的爱人杨柳，感谢她平日里对我无微不至的关怀和照顾。时光荏苒，一晃我们已经相识相知相伴十二年，她的爱和支持总让我在学术的道路上更加坚定和执着。